汉语动词的多义性与动宾短语的多样性研究

魏 红 著

科 学 出 版 社

北 京

内 容 简 介

汉语中动词与宾语之间语义关系的多样性、复杂性是非常引人注目的现象。多义动词的不同义项除了在概念意义上不同外，在句法功能上往往也有很大差异。汉语动词的多义性对动宾组配中宾语的多样性具有影响作用。本书在句法、语义、语用三个平面理论指导下，运用定量与定性相结合、归纳对比法、语料库实证研究法等方法，从动词多义性与宾语类别关系、动词带宾结构形式、语体因素等多个角度考察了汉语多义动词的多义性与汉语动宾短语多样性之间的影响关系，考察了语言共性与差异、动词多义性与宾语类别多样性等因素对泰国学生习得理解动宾短语的影响情况。

本书适合语言学专业的师生开展相关研究时参考。

图书在版编目（CIP）数据

汉语动词的多义性与动宾短语的多样性研究 / 魏红著. —北京：科学出版社，2020.10

ISBN 978-7-03-066418-1

Ⅰ. ①汉… Ⅱ. ①魏… Ⅲ. ①汉语-动词-研究 Ⅳ. ①H146.2

中国版本图书馆 CIP 数据核字（2020）第 200969 号

责任编辑：张 宁 乔艳茹 / 责任校对：贾伟娟

责任印制：李 彤 / 封面设计：蓝正设计

科学出版社 出版

北京东黄城根北街 16 号

邮政编码：100717

http://www.sciencep.com

北京捷迅佳彩印刷有限公司 印刷

科学出版社发行 各地新华书店经销

*

2020 年 10 月第 一 版 开本：720 × 1000 B5

2021 年 1 月第二次印刷 印张：17

字数：340 000

定价：98.00 元

（如有印装质量问题，我社负责调换）

序

汉语动词及其宾语的关系问题，是经久不衰的研究选题。动词是动词谓语句的结构核心，20 世纪 80 年代是动词研究的高峰时期。吕叔湘先生曾明确指出："怎么研究动词？可以就动词本身研究动词，但更重要的是研究句子里边的动词和有关成分，主要是名词性成分的关系。"无论是做基础研究还是编教材、编词典，都希望了解动词带宾语的基本情况。

近 40 年来，动词及其宾语的研究成果十分丰富，如何把这个方面的研究进一步推向深入？至少可以采取以下几个方面的措施：一是运用新的理论方法（如认知功能语法理论、类型学理论方法等）；二是拓展研究范围（如动宾结构的历时变化情况、方言动宾结构的研究等）；三是寻找新的切入点。魏红的《汉语动词的多义性与动宾短语的多样性研究》这本著作就寻找到了新的切入点，即动词语义属性对其所带宾语类型的数量有很强的制约作用。该书重点考察了《汉语动词用法词典》中有 2 个或 2 个以上义项并且可以带名词性宾语的 378 个多义动词，经过细致的统计、分析，解答了不少以前被忽视的问题。比如：

1. 多义动词是单音节的多还是双音节的多？

378 个多义动词中，单音节动词与双音节动词的比例大约是 8∶2；单音节多义动词的平均义项数约 3.2 个，而双音节多义动词的平均义项数约 2.1 个。2 个和 3 个义项的动词数量占多义动词总数的 78.6%。

2. 多义动词带宾语的类别情况如何？

多义动词带受事宾语的数量最多，第二是处所宾语，第三是结果宾语，第四是对象宾语。单义动词带受事宾语的数量最多，第二是对象宾语，第三是处所宾语，第四是结果宾语。

3. 动词义项越多，所带宾语的数量、类别也越多吗？

总体上看，动词义项越多，所带宾语的数量越多，宾语类别也越丰富。

4. 多义动词带不同类型宾语的能力是均衡的吗？

不是的。带两类宾语的多义动词数量最多，所占比例为 32.5%；第二是带三类宾语的动词，占比 24.3%；第三是带一类宾语的动词，占比 15.9%。三者合计占多义动词总数的 72.8%[①]。带四类及以上宾语的多义动词只占 27.2%。

5. 语体对动词所带宾语的语义类型有何影响?

语体因素对动宾短语的影响主要体现在多义动词义项和宾语类型的选择性方面；动词的某些义项和宾语的出现表现出较为突出的语体倾向性特征。例如“打N”，受事、结果、工具三类宾语是“打 N”短语中比较常见的宾语类型，语体倾向性特征不强；施事和等同宾语文学语体的倾向性特征突出，方式宾语的科技语体倾向性特征突出。

6. 研究动词的多义性与动宾短语的多样性有什么实际价值?

对外汉语教学中要注意语言之间概念的不对称性。动词方面，两种语言的多义性未必一样。如汉语“穿”比泰语相应的动词少了 4 个义项，而汉语“拉”和“打”的义项数远远高出泰语的相关动词，尤其是动词“打”。无论是编写汉语教材，进行汉语教学，还是编写双语词典，都要注意这种差异性。

该书不失为一本有学术价值和实际应用价值的新作，将动词和宾语关系的研究向前推进了一步。

该书进行了大量的统计，通篇都用数据说话。这种依靠人工统计的研究方法对作者是否足够耐心、是否足够细心都是一个考验。把动词所带的宾语归入不同的语义角色类别，也是一件繁难的工作。因此，书中也一定有些许不尽如人意的地方。

我相信，该书是作者的一个起点。只要不放弃，一直努力，一定能达到新的高度。

是为序。

储泽祥

2020 年 10 月 10 日

于北京朝阳区广华新城

---

① 由于四舍五入，比例加和非 100%，余同。

目　录

第一章　汉语多义动词的义项与宾语的类别

多义词的大量存在构成了汉语词汇的一大特点，动词的多义性更为突出。多义动词各个义项跟与之共现的名词性成分之间也就相应具有句法、语义以及语用的选择。吕叔湘等（1999：435）明确指出："怎么研究动词？可以就动词本身研究动词，但更重要的是研究句子里边的动词和有关成分，主要是名词性成分的关系。""动词的性质决定它可以或者不能让哪个名词出现在它的前边，可以或者不能让哪个名词出现在它的后边，如此等等。"郭继懋（1998：76）也指出，"在规定宾语范围内区分受事的、结果的、处所的等等，与其说是给宾语分类，不如说是从一个与宾语有关的角度给动词的意义分类更为深刻"。赵元任（1979：157）探讨动宾结构的语法意义时，也曾指出，动宾关系的分类列举不尽，并且会有交叉。可见，现代汉语中动词跟宾语的关系就是动词对宾语的选择关系。那么，动词与宾语之间的关系一方面体现了动词对宾语的选择关系，一方面体现了宾语在满足动词选择时所体现出来的语法关系。本章将对常用多义动词构成的义项数量与宾语类别情况进行考察，在此基础上就以上两个方面的关系问题作进一步的梳理与分析。

第一节　多义动词的选择与宾语分类

一、汉语多义词与动词的多义性

在汉语里，具有两个或两个以上相关意义的词叫做多义词。一个词在产生之初一般都是单义的。词的多义，是语言发展的自然结果。词的多义不仅丰富了词的内容，扩大了词的使用范围，而且使语言的使用更具有经济性。义项是多义词的理性意义的分项说明；多义词是指一个词有多个义项，一个词包含几个意义。多义词不同义项或意义在词义结构中的地位是不一样的。一般几个意义之间有"本义"、"基本义"、"引申义"以及"常用义"之分。动词的多义性是语言的一种普遍现象，这不仅是语言运用的结果，也是人类认知的产物。动词的多义性一般从两个方面发展：一是在本义或基本义的范围内衍生出与其具有家族相似性的多种不同的具体行为意义；二是超出基本义或基本义范围，通过隐喻或转喻产生各种抽象意义。多义动词义项不同，表达的词汇意义也不同，与之相搭配的宾语成分的选择也不同。多义动词不同义项带宾可以构成不同语义的动宾短语；同一个义项带不同类型的宾语也可以构成不同语义关系的动宾短语。

二、本书所考察的多义动词的选择与宾语类别

本书以孟琮等（1999）编著的《汉语动词用法词典》[①]为研究依据，选取可以带名词性宾语的多义动词为考察对象，逐一梳理其带宾情况。《词典》一书共收录动词1223个，共计2117个义项。根据研究需要，重点考察有2个或2个以上义项并且可以带名词性宾语的多义动词。这样的动词总计有378个。按照汉语拼音顺序排序，具体如下：

挨、爱、安、安排、熬、拔、把握、摆、搬、办、包、保留、抱、背（bèi）、奔（bèn）、比、编、变、表示、表现、表演、拨、补、布置、擦、裁、采、藏、操纵、插、查、差（chà）、拆、唱、抄^{1}[②]、抄^{2}、超过、吵、扯、撤、成、盛、吃、冲^{2}、抽^{1}、抽^{2}、出、除、处理、穿、传、串、闯、吹、刺激、凑、催、存、搭、打、代表、带、当（dāng）、挡、当（dàng）、倒^{1}（dǎo）、倒^{2}（dǎo）、倒（dào）、得（dé）、得到、登^{1}、登^{2}、等、等于、点、垫、调动、掉^{1}、掉^{2}、钉（dīng）、顶、订、钉（dìng）、丢、动、冻、斗、读、断、对、蹲、多、夺、发、发表、发动、发挥、发现、翻、反映、犯、放、飞、分、分配、扶、改、改变、改造、盖、赶、干、搁、攻击、刮^{1}、挂、关、管、管理、滚、过、害、喊、合、护理、欢迎、还、换、回、会^{2}、活动、挤、计较、计算、记、继承、加、加入、夹、煎、检查、减、见、建立、讲、降、交、交代、浇、叫^{1}、校对、接、揭、解、解决、解散、介绍、借、进、经过、举、卷、决定、开、看（kān）、砍、看（kàn）、靠、可以、抠、扣、夸、拉^{1}、落（là）、来、捞、离、理、立、了解、留、流动、搂（lōu）、漏、落（luò）、抹（mā）、埋没、卖、满足、冒、没有、迷、描、灭、摸、磨（mó）、抹（mǒ）、磨（mò）、拿、闹、念、拧（nínɡ）、扭、弄、趴、爬、拍、排^{1}、跑、泡、培养、赔、配、捧、碰、批、披、劈（pī）、劈（pǐ）、评、凭、破、扑、起、起来、掐、签^{1}、欠^{2}、抢^{1}、敲、侵占、清洗、请、求、取、去^{1}、缺、让、绕、惹、认、扔、揉、入、撒、赛、扫、杀、闪、上、烧、少、审、升、生、省、拾掇、使、使唤、是^{2}、收、收拾、守、数、摔、涮、顺、说、送、算、算计、缩、锁、塌、抬、贪、摊、弹、探、探望、烫、掏、逃、

---

① 本书多义动词的选取以孟琮、郑怀德、孟庆海、蔡文兰编的《汉语动词用法词典》（1999年版）收入的动词作为考察范围。因为所涉及的考察范围较大，不再逐一标注所选多义动词页码。后面统称为《词典》。

② “抄^{1}”和“抄^{2}”在《词典》中是同音词。上角标数字1和2用于区分这两个同音词。书中类似上角标的数字都是这个意思。

淘、讨、套、剔、提、填、挑[1]（tiāo）、挑（tiǎo）、跳、贴、听、停、通、通过、捅、偷、投、透、突击、涂、吐（tǔ）、吐（tù）、推、推翻、退、吞、脱、拖、玩、喂、问、吸、吸收、洗、下、献、想、向、象①、消化、写、卸、谢、欣赏、信、醒、修、修理、选、学、压、压迫、淹、研究、掩盖、养、养活、咬、要、用、有、砸、栽[1]、在、糟蹋、造、炸（zhà）、摘、展开、占有、长、招[1]、着（zháo）、照、照顾、折腾、震动、支持、支配、织、指、治、制造、住、抓、转（zhuǎn）、转（zhuàn）、装[2]、撞、追、走、钻、作为、坐、做。

动词是动词性语言的句法结构和语义结构的中心。从语义上看，动词的语义属性表现为动词对相关语义成分的支配制约能力。一个或一类动词能支配几个语义成分，能支配几种类型的语义成分，这是动词本来固有的属性（陈昌来，2002：4）。动词语义属性对句法成分有很强的制约性，直接关系到每个动词后带宾语类型的数量。一个动词所带宾语的类型越多，说明该动词所能支配的语义成分越多，动词的带宾能力相对较强。汉语宾语是句子重要的组成成分之一，宾语跟谓语动词关系密切，就动词而言，宾语是及物动词所支配或涉及的对象。宾语和主语一样，也有谓词性宾语和名词性宾语之分。汉语学界对宾语有不同的确定标准。较早对宾语类型进行全面考察的是李临定先生，李临定（1983：31）在《宾语使用情况考察》中从语义和结构两个方面考察了名词性宾语的使用情况，根据充当宾语的名词和动词之间的语义关系将宾语分为八大类十三个小类，分别是受事宾语、结果宾语、工具宾语、对象宾语、目的宾语、处所宾语、施事宾语、其他（包括类别、原因、角色、依靠、方面、依照的字体）；马庆株（2005：87）将名词性宾语分为客体宾语、主体宾语、使动宾语、工具宾语、方式宾语、表称宾语、结果宾语、予夺宾语、对象宾语、时间宾语、处所宾语、数量宾语、虚指宾语等13类；邢福义（1991：76）对动词后除施事宾语以外的宾语进行考察，把宾语分为常规宾语的受事宾语和非常规宾语的代体宾语两大类；孟琮等在《词典》（1999：8）中把名词性宾语分为了受事、结果、对象、工具、方式、处所、时间、目的、原因、致使、施事、同源、等同、杂类等共十四个小类；黄伯荣和廖序东（2002：83）在《现代汉语》中将宾语分为受事宾语、施事宾语和当事宾语三大类，其中当事宾语又包括时间、处所、工具、方式、原因、类别、目的、存在和其他九小类宾语。鉴于本书研究的需要，也为了统一宾语类型的判定标准，书中关于宾语类型的分类和鉴定按照《词典》的标准来确定。

① 动词“象”在《词典》里用作动词，当时“象”和“像”二者混用。现在按照《现代汉语词典》的动词用法一律使用“像”。本书基于《词典》的事实，仍然使用“象”。

第二节　多义动词的动词义项数量考察

一、单音节和双音节多义动词的分布情况

本书所考察的可以带名词性宾语的378个多义动词中，单音节多义动词占了绝大多数，只有很少一些词属于双音节多义动词。单音节和双音节多义动词数量统计如表1.1所示。

表1.1　单音节多义动词和双音节多义动词的数量分布情况

类别	动词数/个	动词数所占比例/%	义项数/个	动词平均义项数/个
单音节	302	79.9	971	3.2
双音节	76	20.1	163	2.1

比较表1.1数据发现：

（1）378个多义动词中，有76个双音节动词，占多义动词总数的20.1%；有302个单音节动词，占多义动词总数的79.9%。多义动词中单音节多义动词占了绝大多数，是多义动词的主要构成部分。

（2）双音节多义动词有76个，总计163个义项，双音节多义动词的平均义项数为2.1；单音节多义动词有302个，总计971个义项，单音节多义动词的平均义项数是3.2。可见，单音节多义动词的多义性比双音节多义动词的多义性更为突出。

二、不同义项数的多义动词分布情况

所考察的多义动词义项数量不同，各个义项数的多义动词数量统计如表1.2所示。

表1.2　不同义项数的多义动词数量分布情况　　单位：个

义项数	2	3	4	5	6	7	8	10	11	12	13	23
动词数量	213	84	36	16	15	4	4	1	1	1	2	1

从以上统计可以看出：

（1）378个多义动词中，第一是2个义项的动词，数量最多，一共有213个，在多义动词中所占的比例达到56.3%；第二是3个义项的动词，有84个，在多义动词中所占的比例为22.2%；第三是4个义项的动词，有36个，占比9.5%。5个义项的动词有16个，6个义项的动词有15个，7个义项和8个义项的动词都是4个，10、11、12以及23个义项的动词都只有1个，13个义项的动词有2个。

（2）2 个和 3 个义项的动词数量占多义动词总数的 78.6%，整体上，随着动词义项数的增加，多义动词数量明显减少。可见，动词的多义性跟多义动词的数量呈反比。可以推论，汉语常用多义动词大部分是 2 个或 3 个义项的动词，真正义项数多的动词数量并不多。

213 个 2 个义项的多义动词中，双音节动词有 65 个，所占比例为 30.5%；单音节动词有 148 个，比例达到 69.5%。

双音节动词分别是：

安排、把握、表示、表现、表演、布置、操纵、超过、处理、刺激、代表、得到、等于、调动、发表、发挥、发现、反映、分配、改变、改造、攻击、护理、欢迎、计较、继承、加入、检查、建立、校对、解决、解散、经过、决定、可以、了解、流动、埋没、满足、培养、起来、侵占、清洗、拾掇、使唤、探望、突击、推翻、消化、吸收、欣赏、修理、压迫、研究、掩盖、糟蹋、展开、占有、照顾、折腾、震动、支持、支配、制造、作为。

单音节动词分别是：

挨（āi）、熬、背（bèi）、奔（bèn）、拔、裁、藏、插、差（chà）、拆、唱、抄^{1}、吵、成、盛、冲^{2}、抽^{2}、除、闯、催、当（dāng）、挡、当（dàng）、倒^{1}（dǎo）、倒^{2}（dǎo）、倒（dào）、登^{1}、登^{2}、等、垫、掉^{2}、钉（dīng）、订、钉（dìng）、丢、冻、蹲、多、夺、犯、扶、干、搁、害、喊、还、会^{2}、记、夹、煎、减、降、解、借、进、卷、看（kān）、砍、夸、捞、理、立、漏、抹（mā）、冒、迷、描、灭、磨（mò）、念、拧（níng）、弄、趴、爬、排、泡、赔、捧、批、披、劈（pī）、评、凭、扑、掐、签^{1}、欠^{2}、抢^{1}、敲、请、求、去^{1}、扔、揉、入、撒、赛、审、升、省、使、数、涮、顺、缩、锁、塌、抬、贪、探、烫、掏、逃、淘、填、挑^{1}（tiāo）、跳、听、停、偷、透、吐（tù）、吞、喂、献、向、象、写、谢、信、醒、选、学、淹、要、砸、栽^{1}、造、炸（zhà）、长、着（zháo）、织、治、住、转（zhuǎn）、转（zhuàn）、装^{2}、撞。

3 个义项的多义动词有 84 个，其中双音节动词有 11 个，单音节动词有 73 个。双音节动词分别是：保留、发动、管理、活动、计算、交代、介绍、没有、收拾、通过、养活。单音节动词分别是：爱、安、摆、搬、办、抱、变、补、擦、采、查、抄^{2}、扯、串、凑、得（dé）、掉^{1}、斗、读、断、飞、分、改、盖、刮^{1}、滚、换、回、挤、加、交、浇、叫^{1}、揭、举、靠、抠、来、离、搂（lōu）、抹（mǒ）、扭、碰、劈（pǐ）、取、缺、绕、惹、认、扫、烧、少、守、说、送、弹、讨、剔、贴、捅、涂、吐（tǔ）、拖、玩、吸、洗、卸、用、摘、招^{1}、追、钻、落（là）。

4 个义项的多义动词有 36 个，其中双音节动词仅 1 个，其他均为单音节动词。分别是：拔、包、撤、抽^{1}、穿、吹、动、过、合、扣、留、卖、摸、闹、拍、让、杀、闪、生、是^{2}、摔、算计、摊、挑（tiǎo）、通、脱、问、想、修、养、咬、在、照、指、抓、坐。

5 个义项的多义动词有 16 个：比、编、吃、存、赶、关、见、讲、接、磨（mó）、拿、跑、配、退、有、走。

6 个义项的多义动词有 15 个：传、搭、带、挂、管、看（kàn）、拉[1]、落（luò）、收、算、套、提、推、压、做。

7 个义项的多义动词有 4 个：出、翻、破、投。

8 个义项的多义动词有 4 个：顶、对、发、起。

10 个义项的多义动词是“点”；11 个义项的多义动词是“放”；12 个义项的多义动词是“上”；13 个义项的多义动词是“开”和“下”；义项数最高的动词是“打”，一共有 23 个义项。

三、分析与总结

从以上各个义项数的动词分布情况来看，随着义项数增加，动词数量减少，但是动词的多义性在增加。张国宪（1997：176）指出，在表示动宾关系时，当动词是 V 单时，它对名词音节的选择是相当自由的，既可以同单音节名词相配，也可以同双音节名词相配。当动词是 V 双时，通常只与 N 双组合。之后，他从音节特征考察动性的强度等级，提出单音节动作动词的动性强度一般高于双音节动作动词的动性强度。那么，动性程度高的单音节动词与动性程度相对较低的双音节动词之间，动词对于宾语的选择关系和语义关系特征是否一致，还是两者都表现出不同的特点和规律？在义项数低和义项数高的多义动词之间，动词带宾能力的变化情况怎样？总体上动词的多义性和动宾短语的多样性之间的关系有何特点和规律？对此，我们在本章中也将作一个比较。

第三节　动词多义性对宾语类别的影响

一、单义动词带宾类型数量统计

单义动词中带宾的动词有 855 个，共有 1242 个宾语。每个动词平均带宾数量为 1.45 个。单义动词带不同类型宾语的宾语数量统计如表 1.3 所示。

表 1.3　单义动词带不同类型宾语的宾语数量统计

宾语类型	受事	处所	对象	施事	结果	致使	杂类	工具	等同	方式	目的	时间	同源	原因
单义动词宾语数量/个	447	176	237	51	92	84	18	41	13	23	24	12	9	15
所占比例/%	36.0	14.2	19.1	4.1	7.4	6.8	1.4	3.3	1.0	1.85	1.9	1.0	0.7	1.2

注：由于四舍五入的原因，表中所占比例加和可能不足 100%或超过 100%。书中其他表格也存在类似情况，不再逐一说明

按照不同类型宾语的数量由多到少排序，14 类宾语的优选序列为：

受事＞对象＞处所＞结果＞致使＞施事＞工具＞目的＞方式＞杂类＞原因＞等同＞时间＞同源

单义动词带受事宾语的数量最多，其次是对象宾语，第三是处所宾语，第四是结果宾语。典型受事宾语有 447 个，占总宾语数量的 36.0%，非受事宾语有 795 个，占比 64.0%。

二、多义动词带宾类型数量统计

378 个带宾的多义动词共计 1864 个宾语。每个动词平均带宾数量为 4.93。多义动词带不同类型宾语的宾语数量统计如表 1.4 所示。

表 1.4　多义动词带不同类型宾语的宾语数量统计

宾语类型	受事	处所	对象	施事	结果	致使	杂类	工具	等同	方式	目的	时间	同源	原因
多义动词宾语数量/个	694	414	104	100	187	92	61	79	28	47	29	13	9	7
所占比例/%	37.2	22.2	5.6	5.4	10.0	4.9	3.3	4.2	1.5	2.5	1.6	0.7	0.5	0.4

按照不同类型宾语的数量由多到少排序，14 类宾语的优选序列为：

受事＞处所＞结果＞对象＞施事＞致使＞工具＞杂类＞方式＞目的＞等同＞时间＞同源＞原因

多义动词带受事宾语的数量最多，第二是处所宾语，第三是结果宾语，第四是对象宾语。典型受事宾语有 694 个，所占比例为 37.2%；除了典型的受事宾语，其他类宾语我们统称为非受事宾语，这些宾语有 1170 个，占比为 62.8%。

三、单义动词带宾与多义动词带宾的情况比较

通过对比以上单义动词和多义动词带宾的数量情况，我们可以看出：

（1）每个单义动词带宾语数的平均数为 1.45 个。每个多义动词带宾语数的平均数为 4.93 个，多义动词所带的宾语数量明显要比单义动词多。由此可见，随着动词从单义到多义的变化，动词所带宾语的数量也在变化。动词的多义性对于宾语的数量有明显的影响。

（2）单义动词和多义动词 14 类宾语数量由多到少的排序不同。具体如下：

单义动词：受事＞对象＞处所＞结果＞致使＞施事＞工具＞目的＞方式＞杂类＞原因＞等同＞时间＞同源

多义动词：受事＞处所＞结果＞对象＞施事＞致使＞工具＞杂类＞方式＞目的＞等同＞时间＞同源＞原因

在单义动词和多义动词中，受事、工具、方式宾语的排序没有变化，其他宾语的排序都有所改变；受事宾语都是动词带宾类型数量最多的一类宾语，排在第一位。

（3）单义动词和多义动词中不同类型宾语数量和所占的比例情况有所不同。单义动词和多义动词所带宾语的数量统计如表 1.5 所示。

表 1.5 单义动词和多义动词所带宾语的数量统计对比 单位：个

宾语类型	受事	处所	对象	施事	结果	致使	杂类	工具	等同	方式	目的	时间	同源	原因
单义动词宾语数量	447	176	237	51	92	84	18	41	13	23	24	12	9	15
多义动词宾语数量	694	414	104	100	187	92	61	79	28	47	29	13	9	7

单义动词和多义动词所带宾语数量的百分比对比情况统计如表 1.6 所示。

表 1.6 单义动词和多义动词所带宾语数量的百分比对比 单位：%

宾语类型	受事	处所	对象	施事	结果	致使	杂类	工具	等同	方式	目的	时间	同源	原因
单义动词宾语比例	36.0	14.2	19.1	4.1	7.4	6.8	1.4	3.3	1.0	1.8	1.9	1.0	0.7	1.2
多义动词宾语比例	37.2	22.2	5.6	5.4	10.0	4.9	3.3	4.2	1.5	2.5	1.6	0.7	0.5	0.4

（1）多义动词所带受事宾语的数量明显比单义动词所带受事宾语的数量多，但是单义动词带受事宾语和多义动词带受事宾语所占比例却比较接近，分别为 36.0%和 37.2%。由此可以说明，动词从单义到多义的变化对于受事宾语数量有影响，但是对于受事宾语的数量比例影响不大。总体上可以推测，动词所带受事宾语的比例为 36%左右。

（2）多义动词所带对象宾语比例为 5.6%，单义动词中其数量比例为 19.1%，两个比例差距较大，单义动词带对象宾语的比例明显比多义动词要高，单义动词所带致使宾语的比例比多义动词所带致使宾语的比例高；单义动词和多义动词带其他类型宾语的数量比例相差不是太大。可见，动词从单义到多义的变化，随着多义性的增强，对象宾语和致使宾语的数量比例减小的倾向性较为突出。

（3）多义动词所带处所宾语比例为 22.2%，单义动词中其数量比例为 14.2%，多义动词所带处所宾语的比例明显比单义动词所带处所宾语数量比例高。可以推测，动词从单义到多义的变化，随着多义性的增强，处所宾语的数量比例增大的倾向性较为突出。

四、分析与总结

378 个多义动词中义项数不同的动词和宾语数量分布情况统计如表 1.7 所示。

表 1.7　不同义项数的多义动词数量及其带宾数量统计　　单位：个

义项数	2	3	4	5	6	7	8	10	11	12	13	23
动词数量	213	84	36	16	15	4	4	1	1	1	2	1
宾语数量	676	418	250	133	144	45	49	21	20	19	37	56
动词带宾平均数	3.2	5.0	6.9	8.3	9.6	11.3	12.3	21	20	19	18.5	56

从表 1.7 统计可以看出：

（1）378 个多义动词中，动词数量和宾语数量最多的是 2 个义项的多义动词，第二是 3 个义项的多义动词，第三是 4 个义项的多义动词。

（2）2 个义项的多义动词中，每个动词的带宾数量平均是 3.2 个；3 个义项的多义动词中每个动词的带宾数量平均是 5.0 个，4 个义项的是 6.9 个，5 个义项的是 8.3 个，6 个义项的是 9.6 个，7 个义项的是 11.3 个，8 个义项的是 12.3 个，10、11、12、13 个义项的动词带宾数量比较接近，在 20 个左右，最后 23 个义项的多义动词只有 1 个，可以带 56 个宾语，其带宾数量是最高的。可以看出，随着多义动词义项数的增加，动词的多义性越强，动词所带宾语的平均数呈增长趋势，多义动词的带宾能力也呈现出增强趋势。

总体上，随着动词义项数的增加，即随着动词多义性的增强，动词数量及其宾语数量在减少，但每个动词所带的宾语数量反而增加。也就是说，整体上，随着动词多义性的增强，动词所带的宾语数量在增加。因此，动词的多义性对于动宾短语的多样性具有一定的影响作用。

第四节　动词多义性与宾语类型数量之间的关系考察

一、2 个义项的动词带宾情况考察

378 个多义动词中 2 个义项的动词有 213 个，其带名词性宾语的数量有 676 个。2 个义项的动词带不同类型的宾语数量情况统计如表 1.8 所示。

表 1.8　2 个义项的动词带不同类型的宾语数量及其比例统计

宾语类型	受事	处所	对象	施事	结果	致使	杂类	工具	等同	方式	目的	时间	同源	原因
宾语数量/个	252	137	46	35	59	41	26	30	12	13	10	6	3	6
所占比例/%	37.3	20.3	6.8	5.2	8.7	6.1	3.8	4.4	1.8	1.9	1.5	0.9	0.4	0.9

根据以上统计，2 个义项的动词所带的宾语类型有 14 类，按照不同类型宾语的数量由多到少排序，14 类宾语的优选序列为：

受事＞处所＞结果＞对象＞致使＞施事＞工具＞杂类＞方式＞等同＞目的＞时间/原因＞同源

以上排序跟 378 个多义动词带宾类型数量的排序相比，我们发现 213 个 2 个义项的多义动词带受事、处所、结果、对象、工具、杂类、方式、时间八类宾语的顺序完全一致，其他类型宾语的排序相差也不大。2 个义项的多义动词数量占考察的多义动词总数的 56.3%，其对宾语类型及其数量的影响较大，整体上反映出多义动词及其宾语情况的概貌：受事宾语数量最多，占 2 个义项的动词带宾总数的 37.3%；第二是处所宾语，占 20.3%；第三是结果宾语，占 8.7%。

我们再进一步考察多义动词中 2 个义项的动词所带宾语及其数量的分布情况，其统计情况如表 1.9 所示。

表 1.9　2 个义项的动词 2 个义项所带宾语数量统计　　单位：个

宾语类型	受事	处所	对象	施事	结果	致使	杂类	工具	等同	方式	目的	时间	同源	原因
义项 1 带宾数量	129	82	22	20	31	21	12	15	5	8	7	2	2	3
义项 2 带宾数量	123	55	24	15	28	20	14	15	7	5	3	4	1	3

从表 1.9 可以看出，义项 1 和义项 2 带处所宾语的数量相差 27 个，带其他类型宾语的数量总体上相近或相同。可以说，2 个义项对于宾语类型数量的影响作用差异不大，2 个义项的动词的义项 1 和义项 2 的带宾能力比较接近。

总体上，2 个义项的动词带受事宾语的数量比例为 37.3%，带非受事宾语的数量比例为 62.7%。

二、3 个义项的动词带宾情况考察

378 个多义动词中 3 个义项的动词有 84 个，宾语数量总计 418 个。3 个义项的动词带不同类型宾语的数量情况统计如表 1.10 所示。

表 1.10　3 个义项的动词带不同类型宾语的数量及其比例统计

宾语类型	受事	处所	对象	施事	结果	致使	杂类	工具	等同	方式	目的	时间	同源	原因
宾语数量/个	164	100	22	21	43	13	16	20	3	5	10	1	0	0
所占比例/%	39.2	23.9	5.3	5.0	10.3	3.1	3.8	4.8	0.7	1.2	2.4	0.2	0	0

按照不同类型宾语的数量由多到少排序，3 个义项的动词带宾类型的优选序列为：

受事＞处所＞结果＞对象＞施事＞工具＞杂类＞致使＞目的＞方式＞等同＞时间

从以上统计对照考察发现，从 2 个义项动词带宾到 3 个义项动词带宾，义项增加 1 个对于宾语数量及其所占比例的影响情况如下：

（1）从统计可以看出，3 个义项的动词所带的宾语类型出现了 12 类，同源和原因宾语没有出现。受事宾语有 164 个，占比 39.2%，非受事宾语占比 60.8%；2 个义项的动词有 213 个，3 个义项的动词只有 84 个，3 个义项的动词数量及其宾语数量明显减少。可见，动词从 2 个义项到 3 个义项，多义动词数量减少，宾语数量也相应减少。

（2）3 个义项的动词带宾和 2 个义项的动词带宾中，受事、处所、结果、对象宾语的排序一样，3 个义项的动词比 2 个义项的动词增加了 1 个义项，但是增加的 1 个义项对于这四类宾语数量优选序列影响不大；单个动词带宾平均数为 5.0，较 2 个义项的动词带宾平均数要高。

（3）受事宾语在 3 个义项的动词带宾数量中占 39.2%，跟 2 个义项的动词带宾数量比例 37.3%十分接近，都是数量最多的一类宾语。可以推知，从 2 个义项到 3 个义项，增加 1 个义项对于受事宾语数量比例影响并不大。

（4）3 个义项的动词带宾中，动词带处所、结果、工具、目的宾语的比例比 2 个义项带宾中的比例要高；与此相反，3 个义项的动词带宾中，对象、致使、等同、时间、同源、原因宾语的数量较 2 个义项的动词带宾中减少较为明显，杂类、施事宾语的数量比例相同或接近，义项数对于其宾语数量比例的影响较小。

三、4 个义项的动词带宾情况考察

378 个多义动词中 4 个义项的动词有 36 个，不同类型宾语总数为 250 个。4 个义项的动词带不同类型宾语的数量情况如表 1.11 所示。

表 1.11　4 个义项的动词带不同类型宾语的数量及其比例统计

宾语类型	受事	处所	对象	施事	结果	致使	杂类	工具	等同	方式	目的	时间	同源	原因
宾语数量/个	90	63	15	13	21	9	10	11	3	5	3	2	4	1
所占比例/%	36	25.2	6	5.2	8.4	3.6	4	4.4	1.2	2	1.2	0.8	1.6	0.4

根据以上统计，4 个义项的动词所带宾语类型数量由高到低排序如下：

4 个：受事＞处所＞结果＞对象＞施事＞工具＞杂类＞致使＞方式＞同源＞等同/目的＞时间＞原因

同时我们跟前面 3 个义项和 2 个义项动词带宾的序列进行对比：

3 个：受事＞处所＞结果＞对象＞施事＞工具＞杂类＞致使＞目的＞方式＞等同＞时间

2 个：受事＞处所＞结果＞对象＞致使＞施事＞工具＞杂类＞方式＞等同＞目的＞时间/原因＞同源

通过对比，我们可以看出，动词义项数增加到 4 个，动词数量及其宾语类型变化情况如下：

（1）4 个义项的动词可以带 14 类宾语，受事宾语最多，处所宾语其次，再次是结果宾语，最少的是原因宾语。单个动词带宾平均数为 6.9，较 3 个义项的动词带宾平均数要高。

（2）4 个义项的动词数量及其宾语数量明显减少。4 个义项的动词有 36 个，数量比 3 个义项的动词减少了 48 个，比 2 个义项的动词减少了 177 个；4 个义项的动词的宾语数量比 3 个义项的动词的宾语数量减少了 168 个，比 2 个义项的动词的宾语数量减少了 426 个。

（3）4 个义项的动词带宾跟 3 个义项的动词带宾相比，受事、处所、结果、对象、施事、工具、杂类、致使宾语的排序是一样的；跟 2 个义项的动词带宾相比，受事、处所、结果、对象宾语的数量排序一样。由此可见，随着汉语动词义项数的增加，动词的多义性增强，动词数量及其宾语数量减少了，但是多义性对于受事、处所、结果及对象宾语的数量比例影响并不大。

（4）受事宾语在 4 个义项的动词带宾数量中占 36%，跟 3 个义项和 2 个义项的动词带宾数量比例接近，都在 37%左右，都是数量最多的一类宾语。从 2 个义项增加到 4 个义项，义项数增加，动词的多义性增强，但对受事宾语数量比例影响不太大。

（5）4 个义项的动词带宾中，处所、对象、施事、致使、等同、方式、同源、原因宾语数量比例相对于 3 个义项的动词有所增长，而结果、工具、目的宾语的比例比 3 个义项的动词的比例要低；与 2 个义项的动词带宾相比，对象、致使、等同、原因宾语的数量比例明显降低，处所和同源宾语的数量比例明显提高，其他宾语的数量比例变化不大，义项对其宾语数量比例的影响较小。

四、5 个义项的动词带宾情况考察

378 个多义动词中 5 个义项的动词有 16 个，各类宾语数量总计 133 个。5 个义项的动词带不同类型宾语的数量情况如表 1.12 所示。

表 1.12　5 个义项的动词带不同类型宾语的数量及其比例统计

宾语类型	受事	处所	对象	施事	结果	致使	杂类	工具	等同	方式	目的	时间	同源	原因
宾语数量/个	47	26	4	10	15	7	3	6	2	8	3	0	2	0
所占比例/%	35.3	19.5	3.0	7.5	11.3	5.3	2.3	4.5	1.5	6.0	2.3	0	1.5	0

根据以上统计，5 个义项的动词所带宾语类型数量由高到低排序如下：

5 个：受事＞处所＞结果＞施事＞方式＞致使＞工具＞对象＞杂类/目的＞等同/同源

同时我们跟前面 4 个义项、3 个义项以及 2 个义项的动词带宾序列比较：

4 个：受事＞处所＞结果＞对象＞施事＞工具＞杂类＞致使＞方式＞同源＞等同/目的＞时间＞原因

3 个：受事＞处所＞结果＞对象＞施事＞工具＞杂类＞致使＞目的＞方式＞等同＞时间

2 个：受事＞处所＞结果＞对象＞致使＞施事＞工具＞杂类＞方式＞等同＞目的＞时间/原因＞同源

通过对比，我们可以看出，动词义项数增加到 5 个，动词数量及其宾语类型变化情况如下：

（1）5 个义项的动词可以带 12 类宾语。受事宾语仍然是最多的一类宾语，第二是处所宾语，第三是结果宾语，数量最少的是同源宾语和等同宾语，都只有 2 个，时间和原因宾语没有出现。

（2）5 个义项的动词及其宾语数量明显减少。5 个义项的动词比 4 个义项的动词减少了 20 个；5 个义项的动词的宾语数量比 4 个义项的动词的宾语数量减少了 117 个。单个多义动词带宾平均数为 8.3，比 4 个义项的多义动词带宾平均数要高。

（3）5 个义项的动词带宾跟 4 个义项的动词带宾相比，受事、处所、结果宾语排序是一样的。3 个义项和 2 个义项的动词带宾数量排序前三位也是受事、处所以及结果宾语。由此可见，动词义项数从 2 个增加到 5 个，动词的多义性明显增强，但是受事、处所以及结果三类宾语的数量尽管减少，但是其数量排序没有变化，受事宾语仍然是最多的宾语类型，其次是处所宾语，结果宾语始终保持在第三位。换句话说，动词的多义性增强，动词数量及其宾语数量总体上减少了，但是多义性的增强对受事、处所、结果宾语的数量比例影响并不大。

（4）5 个义项的动词带宾中，方式宾语数量比例明显增大，排列顺序提前到第五位。与此相反，5 个义项的动词中对象宾语的数量比例明显降低，排序后移。

五、6 个义项的动词带宾情况考察

6 个义项的动词一共有 15 个，所带宾语数量总计 144 个。6 个义项的动词带不同类型宾语的数量情况如表 1.13 所示。

表 1.13　6 个义项的动词带不同类型宾语的数量及其比例统计

宾语类型	受事	处所	对象	施事	结果	致使	杂类	工具	等同	方式	目的	时间	同源	原因
宾语数量/个	68	34	4	4	11	2	1	8	6	2	3	1	0	0
所占比例/%	47.2	23.6	2.8	2.8	7.6	1.4	0.7	5.6	4.2	1.4	2.1	0.7	0	0

根据以上统计，6 个义项的动词所带宾语类型数量由高到低排序如下：

6 个：受事＞处所＞结果＞工具＞等同＞对象/施事＞目的＞致使/方式＞杂类/时间

同时我们跟 5 个义项的动词带宾序列进行对比：

5 个：受事＞处所＞结果＞施事＞方式＞致使＞工具＞对象＞杂类/目的＞等同/同源

通过对比，我们可以看出，动词义项数增加到 6 个，动词数量及其宾语类型变化情况如下：

（1）6 个义项的动词可以带 12 类宾语。受事宾语仍然是最多的一类宾语，第二是处所宾语，第三是结果宾语，数量最少的是时间和杂类宾语，都只有 1 个，同源和原因宾语没有出现。

（2）6 个义项的动词及其宾语数量跟 5 个义项的动词情况相比较，动词数量分别是 15 和 16，宾语数量分别是 144 和 133，动词数量和宾语数量都比较接近；宾语数量排序由高到低，前三位仍然是受事、处所、结果三类宾语；单个动词带宾数量为 9.6 个，较之前的多义动词带宾平均数要高。

（3）6 个义项的动词带受事宾语的数量比例为 47.2%，数量比例较 5 个义项的动词带宾数量比例增加了 11.9 个百分点，非受事宾语的数量比例相对有所下降，数量减少比较突出的是致使和施事宾语。可见，有时随着动词多义性增强，动词带典型受事宾语的能力也会有所增强。

六、7 个义项的动词带宾情况考察

378 个多义动词中 7 个义项的动词有 4 个，所带宾语数量总计 45 个。7 个义项的动词带不同类型宾语的数量情况如表 1.14 所示。

表 1.14　7 个义项的动词带不同类型宾语的数量统计　　单位：个

宾语类型	受事	处所	对象	施事	结果	致使	杂类	工具	等同	方式	目的	时间	同源	原因
宾语数量	8	10	3	4	6	10	2	0	0	0	1	1	0	0

根据以上统计，7 个义项的动词所带宾语类型数量由高到低排序如下：

7 个：处所/致使＞受事＞结果＞施事＞对象＞杂类＞目的/时间

同时我们跟 6 个义项的动词带宾序列进行对比：

6 个：受事＞处所＞结果＞工具＞等同＞对象/施事＞目的＞致使/方式＞杂类/时间

通过对比，我们可以看出，动词义项数增加到 7 个，动词数量及其宾语类型变化情况如下：

（1）7 个义项的动词可以带 9 类宾语，工具、等同、方式、同源以及原因宾语等 5 类宾语都没有出现，宾语类型的数量减少；受事宾语不再是最多的一类宾语，处所宾语和致使宾语的数量都为 10 个，两类宾语同为比例最高的一类，其次是受事宾语，数量最少的是目的和时间宾语，分别有 1 个。

（2）7 个义项的动词及其宾语数量明显减少，只有 4 个动词，分别是“投”、“翻”、“出”、“破”，4 个动词所带宾语数为 45 个，每个动词平均带宾数为 11.3 个，较前面义项数的多义动词带宾平均数量要高。这可以说明，多义动词数量跟每个动词带宾平均数量之间呈反比关系，动词数量总体上越少，单个动词带宾数量越多。

（3）受事宾语在总的宾语中数量比例为 17.8%，非受事宾语比例大大增加，达到了 82.2%。该比例跟前面各个义项数的多义动词带宾情况相比，受事宾语数量比例减小明显，非受事宾语数量比例大大增加。

七、8 个义项的动词带宾情况考察

378 个多义动词中 8 个义项的动词有 4 个，所带宾语数量为 49 个。8 个义项的动词带不同类型宾语的数量情况如表 1.15 所示。

表 1.15　8 个义项的动词带不同类型宾语的数量统计　　单位：个

宾语类型	受事	处所	对象	施事	结果	致使	杂类	工具	等同	方式	目的	时间	同源	原因
宾语数量	14	10	5	4	7	5	0	2	1	0	0	1	0	0

根据以上统计，8 个义项的动词所带宾语类型数量由高到低排序如下：

8 个：受事＞处所＞结果＞对象/致使＞施事＞工具＞等同/时间

同时我们跟 7 个义项的动词带宾序列进行对比：

7 个：处所/致使＞受事＞结果＞施事＞对象＞杂类＞目的/时间

通过对比，我们可以看出，动词义项数增加到 8 个，动词数量及其宾语类型变化情况如下：

（1）8 个义项的动词可以带 9 类宾语，杂类、方式、目的、同源以及原因宾语共五类宾语没有出现。受事宾语是最多的一类宾语，处所宾语其次，第三是结果宾语，等同与时间宾语数量最少。

（2）8 个义项的动词有 4 个，分别是“顶”、“对”、“发”、“起”，4 个动词所带宾语有 49 个，每个动词平均带宾数为 12.3 个，较 7 及 7 以下义项数的多义动词带宾平均数量要高。

（3）8 个义项的受事宾语在总的宾语中数量比例为 28.6%，较 7 个义项的动词的 17.8%有所增加。对比发现，8 个义项的动词和 7 个义项的动词都有 4 个动词，两类义项数的动词所带的宾语数量分别是 49 和 45，仅相差 4 个。可以说，在动词义项数相差不大，动词数量也不多的情况下，动词义项带宾类型差异对其带受事和非受事宾语的倾向性能力影响较为明显。为此，我们可以说，总体上动词多义性对于动词带受事宾语或非受事宾语的能力情况有所影响，在一般倾向性的考察中，具体影响还需要依据具体的动词进行分析判断，不能一概而论。

八、10 个义项的动词带宾情况考察

378 个多义动词中 10 个义项的动词只有动词“点”，其所带宾语数量为 21 个。10 个义项的动词带不同类型宾语的数量情况如表 1.16 所示。

表 1.16　10 个义项的动词带不同类型宾语的数量统计　　单位：个

宾语类型	受事	处所	对象	施事	结果	致使	杂类	工具	等同	方式	目的	时间	同源	原因
宾语数量	7	5	1	0	3	0	0	4	0	1	0	0	0	0

根据以上统计，10 个义项的动词所带宾语类型数量由高到低排序如下：

受事＞处所＞工具＞结果＞对象/方式

通过对比，我们可以看出，动词义项数增加到 10 个，动词数量及其宾语类型变化情况如下：

（1）10 个义项的动词可以带 6 类宾语：受事、处所、工具、结果、对象以及方式宾语。动词所带宾语类型的数量减少；“点”所带受事宾语有 7 个，是最多的一类宾语，处所宾语有 5 个，第三是工具宾语，有 4 个，结果宾语有 3 个，对象和方式宾语各有 1 个。

（2）动词“点”可以带 21 个宾语，单个动词带宾数量能力较强。这一定程度

上说明，随着动词义项数增加，动词多义性增强，多义动词所带宾语类型不一定丰富，但是单个多义动词的带宾能力是跟动词的多义性有着密切关系的。

（3）动词“点”所带受事宾语的比例为33.3%，带非受事宾语的比例为66.7%，可见其带非受事宾语的能力较强。可以说，动词多义性对动词带受事宾语或非受事宾语的能力情况有一定影响。

九、11个义项的动词带宾情况考察

378个多义动词中11个义项的动词也只有动词“放”，其所带宾语数量是20个。11个义项的动词带不同类型宾语的数量情况如表1.17所示。

表1.17　11个义项的动词带不同类型宾语的数量统计　　单位：个

宾语类型	受事	处所	对象	施事	结果	致使	杂类	工具	等同	方式	目的	时间	同源	原因
宾语数量	11	4	1	0	3	0	0	1	0	0	0	0	0	0

根据以上统计，11个义项的动词所带宾语类型数量由高到低排序如下：

受事＞处所＞结果＞对象/工具

通过对比，我们可以看出，动词义项数增加到11个，动词数量及其宾语类型变化情况如下：

（1）动词“放”可以带5类宾语：受事、处所、结果、对象以及工具宾语，动词所带宾语类型的数量减少；“放”所带受事宾语有11个，是“放”所带各类宾语中数量最多的一类宾语，处所宾语有4个，第三是结果宾语，有3个，对象和工具宾语各有1个。

（2）多义动词“放”可以带20个宾语，多义动词“放”所带受事宾语的比例为55%，带非受事宾语的比例为45%，可见其带受事宾语能力较带非受事宾语能力要强一些。可以说，多义动词不同，动词多义性对动词带受事宾语或非受事宾语的能力影响情况有所不同。

十、12个义项的动词带宾情况考察

378个多义动词中12个义项的动词只有动词“上”，其所带宾语总数为19个，12个义项的动词带不同类型宾语的数量情况如表1.18所示。

表1.18　12个义项的动词带不同类型宾语的数量统计　　单位：个

宾语类型	受事	处所	对象	施事	结果	致使	杂类	工具	等同	方式	目的	时间	同源	原因
宾语数量	6	8	0	3	0	1	1	0	0	0	0	0	0	0

根据以上统计，12 个义项的动词所带宾语类型数量由高到低排序如下：

处所＞受事＞施事＞致使/杂类

通过对比，我们可以看出，动词义项数增加到 12 个，动词数量及其宾语类型变化情况如下：

（1）动词“上”可以带 5 类宾语：受事、处所、施事、致使以及杂类宾语，动词所带宾语类型的数量较少；“上”所带处所宾语的数量最多，有 8 个，第二是受事宾语，有 6 个，第三是施事宾语，有 3 个，致使和杂类宾语各有 1 个。

（2）多义动词“上”可以带 19 个宾语，其所带受事宾语的比例为 31.6%，带非受事宾语的比例为 68.4%，可见其带非受事宾语的能力较带受事宾语的能力要强。

十一、13 个义项的动词带宾情况考察

378 个多义动词中 13 个义项的动词有 2 个，分别是“开”和“下”。13 个义项的动词带宾数量总计 37 个，2 个多义动词带不同类型宾语的数量情况如表 1.19 所示。

表 1.19 13 个义项的动词带不同类型宾语的数量统计 单位：个

宾语类型	受事	处所	对象	施事	结果	致使	杂类	工具	等同	方式	目的	时间	同源	原因
宾语数量	11	8	2	5	6	4	1	0	0	0	0	0	0	0

根据以上统计，13 个义项的动词所带宾语类型数量由高到低排序如下：

受事＞处所＞结果＞施事＞致使＞对象＞杂类

通过对比，我们可以看出，动词义项数增加到 13 个，动词数量及其宾语类型变化情况如下：

（1）动词“开”和“下”可以带 7 类宾语：受事、处所、结果、施事、致使、对象以及杂类宾语；2 个动词总体上带受事宾语数量最多，有 11 个，所占比例为 29.7%，非受事宾语有 26 个，占比 70.3%。

（2）动词“开”和“下”可以带 37 个宾语，其所带受事宾语的比例为 29.7%，带非受事宾语的比例为 70.3%，可见其带非受事宾语的能力较带受事宾语的能力要强。

十二、23 个义项的动词带宾情况考察

378 个多义动词中 23 个义项的动词为“打”，其所带宾语总数为 56 个，是汉语动词中义项数和宾语数最多的一个动词。该动词带不同类型宾语的数量情况如表 1.20 所示。

表 1.20 23 个义项的动词带不同类型宾语的数量统计 单位：个

宾语类型	受事	处所	对象	施事	结果	致使	杂类	工具	等同	方式	目的	时间	同源	原因
宾语数量	16	9	1	1	13	0	1	9	1	3	0	1	1	0

根据以上统计，动词“打”所带宾语类型数量由高到低排序如下：

受事>结果>处所/工具>方式>对象/施事/杂类/等同/时间/同源

通过对比，我们可以看出：

（1）动词“打”可以带 11 类宾语，不能带目的、致使以及原因宾语；“打”所带受事宾语数量最多，有 16 个，第二是结果宾语，有 13 个，第三是工具宾语和处所宾语，各有 9 个，对象、施事、杂类、等同、时间、同源宾语各有 1 个。

（2）多义动词“打”可以带 56 个宾语，其所带受事宾语的比例为 28.6%，带非受事宾语的比例为 71.4%，可见其带非受事宾语的能力较带受事宾语的能力要强。

本 章 小 结

本章通过对多义动词义项数量和分布，动词多个义项所带宾语数量和语义类别的考察，得到以下结论：

第一，有关单音节多义动词和双音节多义动词的义项考察。所考察的《词典》中总计有 378 个多义动词，共 1134 个义项。378 个多义动词中，有 76 个双音节词，占多义动词总数的 20.1%；302 个单音节动词，占多义动词总数的 79.9%；单音节多义动词的平均义项数是 3.2，双音节多义动词的平均义项数为 2.1。可以说，动词的多义性主要体现在单音节动词的多义性上。

第二，有关多义动词的多义性的考察。378 个多义动词中，2 个义项的多义动词最多，在多义动词中所占比例达到 56.3%；其次是 3 个义项的动词，所占比例为 22.2%；再次是 4 个义项的动词，有 36 个，占比 9.5%。2 个和 3 个义项的动词数量占多义动词总数的 78.6%，整体上，随着动词义项数的增加，多义动词数量减少。

第三，有关多义动词带宾类型数量的考察。378 个带宾的多义动词共计 1864 个宾语。每个多义动词带宾平均数为 4.93 个。多义动词带受事宾语的数量最多，其次是处所宾语，再次是结果宾语，然后是对象宾语；多义动词所带宾语中，受事宾语所占比例为 37.2%；非受事宾语占比为 62.8%，多义动词带非受事宾语的数量比带受事宾语的数量多，非受事宾语是多义动词宾语的主要构成部分。

第四，多义动词带宾和单义动词带宾的比较情况。为总体上把握多义动词带宾的特点和规律，我们把《词典》中 378 个多义动词和 855 个单义动词带宾的情况进行了比较。比较发现：在多义动词和单义动词中，受事宾语仍然是动词带宾类型中数量最多的一类宾语，而且单义动词和多义动词带受事宾语的数量比例十分接近，分别为 36.0%和 37.2%；从单义动词到多义动词，非受事宾语数量总体有所增加，其中处所宾语数量增加较多，但是多义动词中对象宾语数量比例减小较明显。

第五，不同义项数的多义动词带宾情况考察。2 个义项的动词中，每个动词带宾数量平均是 3.2 个；3 个义项的动词中每个动词带宾数量平均是 5.0 个，以此类推，我们发现，随着动词义项数的增加，每个多义动词平均带宾的数量也在增加。换句话说，动词多义性跟宾语数量呈正比关系，动词义项数越多，多义性越强，带宾能力也越强。

第六，动词所带不同类型的宾语数量的序列变化情况。除了 7 个义项和 12 个义项的动词外，总体上，动词义项数的增加对多义动词带受事宾语的数量序列变化影响不大，受事宾语都是最多的一类宾语；随着动词义项数的增加，动词的多义性增强，动词数量及其宾语数量减少了，但是多义性对受事、处所、结果以及对象宾语的数量比例影响并不大。

第七，受事宾语和非受事宾语数量及其比例的考察。378 个多义动词所带受事宾语有 694 个，所占比例为 37.2%，带非受事宾语所占比例为 62.8%；从 2 个义项数的动词到 23 个义项数的动词，随着义项数的增加，动词所带受事宾语的数量比例不尽相同，比例最高的是义项数为 11 的多义动词所带的受事宾语，其次是 6 个义项数的多义动词所带的受事宾语，再次是 3 个义项的动词所带的受事宾语。同时我们比较单义动词带宾情况发现，单义动词带受事宾语的比例为 36.0%。可见，影响动词带受事宾语的数量比例的因素不仅仅是动词义项数的多少，动词的多义性对动词带受事宾语的能力到底有无影响？如果有影响的话，影响多义动词带受事或非受事宾语的因素还有哪些？这还需要我们做进一步的思考和研究。

第二章　汉语动词的多义性与宾语语义角色的多样性

通过上一章的考察我们知道了多义动词的多义性特点分布情况，随着动词多义性的增强，动词语义属性对句法成分有很强的制约性，首先表现在每个动词后带宾语类型的数量，多义动词所带的不同类型宾语数量及其比例呈现出相关的一些特点和规律。在此基础上，本章我们将从动词所支配的句法成分，即带宾语类型的数量、性质等角度来进一步考察多义动词带宾语的能力情况。

多义词包含的几个意义之间不是完全并列的关系。一般将多义词最初具有的意义称为本义，词的本义只有一个。兰宾汉和邢向东（2006：238）认为，在共时平面上最常用、最基本的意义称为基本义，一般来说，基本义也只有一个。在本义、基本义或其他意义基础上派生出来的意义称为派生义（或称引申义），派生义可以有多个。词的基本义往往就是它的最初的意义（本义），但两者也有不一致的情况（胡裕树，1981：219）。所以，虽然大多数传统词典中义项以词义的发展顺序为脉络，并结合词义的演变程序排列，但本书假设词典中首个义项为该词最常用的意义、最基本的意义，即基本义。随着带宾类型数的增加，我们同时考察常用义带宾能力强弱对该词整体带宾能力的影响情况。

第一节　带一类宾语的多义动词带宾情况考察

一、总体情况

本书所考察的378个多义动词中，有60个多义动词只带一类宾语。这些动词以双音节动词为主，单音节动词只有18个。下面分别进行考察。

（1）带受事宾语的动词有38个：安排（2）、把握（2）、表示（2）、表现（2）、发现（2）、操纵（2）、除（2）、刺激（2）、代表（2）、得到（2）、夺（2）、发表（2）、改造（2）、害（2）、喊（2）、会^2（2）、继承（2）、校对（2）、解（2）、决定（2）、埋没（2）、凭（2）、省（2）、使唤（2）、推翻（2）、消化（2）、修理（2）、压迫（2）、淹（2）、占有（2）、折腾（2）、

支配（2）、糟蹋（2）、保留（3）、管理（3）、养活（3）、用（3）、有（4）。

以上38个动词中，2个义项的动词有33个，3个义项的动词有4个，4个义项的动词有1个。动词义项总数为82，动词的平均义项数为2.16。

（2）带结果宾语的动词有4个：建立（2）、培养（2）、造（2）、制造（2）。动词义项总数为8，动词的平均义项数为2。

（3）带致使宾语的动词有4个：改变（2）、解散（2）、展开（2）、震动（2）。这4个动词每个都有2个义项，动词义项总数是8，动词的平均义项数为2。

（4）带施事宾语的动词有3个：流动（2）、起来（2）、塌（2）。这三个动词每个都有2个义项，动词义项总数是6，动词的平均义项数为2。

（5）带杂类宾语的动词有4个：差（2）、多（2）、可以（2）、缺（3）。动词义项总数为9，动词平均义项数为2.25。

（6）带等同宾语的动词有3个：等于（2）、象（2）、作为（2）。动词义项总数为6，动词的平均义项数为2。

（7）带对象宾语的动词有3个：护理（2）、欢迎（2）、爱（3）。动词义项总数为7，动词平均义项数为2.33。

（8）带原因宾语的动词有1个：计较（2）。义项有2个。

二、分析与总结

在以上分析的基础上，带一类宾语的多义动词的总体情况统计如表2.1所示。

表2.1　带一类宾语的多义动词数量和平均义项数统计

统计项	受事	结果	致使	施事	杂类	等同	对象	原因
动词数量/个	38	4	4	3	4	3	3	1
动词所占比例/%	63.3	6.8	6.8	5.1	6.8	5.1	5.1	1.7
动词义项总数/个	82	8	8	6	9	6	7	2
动词平均义项数/个	2.16	2	2	2	2.25	2	2.33	2

从以上统计可以看出：

（1）带一类宾语的动词中，带受事宾语的动词有38个，数量最多，占带一类宾语动词总数的63.3%。带非受事宾语的动词数量都比较少，动词总数为22个，占比36.7%。所带宾语类型有8类，分别是：受事、结果、致使、施事、杂类、等同、对象以及原因宾语。

（2）带一类宾语的60个多义动词总共有128个义项，动词平均义项数为2.13。其中，带对象宾语的多义动词平均义项数最高，为2.33，第二是带杂类宾语的多义动词,其平均义项数为 2.25,第三是带受事宾语的多义动词,平均义项数为 2.16。就带一类宾语的多义动词来说，平均义项数高的动词比平均义项数低的动词的语义关系更丰富，相应的带宾能力也更强。

（3）带一类宾语的多义动词大多数是双音节动词，占了 70%。这些双音节动词几乎只能跟双音节名词搭配，除了个别词语在一定语境下可以跟单音节名词成分搭配，如“使唤人”、“操纵你”等。冯胜利（2005：105）对动宾结构进行考察时指出，动词的音节对宾语的选择有影响，汉语的音节具有一定的语法意义。而且，单音节动词对于宾语选择自由度明显比双音节动词对于宾语的选择自由度要高。因此，对于带宾类型数相同的多义动词来说，单音节动词要比双音节动词的带宾能力强。

（4）带一类宾语的类推能力静态考察。动词所带宾语类型的数量一定程度上体现了动词带宾能力的强弱。动词所带宾语类型越多，带宾能力越强。对于带一类宾语的动词来说，动词带宾能力总体上在一个层级。但是宾语类型不同，宾语的类推和扩展能力也是有差异的。在各类宾语中，受事宾语最容易类推，因而在数量上也最多。邢福义（1991：76）在对及物动词及其常规受事宾语进行考察时指出，常规的受事宾语一般都是可以类推的，而且有的常规受事宾语类推性很强。储泽祥（1996：43）认为，“动宾短语特别是‘V+常规 O’有很强的类化作用”。张云秋（2003：74）的研究发现，熟语化程度高的动宾结构一般不能类推。笔者考察发现，类推能力强的受事、对象、结果等宾语往往都是常规 O，类推能力弱的处所、工具、方式、原因等宾语往往都是代体 O。因此，在带一类宾语的多义动词中，总体上带受事宾语、结果宾语、致使宾语、对象宾语等类型宾语时，动词所带宾语都具有较强的类推能力，例如，可以说“把握机会”、“把握机遇”、“把握市场”、“把握时机”等，宾语也都具有一定扩展性，如也可以说“把握了发展养殖业的良机”等，宾语可以是简单形式，也可以是复杂形式；动词带杂类、等同、原因三类宾语的类推性和扩展性相对较弱，如动词“差”，语料中频率最高的说法是“差钱”，另外还有“差时间”、“差一个人”等为数不多的短语，但是一定范围内还是可以较为自由地类推和扩展，还可以类推说“差资金”、“差人力”、“差设备”；或者扩展了宾语说成“差一些能力强的技术工人”、“差一流的设备”等；带原因宾语的动词“计较”，语料中频率最高的是“计较得失”、“计较报酬”、“计较小事”、“计较名利”等，或宾语扩展说成“计较那件事”、“计较一件小事”等。

（5）在带受事宾语的 38 个动词中，单音节动词的带宾能力一般比双音节动词的带宾能力要强；同样，单音节动词中，义项数多的动词带宾能力总体上比义项数少的动词带宾能力要强。同样带受事宾语的动词带宾能力强弱的倾向性如下：

有（4）>用（3）>保留（3）、管理（3）、养活（3）>2 个义项的动词。

单音节动词“有”的义项数最高，带宾能力最强；3 个义项的动词中，单音节动词“用”的带宾能力比双音节动词“保留”、“管理”、“养活”强。动词“有、用、保留、管理、养活”等 2 个以上义项的动词的带宾能力总体上都比 2 个义项的动词的带宾能力强。

第二节　带两类宾语的多义动词带宾情况考察

378 个多义动词中带两类宾语的动词有 123 个，占多义动词总数的 32.5%，是数量最多的一类动词。下面区分带受事宾语和非受事宾语的多义动词，按照两类宾语组合的类别情况分别进行考察。

一、两类宾语中带受事宾语的多义动词考察

（1）受事+处所。多义动词中可以带受事和处所宾语的动词有 46 个，分别是：挨（2）、布置（2）、藏（2）、倒[2]（2）、登[1]（2）、调动（2）、钉 dīng（2）、扶（2）、加入（2）、夹（2）、检查（2）、看 kān（2）、捞（2）、抹 mā（2）、描（2）、捧（2）、侵占（2）、清洗（2）、扔（2）、撒（2）、拾掇（2）、使（2）、挑[1] tiāo（2）、吐 tù（2）、吞（2）、向（2）、收拾（3）、扫（3）、安（3）、抱（3）、抄[2]（3）、加（3）、举（3）、搂 lōu（3）、守（3）、剔（3）、吸（3）、摘（3）、撤（4）、动（4）、养（4）、见（5）、带（6）、管（6）、收（6）、提（6）①。在 123 个带两类宾语的多义动词中，以上 46 个动词可以同时带受事和处所宾语，所占比例为 37.4%，这两类宾语组合的动词数量最多。其中，2 个义项的动词 26 个，3 个义项的动词 12 个，4 个义项的动词 3 个，5 个义项的动词 1 个，6 个义项的动词 4 个。46 个多义动词的义项总数是 129，动词平均义项数为 2.80。

（2）受事+对象。多义动词中可以带受事和对象宾语的动词有 21 个，分别是：背 bèi（2）、拨（2）、处理（2）、反映（2）、分配（2）、借（2）、了解（2）、贪（2）、探望（2）、突击（2）、喂（2）、献（2）、欣赏（2）、信（2）、支持（2）、换（3）、计算（3）、交代（3）、让（4）、算计（4）、要（2）。动词带受事和对象宾语是仅次于动词带受事和处所宾语的第二类常见的宾语组合，这类动词占带两类宾语的动词总数的 17.1%；21 个多义动词中，2 个义项的动词 16 个，3 个义项的动词 3 个，4 个义项的动词 2 个。动词义项总数为 49，动词平

① 本书动词后的义项数为该动词带名词性宾语的义项，不是动词本身的实际义项数。例如，动词“提”在《词典》中有 7 个义项，但只有 6 个义项带名词性宾语，其中义项 2 不带，而本书只考察带名词性宾语的义项，因此该处义项数标记为 6。其他动词的义项数均如此标记。

均义项数为2.33。

（3）受事+结果。多义动词带受事和结果宾语的有8个，分别是：表演（2）、裁（2）、吸收（2）、研究（2）、介绍（3）、取（3）、惹（3）、认（3）。受事和结果宾语组合是多义动词带两类宾语类型中第三类常见的宾语组合。其中，2个义项的动词4个，3个义项的动词4个，义项总数是20，平均义项数是2.5。

（4）受事+其他宾语。除了常见的三类宾语组合外，还有其他类型的组合动词，总计有14个动词。具体如下。

带“受事+致使”宾语的动词有4个：发挥（2）、解决（2）、探（2）、发动（3）。动词平均义项数为2.25。

带“受事+目的”宾语的动词有3个：选（2）、办（3）、招[1]（3）。动词平均义项数为2.67。

带“受事+等同”宾语的动词有3个：干（2）、数（2）、算（6）。动词平均义项数为3.33。

带“受事+工具”宾语的动词有2个：涮（2）、掩盖（2）。动词平均义项数为2。

带“受事+杂类”宾语的动词有1个：没有（3）。动词义项数为3。

带“受事+施事”宾语的动词有1个：透（2）。动词义项数为2。

总体上，以上14个动词的义项总数为36，动词平均义项数为2.57。

比较以上九类宾语组合的情况，我们总结如下：

（1）就动词数量来看，所带两类宾语中带受事宾语的多义动词有89个，两类宾语的组合类别有9种，宾语组合类别占动词数量的比例为10.1%①。其中带“受事+处所”两类宾语的动词数量最多，有46个动词；第二是带“受事+对象”两类宾语的动词，有21个；第三是带“受事+结果”宾语的动词，有8个。

（2）就动词的义项数来看，动词义项总数为234，平均义项数为2.63。带“受事+等同”两类宾语的动词的平均义项数为3.33，数量最高；其次是带“受事+处所”类别，动词平均义项数为2.80。

（3）就出现的宾语类型来看，除了受事宾语，其他宾语类别有处所、对象、结果、致使、目的、等同、施事、工具、杂类。有四类宾语没有出现：原因、方式、时间、同源。

二、两类宾语中带非受事宾语的多义动词考察

两类宾语中带非受事宾语的多义动词统计情况如表2.2所示。

---

① 宾语组合类别占动词数量的比例越高，说明宾语类别多样性越突出；反之，则表明宾语类别多样性不突出。

表 2.2 两类宾语中带非受事宾语的多义动词统计

宾语组合类别	动词	宾语组合类别	动词
[+施事+处所]①	倒[1]（2） 蹲（2） 漏（2） 趴（2） 爬（2） 长（2）	+等同+杂类	当 dāng（2） 当 dàng（2） 是[2]（4）
+结果+致使	冻（2） 升（2） 破（7）	+处所+致使	进（2） 通过（3）
+致使+对象	满足（2） 顺（2）	+处所+时间	经过（2） 入（2）
+施事+致使	降（2） 灭（2）	+目的+对象	求（2） 追（3）
+处所+杂类	在（4）	+目的+时间	等（2）
+对象+处所	攻击（2）	+时间+杂类	超过（2）
+对象+结果	评（2）	+施事+等同	成（2）
+施事+对象	谢（2）	+施事+杂类	醒（2）
+工具+杂类	赛（2）	+杂类+致使	迷（2）
+致使+原因	缩（2）	+杂事②+杂类	欠[2]（2）

表 2.2 中总计出现了 20 个宾语组合类别，具体比较如下：

（1）动词数量情况。所带两类宾语中没有受事宾语的多义动词有 34 个，宾语的组合模式有 20 种，其中带“施事+处所”两类宾语的动词有 6 个，数量最多；带“等同+杂类”宾语的动词有 3 个，带“结果+致使”宾语的动词也有 3 个；其他类型组合的动词数量都为 1 或 2，数量比较少。

（2）动词义项数情况。34 个动词的义项总数为 79，平均义项数为 2.32。除了“是[2]”、“在”、“追”、“破”、“通过” 5 个动词外，其他组合中的动词义项数都是 2。

（3）出现的宾语类型情况。20 类组合中一共出现了 11 类宾语（不含杂事宾语），方式宾语和同源宾语没有出现。

三、分析与总结

通过比较以上带两类宾语的多义动词分别带受事宾语和非受事宾语的具体情况，我们可以得出以下一些结论：

① [+施事+处所]的意思指动词所带的两类宾语分别是施事宾语和处所宾语。为行文简洁，后面类似表示不再加符号[ ]。

② “杂事”在《词典》中不属于 14 种宾语类型，在此作为单独的一个类别列出。所考察的 378 个多义动词中“欠[2]”的义项 1 具有“杂事”的用法，用例如“欠账”、“欠一笔债”、“欠人情”、“欠两份礼”。其短语结构为动宾，语义关系跟义项 2 带杂类宾语的用法有所不同。

（1）378 个多义动词中带两类宾语的动词有 123 个，占多义动词总数的 32.5%，是数量最多的一类动词。这 123 个多义动词中，2 个义项的动词 84 个，占了 68.3%，可见，带两类宾语的多义动词中 2 个义项的动词占了大多数；3 个及 3 个以上义项的动词有 39 个，所占比例为 31.7%，其中 3 个义项的动词 25 个，4 个义项的动词 7 个，5 个义项的动词 1 个，6 个义项的动词 5 个，7 个义项的动词 1 个。总体上看，随着动词义项数的增加，动词的数量在减少。动词的多义性与动词数量呈反比关系。

（2）总体上看，带两类宾语的 123 个多义动词共有 313 个义项，平均义项数是 2.54。其中，多义动词带“受事+处所”宾语的数量最多，有 46 个动词，动词平均义项数为 2.80；带“受事+对象”宾语的多义动词数量居第二，有 21 个动词，动词平均义项数为 2.33。带“受事+结果”宾语的多义动词数量排在第三，有 8 个动词，动词平均义项数是 2.5；带“受事+等同”宾语的 3 个多义动词的平均义项数最高，达到 3.33，其主要原因在于动词“算”有 6 个义项，属于多义性较为突出的一个多义动词。可以看出，在带受事宾语的组合类别中，多义动词的平均义项数都比较高。带非受事宾语的组合类别中除了“追（3）”、“是[2]（4）”、“在（4）”、“破（7）”、“通过（3）”5 个动词外，其他都是 2 个义项的动词。

（3）带两类宾语的多义动词中，可以带受事宾语的动词有 89 个，占此类动词总数的 72.4%，所带两类宾语中有受事宾语的组合类别有 9 种，其占 89 个动词的比例为 10.1%；带非受事宾语的动词有 34 个，所占比例为 27.6%，两类宾语的组合模式有 20 种，其占动词数量的比例为 58.8%。可以说，带两类宾语的多义动词中可以带受事宾语的动词比例远远高于带非受事宾语的动词比例，但前者宾语的语义类别却不如后者丰富。带受事宾语的组合类别中宾语的类推能力和扩展能力方面高于非受事宾语的组合类别，但是宾语的语义类别反而不如非受事宾语的语义类别丰富。可见，多义动词的数量多，宾语类别数量不一定就多；类推性和扩展性强的宾语类型，宾语的语义类别不一定就丰富多样。多义动词带非受事宾语时，宾语类别多样性更为突出。

第三节　带三类宾语的多义动词带宾情况考察

带三类宾语的多义动词一共有 92 个，占多义动词总数的 24.3%，是多义动词中数量排第二的一类动词。

一、三类宾语中带受事宾语的多义动词考察

（1）+受事+结果+处所。同时带受事、结果以及处所宾语的多义动词最多，

总计 22 个，所占比例为 23.9%。这些动词分别是：拆（2）、记（2）、煎（2）、弄（2）、劈 pī（2）、掐（2）、签[1]（2）、抢[1]（2）、掏（2）、装[2]（2）、采（3）、扯（3）、凑（3）、揭（3）、抠（3）、碰（3）、留（4）、摊（4）、挑 tiǎo（4）、修（4）、抓（4）、拿（5）。其中，有 10 个 2 个义项的动词，6 个 3 个义项的动词，5 个 4 个义项的动词，1 个 5 个义项的动词。义项总数为 63，动词平均义项数是 2.86。

（2）+受事+工具+处所。带受事、工具以及处所宾语的动词数量排在第二，一共有 10 个，所占比例为 10.9%。这些动词分别是：盛（2）、挡（2）、垫（2）、扑（2）、填（2）、听（2）、刮[1]（3）、拔（4）、扣（4）、压（6）。其中，有 6 个 2 个义项的动词，1 个 3 个义项的动词，2 个 4 个义项的动词，1 个 6 个义项的动词。动词义项总数是 29，动词平均义项数是 2.9。

（3）+受事+处所+施事。带受事、处所以及施事宾语的动词有 8 个，数量上排第三，所占比例为 8.7%。8 个动词分别是：丢（3）、着 zháo（2）、搬（3）、串（3）、掉[1]（3）、靠（3）、拖（3）、落 là（3）。其中，2 个义项的动词有 1 个，3 个义项的动词有 7 个，义项总数是 23，动词平均义项数是 2.88。

（4）+受事+致使+处所。带受事、致使以及处所宾语的动词有 5 个，分别是：倒 dào（2）、掉[2]（2）、搁（2）、减（2）、卸（3）。其中，4 个 2 个义项的动词，1 个 3 个义项的动词，义项总数为 11，动词平均义项数为 2.2。

（5）+受事+对象+处所。带受事、对象以及处所宾语的动词也有 5 个，分别是：治（2）、送（3）、问（4）、指（4）、传（6）。动词义项总数为 19，动词平均义项数为 3.8，动词平均义项数较高。

（6）+受事+其他两类宾语。除了以上 5 类宾语组合，其他三类宾语组合还有 21 种类别，一共有 26 个动词，每一类组合中的动词数量不多，一般都是 1 个或 2 个。具体组合类别统计如表 2.3 所示。

表 2.3 三类宾语组合中带受事宾语的多义动词统计

宾语组合类别	动词	宾语组合类别	动词
+受事+工具+对象	还（2） 照顾（2）	+受事+结果+施事	犯（2） 闪（4）
+受事+对象+目的	学（2） 想（4）	+受事+处所+等同	念（2） 读（3）
+受事+结果+方式	讲（5）	+受事+处所+杂类	偷（2） 摸（4）
+受事+结果+致使	磨 mò（2）	+受事+结果+时间	熬（2）
+受事+工具+同源	吵（2）	+受事+结果+杂类	讨（3）
+受事+工具+致使	杀（4）	+受事+工具+杂类	玩（3）
+受事+处所+目的	赶（5）	+受事+致使+施事	断（3）
+受事+方式+处所	栽[1]（2）	+受事+对象+方式	理（2）

续表

宾语组合类别	动词	宾语组合类别	动词
+受事+对象+杂类	审（2）	+受事+目的+工具	请（2）
+受事+目的+处所	淘（2）	+受事+对象+结果	交（3）
+受事+等同+施事	得 dé（3）		

从表 2.3 可以看出，2 个义项的动词有 14 个，3 个义项的动词有 6 个，4 个义项的动词有 4 个，5 个义项的动词有 2 个，总计 26 个动词，动词义项总数为 72，动词平均义项数为 2.77。

比较以上带三类宾语的情况，我们总结如下：

（1）就动词数量和义项数情况来看，所带三类宾语中有受事宾语的多义动词有 76 个，总的义项数为 217，平均义项数为 2.86；三类宾语的组合类别有 26 种。其中带“受事+结果+处所”三类宾语的动词数量最多，有 22 个动词，动词平均义项数为 2.86；其次是带“受事+工具+处所”宾语的动词，有 10 个，动词平均义项数为 2.9；数量居第三位的是带“受事+处所+施事”宾语的动词，有 8 个，动词平均义项数为 2.88；等等。

（2）就出现的宾语类型数量来看，所带三类宾语中有受事宾语的多义动词有 76 个，三类宾语的组合类别有 26 种，宾语组合类别占该类动词总数的比例为 34.2%；宾语类型出现了 13 种，原因宾语没有出现。

二、三类宾语中带非受事宾语的多义动词考察

所带三类宾语都是非受事宾语的多义动词有 16 个，具体带宾情况统计如表 2.4 所示。

表 2.4　三类宾语中带非受事宾语的多义动词统计

宾语组合类别	动词	宾语组合类别	动词
+处所+致使+施事	去[1]（2）　停（2） 住（2）	+处所+致使+结果	立（2）　转 zhuàn（2）
+处所+施事+杂类	冒（2）　飞（3）	+对象+杂类+原因	夸（2）
+对象+处所+目的	奔（3）	+对象+施事+杂类	少（3）
+对象+致使+工具	斗（3）	+处所+施事+原因	逃（2）
+结果+处所+杂类	闯（2）	+致使+施事+目的	活动（3）
+致使+施事+方式	扭（3）	+工具+处所+施事	披（2）

通过表 2.4 可以看出：

（1）就动词数量与宾语类别多样性的比较看，动词所带宾语都是非受事宾语的多义动词有 16 个，三类宾语的组合类别有 12 种，组合类别占该类动词总数的比例为 75%。动词数量不多，但是宾语类别多样性非常突出。

（2）16 个动词总计义项数是 38，动词平均义项数为 2.38。其中 2 个义项动词 10 个，3 个义项动词 6 个。多义动词所带宾语类型有 10 类，其中非受事宾语中时间、等同以及同源宾语没有出现。

三、分析与总结

（1）带三类宾语的动词一共有 92 个，占多义动词总数的 24.3%，是多义动词中数量排第二的一类动词。这 92 个动词中，2 个义项的动词最多，有 46 个；其次是 3 个义项的动词，28 个；4 个义项的动词 13 个，5 个义项的动词 3 个，6 个义项的动词 2 个。总的义项数是 255，动词平均义项数为 2.77。

（2）三类宾语的类型组合有 38 种，组合类别占动词总数的比例为 41.3%；14 类宾语都出现了。其中可以带受事、结果以及处所宾语的动词数量最多，有 22 个；其次是可以带受事、工具以及处所宾语的动词，有 10 个，第三是带受事、处所和施事宾语的动词。

（3）多义动词带三类宾语情况下，总体上带受事宾语的多义动词有 76 个，占带三类宾语动词总数的 82.6%，带受事宾语的动词比例高于带非受事宾语的动词比例，这与带一类、两类宾语的多义动词中带受事宾语的动词数量比例高的倾向性是一致的。而且，该数量比例比带两类、一类宾语的多义动词带受事宾语的数量比例要高。

（4）所带三类宾语中有受事宾语的多义动词有 76 个，三类宾语的组合类别有 26 种，组合类别占该类动词总数的比例为 34.2%；三类宾语中没有受事宾语的多义动词有 16 个，三类宾语的组合类别有 12 种，组合类别占动词总数的比例为 75%。可见，带受事宾语的多义动词数量比不带受事宾语的多义动词数量多，但是前者动词所带宾语的类型数量却没有后者动词所带宾语类型数量多。不带受事宾语的多义动词数量虽然不多，但是动词所带宾语的类别形式更加丰富。因此，多义动词的数量与其所带宾语类别的数量之间不是正比关系。

第四节　带四类宾语的多义动词带宾情况考察

带四类宾语的多义动词有 56 个，占多义动词总数的 14.8%，是多义动词中数量排第四的一类动词。

一、四类宾语中带受事宾语的多义动词考察

（1）+受事+处所+结果+工具。一共有 14 个动词，分别是：钉 dìng（2）、砸（2）、砍（2）、擦（3）、浇（3）、揉（2）、锁（2）、抹 mǒ（3）、绕（3）、烧（3）、捅（3）、穿（4）、涂（3）、搭（6）。动词义项总数为 41，动词平均义项数为 2.93。

（2）+受事+处所+结果+对象。总计 4 个动词，分别是：批（2）、贴（3）、吐 tǔ（3）、投（7）。动词义项总数为 15，动词平均义项数为 3.75。

（3）+受事+处所+致使+结果。总计 4 个动词，分别是：转 zhuǎn（2）、登[2]（2）、卷（2）、改（3）。动词义项总数为 9，动词平均义项数为 2.25。

（4）+受事+处所+结果+方式。总计 4 个动词，分别是：烫（2）、弹（3）、挂（6）、摆（3）。动词义项总数为 14，动词平均义项数为 3.5。

（5）+受事+处所+致使+施事。总计 2 个动词：通（4）、脱（4）。动词义项总数为 8，动词平均义项数为 4。

（6）+受事+处所+施事+工具。总计 2 个动词，分别是：抽[1]（4）、看 kàn（6）。动词义项总数为 10，动词平均义项数为 5。

（7）+受事+处所+结果+目的。总计 2 个动词，分别是：钻（3）、磨 mó（5）。动词义项总数为 8，动词平均义项数为 4。

（8）+受事+处所+结果+施事。总计 2 个动词，分别是：炸 zhà（3）、生（4）。动词义项总数为 7，动词平均义项数为 3.5。

（9）+受事+处所+结果+杂类。总计 2 个动词，分别是：拧 níng（2）、撞（2）。动词义项总数为 4，动词平均义项数为 2。

以上 9 种组合中，每一种宾语组合类别至少有 2 个多义动词，总计有 36 个动词，116 个义项，动词平均义项数为 3.2。

除了以上 9 种宾语组合类别外，还有其他 15 种组合类别。统计情况如表 2.5 所示。

表 2.5　四类宾语中带受事宾语的多义动词统计

宾语组合类别	动词	宾语组合类别	动词
+受事+处所+方式+同源	唱（2）	+受事+处所+施事+杂类	插（2）
+受事+处所+结果+时间	订（2）	+受事+处所+方式+工具	抄[1]（2）
+受事+处所+施事+方式	存（5）	+受事+处所+致使+工具	抬（2）
+受事+处所+目的+施事	挤（3）	+受事+处所+致使+对象	回（3）
+受事+处所+对象+目的	查（3）	+受事+处所+对象+杂类	赔（2）

续表

宾语组合类别	动词	宾语组合类别	动词
+受事+对象+目的+工具	催（2）	+受事+结果+方式+目的	排[1]（2）
+受事+对象+方式+杂类	卖（4）	+受事+对象+等同+杂类	比（5）
+受事+处所+施事+系事[①]	来（3）		

从表 2.5 可以看出，其他组合类别的多义动词有 15 个，每一个动词有一种组合类别，宾语类别的多样性较为突出。动词义项数为 42，动词平均义项数为 2.8。

比较以上带四类宾语的情况，我们总结如下：

就动词数量和义项数情况来看，所带四类宾语中有受事宾语的多义动词有 51 个，一共有 158 个义项，动词平均义项数为 3.1；四类宾语的组合类别有 24 种，宾语组合类别占动词数量的比例为47.1%，一共出现了13类宾语（不含系事宾语），原因宾语没有出现，宾语类别的多样性较为突出。

二、四类宾语中带非受事宾语的多义动词考察

（1）+处所+结果+工具+方式。一共有 2 个动词，分别是织（2）、编（5），动词平均义项数为 3.5。

（2）+致使+结果+对象+等同。只有 1 个动词：合（4）。

（3）+处所+对象+时间+杂类。只有 1 个动词：离（3）。

（4）+结果+处所+致使+施事。只有 1 个动词：滚（3）。

以上四类宾语的组合中不带受事宾语的多义动词只有 5 个，宾语组合类别有 4 种，宾语组合类别占动词数量的比例为 80%，宾语类别较为丰富；出现了对象、处所、结果、致使、工具、方式、等同、时间、杂类、施事共 10 类宾语；动词义项总数为 17，动词平均义项数为 3.4，动词的多义性比较突出。

三、分析与总结

（1）带四类宾语的多义动词有 56 个，占多义动词总数的 14.8%，是多义动词中数量排第四的一类动词。56 个动词中，义项数最低的是 2 个，最高的是 7 个。数量最多的是 2 个义项的动词，有 21 个；其次是 3 个义项的动词，有 20 个；4 个义项的动词 7 个，5 个义项的动词 4 个，6 个义项的动词 3 个，7 个义项的动词 1 个，义项数总计 175，动词平均义项数为 3.13，动词的多义性比较突出。

---

① “系事”在《词典》中不属于 14 种宾语类型，在此作为单独的一个类别列出。378 个多义动词中动词“来”的义项 2 有系事的用法，具体用法如“如我来廉颇，你来蔺相如”，“来”在此指扮演的意思。

（2）多义动词带四类宾语情况下，可以带受事宾语的动词有 51 个，宾语类别组合有 24 种，除原因宾语没有出现外，其他 13 类宾语都出现了。其中带“受事+处所+结果+工具”宾语的动词最多，有 14 个，占带四类宾语动词总数的 25%。动词的平均义项数比较高，动词的多义性较为显著。

（3）56 个带四类宾语的动词中有 5 个动词不能带受事宾语，其宾语组合模式有 4 种。可见带受事宾语的动词比例远远高于带非受事宾语的动词，但其宾语组合类别占动词数量的比例却没有不带受事宾语的动词所占比例高。因此，多义动词的数量与其所带宾语类别的数量之间不是正比关系。

第五节　带五类宾语的多义动词带宾情况考察

一、五类宾语中带受事宾语的多义动词考察

28 个带五类宾语的多义动词中有 27 个都可以带受事宾语，五类宾语中带受事宾语的多义动词统计情况如表 2.6 所示。

表 2.6　五类宾语中带受事宾语的多义动词统计

宾语组合类别	动词	宾语组合类别	动词
+受事+处所+结果+工具+杂类	冲²（2）　洗（3） 咬（4）　推（6）	+受事+处所+致使+施事+对象	退（5） 发（8）
+受事+处所+结果+工具+方式	泡（2）　盖（3） 包（4）	+受事+处所+结果+致使+施事	坐（4） 落 luò（6）
+受事+处所+结果+对象+工具	放（11）	+受事+处所+结果+对象+杂类	分（3）
+受事+处所+结果+致使+方式	劈 pǐ（3）	+受事+处所+结果+工具+原因	抽²（2）
+受事+处所+结果+工具+对象	补（3）	+受事+处所+致使+对象+同源	关（5）
+受事+处所+致使+施事+时间	过（4）	+受事+处所+致使+施事+杂类	上（12）
+受事+处所+目的+杂类+等同	叫¹（4）	+受事+处所+工具+方式+杂类	吃（5）
+受事+结果+工具+时间+等同	做（6）	+受事+致使+对象+结果+工具	配（5）
+受事+处所+结果+方式+目的	拉¹（6）	+受事+结果+工具+处所+致使	接（5）
+受事+结果+方式+处所+对象	敲（2）	+受事+处所+杂类+结果+施事	闹（4）

从以上统计情况，可以看出：

（1）就动词数量和义项数情况来看，带五类宾语的动词中有 27 个可以带受事宾语，其宾语组合类别有 20 种，宾语组合类别占动词数量的比例为 74.1%，14

类宾语都出现了。

（2）就动词的多义性情况看，27 个动词的义项总数为 127，动词平均义项数为 4.7。其中，2 个义项的动词有 4 个，3 个义项的动词有 5 个，4 个义项的动词有 6 个，5 个义项的动词有 5 个，6 个义项的动词有 4 个，还有 8 个义项、11 个义项和 12 个义项的动词各 1 个。

（3）就具体的宾语类别组合情况看，带“受事+处所+结果+工具+杂类”宾语的多义动词最多，一共有 4 个；带“受事+处所+结果+工具+方式”宾语的动词有 3 个；带“受事+处所+致使+施事+对象”和“受事+处所+结果+致使+施事”两种宾语组合的动词各有 2 个，其他 16 种宾语组合的动词都只有 1 个。可以看出，带五类宾语的多义动词的宾语类别比较多样，每种宾语组合类别的动词数量不多。

二、五类宾语中带非受事宾语的多义动词考察

带五类宾语的多义动词中只有动词“跳”不能带受事宾语，所带宾语类型分别是：工具、方式、处所、施事、同源。动词“跳”的义项数为 2。

三、分析与总结

（1）动词多义性突出。带五类宾语的多义动词有 28 个，占多义动词总数的 7.4%。其中义项数最低的是 2 个义项，最高的是 12 个义项。动词义项数总计 129，动词平均义项数是 4.61。该类动词的多义性非常突出。

（2）动词带受事宾语能力强。带五类宾语的多义动词中有 21 种带宾的组合类型情况，14 类宾语都出现了。除了动词“跳”不带受事宾语，其他 27 个动词都可以带受事宾语，带典型受事宾语的动词数量比例达到 96.4%，可见其带受事宾语的能力非常强。此外，这 27 个动词都能进入“把”字句。凡是能进入“把”字结构的动词一般都是及物性程度高的动词，动词及物性越高，动词带宾能力也就越强。

（3）动词带处所宾语能力强。除了动词“做”和“配”，其他 26 个多义动词都能够带处所宾语，而且处所宾语可选择范围越大，动词带宾能力也越强。

孟琮等（1999：9）的《词典》把处所宾语定义为“动作或行为及于某处所或在某处发生”。处所宾语一般有两种形式，一类是方位短语，如“坐地上”、“洗脸上”、“泡盆里”等；一类是表处所的词语或处所短语，如“过马路”、“关监狱”、“补前边”等。有的动词可以同时带方位短语和表处所的词语，所带宾语范围相对要大，如“装箱子里”、“装火车上”，也可以说“装箱子”、“装火车”；有的只能带方位短语或表处所的词语，处所宾语所选择的范围相对要小，例如只能带方位短语的用例有“落后面”、“落车上”，只能带表处所的词语的用例有“闯关东”、“闯江湖”等。

第六节　带六类宾语的多义动词带宾情况考察

带六类宾语的多义动词有 14 个，占多义动词总数的 3.7%。

一、六类宾语中带受事宾语的多义动词考察

14 个带六类宾语的多义动词中有 12 个可以带受事宾语，具体情况统计如表 2.7 所示。

表 2.7　六类宾语中带受事宾语的多义动词统计

宾语组合类别	动词	宾语组合类别	动词
+受事+处所+结果+工具+方式+杂类	写（2）	+受事+处所+结果+施事+对象+致使	对（8）　开（13）
+受事+处所+结果+工具+方式+对象	点（10）	+受事+处所+结果+工具+对象+目的	套（6）
+受事+处所+结果+工具+对象+等同	顶（8）	+受事+处所+结果+施事+时间+致使	起（8）
+受事+处所+施事+时间+致使+杂类	出（7）	+受事+处所+结果+施事+致使+杂类	下（13）
+受事+结果+工具+目的+杂类+同源	说（3）	+受事+处所+结果+施事+目的+致使	翻（7）
+受事+处所+结果+方式+对象+原因	拍（4）		

表 2.7 中动词总的义项数为 89，动词平均义项数为 7.42，动词的多义性非常突出。12 个动词有 11 种宾语组合类别，宾语组合类别占动词总数的比例为 91.7%，宾语的语义类别很丰富，14 种宾语都出现了。其中动词“写”只有 2 个义项，却仍然可以带 6 类宾语，表现出很强的带宾能力。

二、六类宾语中带非受事宾语的多义动词考察

14 个动词中有 2 个动词不带受事宾语，动词“走”有 6 个义项，可以带施事、处所、结果、方式、致使、同源宾语；动词“变”有 3 个义项，可以带施事、处所、结果、工具、致使、杂类宾语。2 个动词的义项总数为 9，平均义项数为 4.5，一共出现了 8 类宾语。动词的多义性与其所带宾语类型的数量呈现正比倾向。

三、分析与总结

（1）动词多义性突出。带六类宾语的 14 个多义动词总计有 98 个义项，动词的平均义项数为 7，动词总体的多义性非常突出。其中，义项数最少的是 2 个义项的动词“写”，义项数最多的是 13 个，有 2 个动词：“开”和“下”。

（2）带受事宾语的能力强。除了动词“走”和“变”，其他动词都可以带受事宾语，带受事宾语的动词数量比例为 85.7%；除了动词“说”，其他动词都可以带处所宾语；除了动词“出”，其他动词都可以带结果宾语。受事、处所、结果宾语都是类推性比较强的语义类别，而且宾语数量总体上也比较多。

（3）带宾能力考察。就带宾类型数量相同的动词来说，如果都能带受事宾语，那么，义项数多的动词带宾能力比义项数少的动词要强。如动词“写”只有 2 个义项，动词“开”有 13 个义项，相对来说，动词“开”的带宾能力要比“写”强；动词“顶”比动词“说”的带宾能力相对要强；等等。

第七节　带七类及七类以上宾语的多义动词带宾情况考察

一、带受事宾语与带非受事宾语的多义动词考察

（1）带七类宾语的多义动词。一共有 3 个：摔、照、跑。动词所带七类宾语的情况如下：动词“摔”有 4 个义项，可以带受事、处所、结果、施事、对象、目的、同源宾语；动词“照”有 4 个义项，可以带受事、处所、结果、工具、方式、目的、同源宾语；动词“跑”有 5 个义项，可以带施事、处所、结果、方式、等同、目的、致使宾语。动词“摔”和“照”可以带受事宾语，动词“跑”不能带受事宾语。

（2）带八类宾语的多义动词。只有动词“吹”，一共有 4 个义项，可以带受事、处所、结果、工具、方式、施事、同源、杂类共 8 类宾语。

（3）带十一类宾语的多义动词。动词“打”，一共有 23 个义项，可以带受事、工具、处所、结果、同源、杂类、方式、对象、施事、时间、等同共 11 类宾语。

二、分析与总结

在 378 个多义动词中，带七类及七类以上宾语的多义动词只有 5 个，5 个动词中义项数最低的是 4 个，最高的达 23 个，动词的义项总数为 40，平均义项数为 8。可见，随着多义动词所带宾语类型数增加，多义动词数量减少，但是多义动词的多义性愈加突出，单个多义动词所带宾语类型数量都很高，宾语的类别比较丰富。我们进一步考察 5 个动词会发现，这 5 个动词的常用义项所带宾语类别都比较丰富，在常用义项基础上通过隐喻或转喻产生的其他义项所带宾语类别也比较多样，具体情况如下：

吹 1：+受事+结果+方式+处所+同源

吹 2：+受事+工具+处所+施事+同源

吹 3：+受事
吹 4：+杂类

摔 1：+结果+处所+同源
摔 2：+处所+施事
摔 3：+受事+对象+处所
摔 4：+受事+目的

照 1：受事+工具+处所+目的
照 2：受事+工具+处所
照 3：受事+结果+方式+处所+同源
照 4：受事

跑 1：结果+方式+处所+致使+施事+等同
跑 2：处所+施事
跑 3：处所+方式+目的
跑 4：处所+施事
跑 5：+施事

以上 4 个多义动词的义项 1 所带的宾语都在 3～6 类，例如，“摔 1”能带 3 类：结果、处所、同源；“照 1”可以带 4 类宾语：受事、工具、处所、目的；“吹 1”可以带 5 类宾语：受事、结果、方式、处所、同源；“跑 1”可以带 6 类宾语：结果、方式、处所、致使、施事、等同。可以看出，这 4 个多义动词不仅最常用义项宾语类别丰富，派生义的宾语类别也丰富。

多义动词“打”有 23 个义项，可以带 11 类宾语：受事、处所、结果、对象、施事、工具、方式、等同、时间、同源、杂类宾语。高频动词“打”的语义类别为动词之最，在汉语中是很有特色的一个动词。“打”的义项数不仅最多，而且大部分义项都可以带 3 个或 3 个以上宾语，单个义项的宾语类别也较多样，如“打 1”、“打 2”、“打 5”、“打 9”、“打 10”都可以带三类宾语，“打 3”、“打 8”、“打 11”可以带四类宾语，“打 13”、“打 21”可以带五类宾语。动词“打”总计可以带 11 类宾语，有 16 个义项可以带受事宾语，13 个义项可以带结果宾语，9 个义项可以带工具宾语，9 个义项可以带处所宾语，3 个义项可以带方式宾语，等等。

本 章 小 结

通过以上分类考察，我们总结带不同数量宾语类型的多义动词数量情况。带不同数量宾语类型的多义动词数量及其比例统计如表 2.8 所示。

表 2.8 带不同数量宾语类型的多义动词数量及其比例统计

统计项	一类宾语	两类宾语	三类宾语	四类宾语	五类宾语	六类宾语	七类宾语	八类宾语	十一类宾语
动词数/个	60	123	92	56	28	14	3	1	1
动词所占比例/%	15.9	32.5	24.3	14.8	7.4	3.7	0.8	0.3	0.3
动词平均义项数/个	2.13	2.54	2.77	3.13	4.61	7	4.33	4	23

从以上分析和统计可以看出：

第一，多义动词带两类宾语的动词数量最多，所占比例为 32.5%。其次是带三类宾语的动词，有 92 个，占比 24.3%。再次是带一类宾语的动词，有 60 个，占比 15.9%。以上带一类、两类、三类宾语的动词占多义动词总数的 72.8%，这个比例一定程度上反映了汉语多义动词带宾的总体能力。带四类及以上宾语的多义动词只有 27.2%。总体上，随着常用动词带宾类型数量的增多，相应的动词数量逐渐减少，带宾类型数量多的动词只是少数。我们认为，一个动词所带宾语的类型越多，说明该动词所能支配的语义成分越多，动词的带宾能力相对较强。可见，动宾结构的语义关系其实不完全是动词与宾语之间的语法关系问题，而是动词词义本身的问题。郭继懋（1998：76）认为："在规定宾语范围内区分受事的、结果的、处所的等等，与其说是给宾语分类，不如说是从一个与宾语有关的角度给动词的意义分类更为深刻。"动宾之间的语义关系是由动词词汇意义决定的。

第二，带一类宾语的多义动词平均义项数最低，带两类宾语的多义动词平均义项数比带一类宾语的高，带三类宾语的多义动词平均义项数比带两类的高，以此类推，总体上，随着动词带不同宾语类型数量增加，动词的平均义项数也在增加。动词平均义项数越高，说明动词的多义性程度越高。由此，我们可以说，动词的多义性程度越高，动词宾语的语义角色越丰富。动词是句法结构和语义结构的中心。动词的属性表现为动词对相关宾语语义成分的支配能力。一个或一类动词能支配几个宾语语义成分，能支配几种类型的宾语语义成分，这是动词本来固有的属性（陈昌来，2002：4）。但是，由于动词个体的语义差异较大，也存在个别动词的特例情况。例如，带七类和八类宾语的动词，义项数在 3～5，但是所带宾语类型的数量却很高。

第三，从带宾类型数量来看，带一类或两类宾语的常用动词几乎都是动作性弱的动词，如"安排"、"表示"、"代表"、"除"、"凭"、"建立"等，随着带宾类型数量增加，双音节动词减少，单音节动词增加，动词的动作性强度逐渐增加，带五类以上宾语的动词大多数都是动作性强的动词，如"咬"、"跳"、

“坐”、“吃”、“上”等，这也在一定程度上说明了常用动词中的动作性动词的带宾能力比其他动词强。因此，我们可以按照动词所带宾语类型数量的多少来判断动词带宾能力的强弱。一般来说，动词所带宾语类型数量越多，带宾能力就越强，动词所带宾语类型数量越少，带宾能力就越弱，即动词带宾能力的强弱跟动词所带宾语类型的数量呈正比。

第三章　汉语多义动词带光杆名词宾语的能力考察

第一节　光杆名词宾语与宾语的类推性

一、光杆名词宾语

光杆名词是指没有限定语的名词或名词短语。在本书中，光杆名词指不带指称性标记（指别词、数量词、量词、其他量化成分等）以及各类修饰语（形容词、名词、动词、小句等）、复数标记（“们”）、复指成分的单个普通名词。学界目前对光杆名词的研究主要是对其语义指称的研究，汉语名词的指称（reference）问题在语法研究中占据重要的地位，形式语法和功能语法对名词的指称问题都很关注（沈家煊，1995：367；刘丹青，2002：411；王红旗，2004：16）。汉语中出现在宾语位置的名词可以是光杆形式。根据以往研究可知，光杆名词的句法位置非常灵活，但主要在句子中充当宾语。语言的使用者会倾向于使用不含限定词的光杆名词来对人或事物进行指称。动词跟宾语的关系错综复杂，但是决定这些关系的关键还是动词。动词除了对带不带宾语进行选择之外，还对带什么类型或形式的宾语具有选择性。汉语动词对宾语的选择既有句法层面上的选择，也有语用层面上的选择。本书有关光杆名词宾语的考察不涉及指称方面的探讨，主要从宾语的结构形式角度切入。有的动词所带宾语形式既可以是复杂形式，也可以是光杆形式；有的动词所带宾语只能是复杂宾语；有的动词所带宾语只能是光杆宾语。

二、宾语的类推性与扩展性

动词带光杆名词作宾语时，动词的带宾能力跟宾语的类推性和扩展性有直接关系。有的名词宾语形式可以大量类推，如“安排”带光杆受事宾语，我们可以说“安排时间”、“安排任务”、“安排劳力”、“安排食宿”，只要语义上跟“安排”可以搭配的名词都可以充当其宾语，动词“安排”所带光杆名词宾语可以是大量类推的；动词“吃”带工具宾语可以说“吃大碗”，我们还可以类推宾语说成“吃小碗”或“吃中碗”，宾语可以类推，但是类推的数量十分有限，因此动词“吃”所带工具宾语属于有限类推；动宾短语“起床”中的处所宾语“床”无法类推，用例仅此一例，因此动词“起”所带光杆处所宾语属于不能类推的一类。能够大量类推的宾语，动词带宾能力越强；反之越弱。光杆宾语的类推能力具有层次性，大量类推、有限类推、不能类推之间具有连绵性，呈现为一个斜坡：大量类推＞有限类推＞不能类推（魏红，2009：36）。

同样地，在动词所带的光杆宾语前面，我们可以通过添加定语成分来考察常用动词带宾结构的扩展能力。充当定语的词语类别一般有数量词、指示代词、形容词（区别词）、名词性短语以及添加宾语同类并列项。我们根据添加定语成分的多少来排定动词所带光杆名词宾语的扩展能力。例如“安排资金”通过添加定语成分分别可以扩展为“安排扶贫资金”、“安排一笔扶贫资金”、“安排一笔2000万元的扶贫资金”等，光杆名词宾语“资金”前面几乎可以自由添加定语成分，动词“安排”所带的光杆受事宾语属于自由扩展宾语；动词“吹”带同源宾语说成“吹风”，还可以说“吹凉风、吹很凉的风”，一般只能加形容词或形容词性短语做定语，属于有限扩展；有的光杆宾语不能扩展，如“翻脸”就不能说成“翻一个脸”或“翻他的脸”，光杆致使宾语“脸”不能扩展，因此我们可以说“翻脸”中的光杆宾语是不能扩展的。光杆宾语的扩展能力具有层级性，可以分为三类：自由扩展、有限扩展、不能扩展。动词和宾语之间能够同时添加的定语类别越多，动词带宾语的扩展能力越强；能添加的定语类别越少，动词带宾语的扩展能力越弱：能同时添加三类或三类以上的属于自由扩展，能添加一类和两类定语的属于有限扩展，不能添加任何定语的，则属于不能扩展。三个层次的扩展能力之间也具有连绵性，呈现为一个斜坡：自由扩展＞有限扩展＞不能扩展。

以上是本书研究涉及的光杆名词宾语的类推性与扩展性分析。对多义动词带光杆名词宾语的考察，本书只对其光杆名词宾语的类推性作分析。

三、有关宾语的典型性分析

汉语动词和宾语处于相互制约的关系之中，动词决定能否带宾语和带什么宾语，宾语的意义随着动词的变化而变化，宾语还能使动词的意义更加明确。徐枢（1985：39）认为，在各类宾语中，受事宾语最容易类推，因而在数量上也最多。沈家煊（1999：218）从典型范畴和标记理论分析认为，典型的主语是施事，典型的宾语是受事，主语和施事、宾语和受事构成两个无标记的组配。陈平（1994：161）提出动词所带名词性成分的最基本的语义类别只有施事和受事两类，典型受事性的特征主要有：变化性、渐成性、受动性、静态性、附庸性。不同语义类别最根本的区别在于受动性的强弱，受动性越强，充当宾语的倾向性越强。我们认为受动性越强的宾语，其典型性越突出。反过来，张云秋（2005：11）认为，动词的动性程度与受事宾语的典型性强弱等级有一定的共变关系。反过来，受事宾语的典型性的强弱与动词的动性程度有关。在一种语言中，及物性越高也就意味着动性程度越高。动词的及物性程度越高，其带宾能力越强。一般来说，动词带受事宾语的能力是最强的，受事宾语也是宾语类型中数量最多的。动词带光杆普通名词宾语的能力跟受事宾语典型性强弱有一定关系。

李临定（1983：31）认为动词和宾语的结合面有宽有窄，以此为依据，把宾语分为自由宾语和受限制宾语。邢福义（1991：77）把宾语分为常规宾语和代体宾语两大类，并认为“所谓‘常规’，是就动作和事物之间所建立的常规联系来说的”。常规宾语一般都是受事宾语，可以用“把”字提到动词“吃”、“喝”之前，例如：“吃饭”转换为“把饭吃了”，“喝茶”说成“把茶喝了”；代体宾语可以进一步分为常规代体宾语和非常规代体宾语。常规代体宾语在语义上不具备能与动词直接匹配的语义特征，但是与动词有常规联系，例如“吃一碗”、“吃父母”、“吃食堂”、“吃馆子”等。但“吃学校”、“吃公款”、“吃筷子”、“吃小灶”、“吃新鲜”等短语中的宾语都是非受事宾语类型，动词跟宾语的联系不是常规联系，该类宾语称为非常规代体宾语。一般来说，常规宾语的类推性和扩展性都比较强，而代体宾语可以是有限类推和不能类推的，但没有扩展能力。

基于动词所带名词性宾语的形式跟宾语的类推和扩展能力密切相关，我们认为一般不能扩展的宾语成分都是光杆名词成分。汉语动词可以直接带光杆名词性成分作宾语，但不是所有的动词都具备这样的能力。由于动词语义及其宾语类型的差异，我们认为动词带光杆名词性宾语的能力也是有差异的。

第二节　光杆名词宾语习得引发的思考及研究设计

一、光杆名词宾语的习得难点

汉语的光杆名词同其他语言相比具有自身的特点，汉外的名词短语的形式并不一一对应，因此给学习者带来一些困难，特别是汉语的光杆名词可以较自由地充当主宾语等论元（argument），而不像其他语言需要一定的标记成分。例如，英语单数可数名词前通常要有定冠词 a（n）、the 修饰才可以；泰语除了典型的受事宾语外，其他名词宾语成分尽管语序跟汉语相同，但是都需要添加一些修饰成分才能构句。Teng 等（2010：89）考察了母语为日语的学习者对数量宾语“一个”的习得，发现高级阶段的学习者在应该使用“一个”标记的名词短语时错误地选择光杆名词的形式。学生对汉语光杆名词形式的习得存在混淆不清的问题。张岚（2012：233）在对母语为英语者习得光杆名词的研究中指出，中文学习者常常过度使用有"一"标记的名词短语形式，常常跟光杆名词形式的使用混淆，在习得名词短语的不同形式过程中，存在正确形式和错误形式并存的阶段，学生未能完全掌握不同名词形式的使用规则。我们在汉语教学中也发现，外国学生学习初期对汉语无标记的光杆名词宾语掌握并无太大问题，但随着学习的深入，泛化造成的偏误问题反而增多。这些问题引发我们的思考。汉语光杆名词并不是都受制于句法位置的影响而表现为定指或者不定指成分，是否还与其他一些因素有关？动词本身的语义及其带宾能力是否成为其中的一个制约因素？基于本体和习得两个方面的研究需要，我们对光杆名词的研究从其出现的句法结构形式入手，通过语料库进行实证研究，考察多义动词带光杆名词宾语的能力情况。不同的多义动词或者同一个多义动词的不同义项带光杆名词宾语的能力有哪些共性与差异？多义动词所带的光杆名词宾语有哪些常用的动宾搭配用例？本书通过对 378 个多义动词逐一的考察与验证，归纳梳理出有倾向性的特点和规律，可以为汉语教学和教材编写提供一定的参考。同时，研究获得的多义动词所带常见光杆宾语的大量短语用例及使用频次，可以直接作为汉语教学和教材编写的语言素材参考使用。

二、光杆名词宾语的分类考察

我们通过北京语言大学语料库中心 BCC 的综合类（多领域）语料库逐一检索 378 个多义动词带光杆受事宾语的情况进行考察。主要从以下两个方面展开研究。

第一，我们通过第二章的相关研究，对 378 个多义动词总体的带宾能力有了了解，动词所带宾语类型数量越多，动词带宾能力总体倾向性越强。动词的多义性跟多义动词带宾类型数量有关系。随着动词带宾类型数量的增加，动词的多义性也越突出。影响动词带光杆名词宾语的因素是多方面的，为尽可能避免动词之间带宾能力差异较大带来的对宾语形式要求的影响，我们基于多义动词带相同数量的宾语类型来考察动词带光杆名词宾语能力情况，因此，分别按照带一类宾语的多义动词、带两类宾语的多义动词、带三类宾语的多义动词，以此类推，将 378 个多义动词分成九个层级分别进行考察。

第二，根据本书前面对 378 个多义动词的考察可知，378 个多义动词中所带受事宾语的数量最多，其类推性和扩展性都比较强；除了受事宾语，非受事宾语[①] 有 13 类，语义类别丰富，动词与不同类别宾语之间的语义关系较为复杂。因此，在对九个层级的多义动词带光杆名词宾语的能力进行考察时，我们以动词本身是否能带受事宾语为依据，将多义动词区分为可以带受事宾语的多义动词和不能带

① 本书非受事宾语是指在 14 类宾语中除了受事宾语之外的其他 13 类宾语。

受事宾语的多义动词进行考察。对于能带受事宾语的 298 个多义动词来说，我们主要考察其受事宾语是否可以为光杆形式，其常见的光杆受事宾语有哪些，光杆受事宾语的类推性和使用频次情况如何，以及动词常用义项和非常用义项带光杆宾语时有哪些共性和差异。对带非受事宾语的 80 个多义动词进行考察时，我们主要考察动词带不同类型光杆名词宾语的能力情况，同时也关注哪些宾语类型倾向为光杆形式，以及这些光杆非受事宾语的类推性和使用频次情况如何，等等。之后，我们对动词带光杆受事宾语和带光杆非受事宾语的总体能力情况做一定比较，找出其之间的共性与差异，总结分析并得出结论。

三、光杆名词宾语使用频次调查

本书对多义动词带光杆名词宾语的动态考察主要基于 BCC 语料库[①]。BCC 语料库包括报刊、文学、微博、科技、多领域和古汉语等语料，总字数约 150 亿字，是可以全面反映当今社会语言生活的大规模语料库。我们选择其中的多领域语料库进行逐一检索。多领域语料库包括报刊（20 亿字）、文学（30 亿字）、微博（30 亿字）、科技（30 亿字）四个领域，总字数 110 亿字。

在多领域语料库对多义动词带光杆名词宾语短语使用频次进行调查时，采用的检索方式以动词“表演”的检索为例。该动词带受事和结果宾语，我们在检索框输入“表演 *n*”，系统出现相关用例的句子，之后通过“统计”功能将所有句子进行汇总，系统按照使用频次由高到低排序。之后，我们通过人工检索方式，逐条在语料中查找动词“表演”带光杆受事和结果宾语的用例。其中，需要排除该动词做定语成分的用例，如“表演功能”等其他形式。再如，动词“离”可以带处所、对象、时间、杂类宾语四类宾语，我们在系统呈现的短语中逐一查找其带四类光杆名词宾语的用例短语及其频次，同样，针对可能存在的误差，几乎每个用例都需要到相应篇章中根据语境情况作出准确判断和分析。例如，动词“用”带宾短语的统计，需要排除介词短语的用例，我们必须对每一条用例的句子做完整考察，以准确选取本书研究所需要的动宾短语的语料。

第三节　带一类宾语的多义动词带光杆名词宾语的考察

一、带一类宾语的多义动词常见光杆受事宾语考察

带一类宾语的多义动词中可以带受事宾语的动词有 38 个：安排、把握、表示、

① 北京语言大学 BCC 语料库网址：http://bcc.blcu.edu.cn；本书统计语料时间截止到 2018 年。

表现、发现、操纵、除、刺激、代表、得到、发表、改造、继承、校对、决定、埋没、使唤、推翻、消化、修理、压迫、占有、折腾、支配、糟蹋（2）、保留、管理、养活、夺、害、喊、会²、解、凭、省、淹、用、有。其中有 27 个双音节动词，单音节动词只有 11 个。

1. 常见光杆受事宾语的使用情况考察

在带一类宾语的 60 个多义动词中，有 38 个动词可以带受事宾语。下面我们通过语料库逐一对这 38 个带受事宾语的多义动词带光杆受事宾语的能力情况进行考察，具体按照带光杆受事宾语短语最高使用频次分为三个等级进行考察。

1）带光杆受事宾语短语最高使用频次在 2000 次以上的多义动词考察

带光杆受事宾语短语最高使用频次在 2000 次以上的动词只有 5 个，仅占该类动词总数的 13.2%。带一类宾语多义动词的常见光杆受事宾语调查统计如表 3.1 所示。

表 3.1 带一类宾语多义动词的常见光杆受事宾语调查统计（一） 单位：次

有 N[①]		用 N		害 N		发表 N		发现 N	
人	75 502[②]	手	32 312	人	7 509	声明	7 424	问题	7 003
机会	42 130	法律	7 085	社会	2 751	讲话	5 577	新大陆	391
问题	26 489	公款	6 461	国家	2 399	意见	2 440	疫情	275
时间	23 860	抗生素	5 438	人民	1 492	文章	1 975	阳性	271
序	20 214	中药	3 608	孩子	304	评论	1 542	目标	228

从以上统计可以看出，5 个动词的带宾短语使用频次最高的分别为：有人、用手、害人、发表声明、发现问题。“有 N[+受事]”短语使用频次最高，其次是“用 N[+受事]”。“发现 N[+受事]”最常用短语是“发现问题”，其他短语使用频次减少比较明显。可以说，多义动词中，“有”带光杆受事宾语的能力最强，其常用动宾短语的数量很多，而且常用短语的平均频次在 2 万次以上，使用频次非常高，分别是有人、有机会、有问题、有时间、有序。观察语料发现，表示存在的“有”字句，“有”后的宾语倾向于使用“数量名”短语，但当宾语为“人”，并且不强调数量意义时，“有”后一般使用光杆形式，用作“有人”。语料中“有

① 表中“有 N”指动词“有”带光杆受事宾语的搭配格式。其他类似表达形式的意思以此类推。如果没有作特别说明，本章所关注的宾语形式都为光杆名词宾语形式。

② “75 502”指动词“有”带光杆受事宾语“人”构成“有人”的动宾搭配在语料中的使用频次为 75 502 次。文中类似表述以此类推。

人”的使用频次达到 75 502 次。用例如下：

（1）铁链被拉扯开来，他可以感觉他们有人在解开他脚上的铁环，一种自由之感袭上他的心头，他痛恨被炼住的感觉。

——都是公主惹的祸 A: 李葳 Y: UN

（2）“黄玫瑰来了。”我很兴奋，我从来没有见过她，于是站起来迎出去。忽然有人在身后推我。用的力道非常大，以致我整个人向前倾。

——原著人之梦 A: 亦舒 Y: UN

（3）回复佛曰：由爱故生忧，由爱故生怖，若离于爱者，无忧亦无怖阿弥陀佛！今天有人夸我很正直，不过用的是担忧的语气。

——微博

另外，动词“有”带光杆受事宾语在语料中有表“领有”的，也有表“发生或出现”的，高频搭配中没有出现表“存在”和表“估量或比较”的用例。相关用例如下：

（4）幸宏边冲上阶梯边如此思考，井筒的确很强。现在的幸宏就算跟他正面对决，也无法获胜。和他比短跑会输，可是拉力赛或许有机会。

——学校的阶梯 A: 櫂末高彰 Y: 2007

（5）但也不能太疏远，因为她们对自己的美貌往往充满自信，你对她们敬而远之，她们会产生许多假设，甚至“这个男人心理有问题”。

——科技文献

（6）胡龙广拿着电话在房间踱步：“探讨嘛，当然可以，至于时间，我只有今天上午有时间……当然是你来我们这喽。”

——特区女记者 A: 白描 Y: UN

（7）木村林产有限公司紧急召集技术员研究对策。“我有办法!”关键时刻，并非公司技术员，只是一名普通操作工人的郑水金挺身而出。

——福建日报 出版日期: 2006-5-23

以上用例中，在“有+受事”之后没有其他成分。语料中还大量出现了表“领有”关系的另一个句式：“有 N[+受事+VP]”。用例如下：

（8）即使在一些弱小甲 B 球队内，都有外国球员排队等候试训。为了让自己联系的球员有机会“中标”，经纪人只好剑走偏锋，做起了主教练和俱乐部官员的工作。

——文汇报 出版日期: 2003-3-5

（9）我们队来了一位维吾尔姑娘、高中毕业生玛依奴尔。她爸爸原在某县当干部，据说当过科长，后因“有问题”退职，现在我们队劳动。

——哦，穆罕默德·阿麦德 A: 王蒙 Y: 1983

（10）运气好的话，玛莉萝可能有时间一块用午餐。他喝完他的黑醋栗白酒，走入餐厅，由于对明天充满了期望，胃口突然好起来。

——追踪塞尚 A: 彼得・梅尔 Y: 2006Y

动词“用”带光杆受事宾语的短语多，使用频次也高，常用搭配分别是：用手、用法律、用公款、用抗生素、用中药。“用手”的使用频次高达3万多次。动词“害”带光杆受事宾语最常见的搭配是“害人”，使用频次有7509次，其他常用动宾短语分别为：害社会、害国家、害人民等。动词“发现”带光杆受事宾语最常用的是“发现问题”，使用频次有7003次，使用频次远远高出其他常用光杆受事宾语，其他光杆受事宾语的使用频次都不算很高。

动词“发表”带光杆受事宾语的能力很强，最常见搭配是“发表声明”、“发表讲话”，大多数语料用例都出自新闻报刊，具有很强的新闻语体特征。

（11）6月6日，中国银行新闻发言人王兆文在北京就中银香港向“新农凯”公司贷款一事发表声明。

——都市快讯 出版日期: 2003-6-9

（12）按照美联储今年制定的原则，如果决定变动利率将立即宣布；如果决定不变动利率则不发表声明。

——人民日报 Y: 1995

（13）中共中央台湾工作办公室、国务院台湾事务办公室2月28日受权就陈水扁决定终止“国统会”运作和“国统纲领”适用发表声明。

——人民日报海外版 出版日期: 2006-3-1

2）带光杆受事宾语短语最高使用频次在1000～2000次的多义动词考察

带光杆受事宾语短语最高使用频次在1000～2000次的多义动词有6个，占该类动词总数的15.8%。带一类宾语多义动词的常见光杆受事宾语调查统计如表3.2所示。

表3.2　带一类宾语多义动词的常见光杆受事宾语调查统计（二）

改造N		夺N		代表N		省N		把握N		得到N	
世界观	1913	粮	1616	人民	1400	油	1337	机会	1071	消息	1046
世界	1379	冠军	670	省委	1106	电	1171	机遇	816	好处	525
自然	585	宝	508	市委	685	时间	1062	时机	667	答案	516
思想	293	金牌	469	国家队	157	空间	411	大局	519	信息	207
环境	220	枪	102	民意	86	费用	385	全局	309	通知	184

以上6个动词最常见的光杆受事宾语短语分别是：改造世界观、夺粮、代表人民、省油、把握机会、得到消息。“省N[+受事]”短语使用频次较高，其宾语

有单音节的，也有双音节的，宾语选择在音节上的限制小，可选择范围大；常见的受事搭配“省油、省电、省时间、省空间、省费用”等所涉及内容跟人们最关心的日常生活话题有关，这也是其使用频次高的原因之一。动词“夺”带光杆受事宾语短语最常见的是“夺粮”，大部分出自有关农田水利的报刊语料或特殊时期备战夺粮的相关报道之中。具体如下：

（14）全管理区的男女老幼一齐上阵，响亮地提出“向草荒夺粮”的口号，终日在田野里奋战。

——人民日报 1960 年 11 月 16 日

（15）一只鹗每夜吃田鼠两三只，一年能从鼠口夺粮 2000 斤。

——人民日报 1981 年 05 月 19 日

（16）农业部 10 日要求各地加强监测预警，强化防控措施，全力打好病虫防控攻坚战，实现“虫口夺粮”。

——人民日报 2014 年 02 月 11 日

“代表、把握、得到、改造”所带的常用光杆受事宾语大都为双音节词。

3）带光杆受事宾语短语最高使用频次在 1000 次以下的多义动词考察

带光杆受事宾语短语最高使用频次在 1000 次以下的多义动词总计有 18 个，占该类动词总数的 47.4%。按照光杆受事宾语短语使用频次由高到低排序，下面分为三组进行分析。

第一组：光杆受事宾语短语最高使用频次在 680～1000 次的情况统计如表 3.3 所示。

表 3.3　带一类宾语多义动词的常见光杆受事宾语调查统计（三）

表示N		刺激N		解N		凭N		喊N		安排N	
歉意	995	经济	932	酒	886	良心	865	口号	834	时间	683
敬意	797	皮肤	224	气	778	感觉	640	人	373	劳力	521
谢意	531	穴位	173	梦	723	票	435	妈妈	162	资金	327
意见	413	食欲	88	难题	719	身份证	291	口令	137	行程	95
异议	311	肠胃	75	纠纷	261	记忆	240	爸爸	121	食宿	90

动词“表示”所带的最常见光杆受事宾语短语是“表示歉意”。短语“表示意见”倾向于出现在否定句中，例如：

（17）青树坪战役九师伤亡三干（千），动了元气，部队的情绪很长一段时间没有缓过劲来，不安排这样的部队去啃硬骨头合情合理。关山林对这样的安排始终没有表示意见。

——我是太阳 A: 邓一光 Y: 1996

（18）陈剑木讷言辞，尤其是遇到这种场合要他当着人家的面说长说短，更是要他的命了，因此吃吃半天，仍未表示意见。

——玉露剑童 A: 司马紫烟 Y: 2006

（19）崔长青只感到气涌如山，但碍于有四名大汉在旁，不便表示意见。

——侠影红颜 A: 云中岳 Y: 1981

（20）我知道当时在美国有所谓的女权运动，因为我不了解西方社会的背景，无法表示意见。

——智慧之旅 A: 朱邦复 Y: 1999

（21）谷扬不愿多表示意见。并非说场面话，他是真的认为事情过了就算了。

——既是谈情也说爱 A: 彤琤 Y: 1999

（22）他犯了毛病，虽然并不赞成迁出山西，竟是一点也不表示意见。

——金菊四绝 A: 曹若冰 Y: 1999

以上用例中在"表示"之前分别出现多种否定形式，如"始终没有"、"仍未"、"不便"、"无法"、"不愿"等。

多义动词"刺激"最常见的光杆受事宾语搭配是"刺激经济"，其使用频次跟其他宾语的使用频次相比相差较大，达到932次，其次是"刺激皮肤"，有224次，第三是"刺激穴位"，173次，其他均在100次以下。

动词"解"带光杆受事宾语的最常见搭配是"解酒"，其次是"解气"、"解梦"、"解难题"等。"解梦"在语料中大部分出自固定短语"周公解梦"，而且微博语料中的使用更为常见。例如：

（23）软件除了基本的公历、农历、黄历查询功能外，还集成了记事本、自定义节日、任务、星座运程、天气、周公解梦、生理节律等实用工具，另外软件还附带几款精美的桌面小插件供用户选择使用。

——微博

（24）记者看到，这家测名字测运气的店还有"配套服务"：货架上摆满看相算命的书籍供消费者选购，如《鲁班全书》、《周公解梦》、《看相不求人》、《命理预测通纂》、《取名测字》等。

——人民日报 Y: 2002

（25）因为，他们没有告诉你怎样才能找到珍宝。你也许会想到查查《周公解梦》之类的书，这本发黄破旧的书据说就是藏宝图，但是你会发现它不是，它只是张假图，至多只是藏宝图的残片。

——解梦全书 2 A: 诸葛君 Y: 1999J

动词"凭"最常见用例是"凭良心"，使用频次为865，其次是"凭感觉"，640次，第三是"凭票"。"凭良心"、"凭感觉"倾向于出现在微博语料，例如：

（26）评什么理啊？凭良心！谁都会老，邮政储蓄的同志也是。谁来评评这个理？不看不知道，一看吓一跳。

——微博

（27）魏少武学会随意，做事不能够只凭感觉，理智还是要高于感觉的，我拥有了我想要的，我的情绪与你相连，很多事情我可以不计较太多。

——微博

（28）相当多的农民丰收之际后悔当初市场信息不灵，不该盲目种植，“凭感觉”、“跟风跑”。

——人民日报 Y: 1998

（29）因为她早就说过，要想登上她那艘客船，没有戒指这张船票，没门！我又逗她：“船长，你看是不是通融通融把这张船票给免了？”“不行！想登上我的客船的男士必须凭票。”

——都市快讯 出版日期: 2003-8-26 标题: 特殊的船票

动词“安排”最常见的光杆受事宾语搭配为“安排时间”、“安排劳力”，使用频次远远超过其他用例。

第二组：光杆受事宾语短语最高使用频次在 400～680 次的情况统计如表 3.4 所示。

表 3.4 带一类宾语多义动词的常见光杆受事宾语调查统计（四）

决定 N		除 N		压迫 N		折腾 N		继承 N		保留 N	
命运	618	虫	598	人民	555	人	493	传统	474	意见	418
成败	390	氧	556	血管	54	头发	43	王位	186	学籍	68
胜负	361	菌	521	椎动脉	47	电脑	12	遗产	180	卵巢	59
出路	181	甲醛	306	眼球	44	指甲	10	家业	152	实力	50
意识	143	锈	298	硬脊膜	29	老子	8	皇位	148	证据	37

以上动词中“决定”、“除”带光杆受事宾语的数量和使用频次明显高出其他动词，受事宾语的适用范围较广，带宾能力较强；动词“压迫”、“折腾”、“保留”除了最常用搭配使用频次高外，其他短语数量较少，使用频次也低，其整体的带宾能力不强。以上动词的最常见高频短语分别是：决定命运、除虫、压迫人民、折腾人、继承传统、保留意见。

第三组：光杆受事宾语短语最高使用频次在 400 次以下的情况统计如表 3.5 所示。

表 3.5　带一类宾语多义动词的常见光杆受事宾语调查统计（五）

操纵 N		消化 N		占有 N		支配 N		修理 N		推翻 N	
证券	344	食物	236	市场	216	时间	140	自行车	99	政府	87
市场	317	蛋白质	52	财产	40	世界	45	电器	68	帝制	56
股价	111	饮食	34	遗产	23	资源	17	汽车	67	清政府	15
股市	59	库存	34	财富	23	命运	14	农机具	65	旧社会	12
价格	46	知识	20	生机	17	法律	12	农具	63	伪政权	12

从以上多义动词带光杆受事宾语的数量和使用频次可以看出，光杆受事宾语短语使用的最高频次在 87～344。该组动词总体带宾能力不强。由于动词语义的适用范围不同，动词“操纵”所带光杆受事宾语使用频次最高为 344，宾语类推范围相对较广，但常用搭配的出现频次相差较大，宾语类推能力分布不平衡；动词“修理”搭配的光杆受事宾语的使用频次总体都不高，但是分布比较平衡，搭配使用还是比较常见。“推翻”所带光杆受事宾语使用频次最高为 87，宾语范围相对较小，宾语类推能力不强，动词带光杆受事宾语的能力较弱。以上动词最常见的动宾短语分别是：操纵证券、消化食物、占有市场、支配时间、修理自行车、推翻政府。

除了表 3.5 中的 6 个多义动词外，还有 9 个多义动词带光杆受事宾语的数量较少，使用频次也比较低。分别是：使唤、养活、埋没、糟蹋、校对、淹、表现、管理、会[2]。

这 9 个多义动词中带光杆受事宾语数量相对多一些的动词搭配情况如下：

使唤人 64、使唤男人 5、使唤下人 5、使唤老公 3、使唤牲口 3

养活全家 43、养活孩子 30、养活家人 15、养活母亲 13、养活父母 12

埋没良心 17、埋没一生 9、埋没才华 6、埋没实力 5、埋没英雄 3

糟蹋人 11、糟蹋时间 8、糟蹋粮食 4、糟蹋女人 3、糟蹋孀妇 2

动词“校对”带光杆受事宾语的用例很少，语料库检索中仅出现了几个“校对稿子”和“校对错别字”的用例。“校对”更多以单用的形式出现，例如：

（30）通话器中彬彬有礼地说：“不会错的，请你用自己的手表校对。”他低头看手表，果然已过了一个小时。

——完美的地球标准 A: 王晋康 Y: UN

（31）《世界文学名著》丛书的翻译体例规定：除译者外，必须有另一名专家担任校对。

——文汇报 出版日期: 2001-11-22

动词“淹”带光杆受事宾语的用例仅发现了 18 条“淹井”的用例。部分用例如下：

（32）非法开采严重威胁广大职工的生命安全。去年7月，程潮铁矿遭受特大洪灾，洪水从塌陷区直灌井下，造成了淹井。

——人民日报 Y: 1999

（33）经调查认定，这是一起由严重自然灾害引发的事故灾难。主要原因是突降暴雨、山洪暴发、河水猛涨、河岸决口、洪水淹井。

——福建日报 出版日期: 2008-2-5

动词“表现”的名词性宾语形式倾向于复杂宾语形式，能够带光杆受事宾语的搭配非常少，常见短语搭配是“表现人物”的说法，但是用例也很少。例如：

（34）悬念是诱饵，可以吸引读者。悬念是为表现人物、表达主题服务的，不是凭空的故弄玄虚。

——科技文献

（35）“小毕加索”果然名不虚传。她的画作无论是表现人物、动物还是建筑物，都使用夸张的象征手法，很像毕加索的风格。

——人民日报 Y: 1996

动词“管理”在语料库检索时呈现的大量短语都是表示定中关系的用例，几乎没有发现表示动宾关系的常用短语。我们通过检索其常用搭配进行专项调查，有以下常见搭配：管理国家、管理社会、管理学校、管理员工、管理学生、管理财务等。同样，动词“会^2”带光杆受事宾语的考察也是通过专项调查，调查发现的常用搭配有：会武功、会英语、会麻将、会日语、会钢琴、会吉他等。

2. 分析与总结

从以上多义动词带光杆受事宾语的使用频次比较来看，同样是带一类宾语的多义动词，在实际使用中的带宾能力差异比较大。一般来说，动词所带名词宾语数量越多，使用频次越高，该动词的带宾能力也就越强。下面我们来比较带一类宾语的多义动词带光杆受事宾语的能力情况。

第一，在带一类宾语的多义动词中，38个带受事宾语的动词都可以带光杆受事宾语，宾语形式的选择性大，宾语类推性强。其中动词“有”带光杆受事宾语的能力最强，其次是动词“用”。动词“有”和“用”带光杆受事宾语的能力很强，一方面是因为这两个动词的语义跟日常生活结合比较紧密，属于高频常用词。这两个动词的多义性也比较突出，义项数分别是5和3。另一方面，这两个动词都是单音节动词，单音节动词对宾语的选择性的自由度也会高一些。相比较，同样是单音节动词的“省”和“害”，由于语义的常用度不如动词“有”和“用”，其带宾能力相对要弱一些。

第二，同样只带受事宾语，带宾能力总体比较接近。但是在带光杆受事宾语的考察中发现，多义动词带光杆受事宾语的能力差异较大：常见搭配中使用频次最高的达到 7 万多次，如动宾短语“有人”达到 75 502 次，最低的频次在 10 次以内，如动宾短语“校对稿子”只有 4 次。但大部分多义动词带光杆受事宾语的最常见搭配和次常见搭配的使用频次相差都比较大，如动词“压迫”最常见搭配“压迫人民”有 555 次，次常见搭配“压迫血管”只有 54 次；动词“折腾”最常见搭配“折腾人”有 493 次，次常见搭配“折腾头发”只有 43 次；动词“害”最常见搭配“害人”有 7509 次，次常见搭配“害社会”只有 2751 次，但总体上频次都比较高；动词“用”最常见搭配“用手”有 32 312 次，次常见搭配“用法律”有 7085 次。

第三，在带一类宾语的多义动词中有 38 个可以带受事宾语，动词所带光杆受事宾语最高使用频次在 2000 次以上的多义动词只有 5 个，占该类动词总数的 13.2%，最高使用频次在 400～2000 次的多义动词有 18 个，占该类动词总数的 47.4%，最高使用频次在 400 次以下（80 次以上）的多义动词有 6 个，占该类动词总数的 15.8%。另外还有 9 个多义动词很少或几乎没有带光杆受事宾语的用例，占比为 23.7%。根据使用频次，排名前 20 的 20 个动词使用频次最高的搭配分别如下：

有人 75 502、用手 32312、害人 7509、发表声明 7424
发现问题 7003、改造世界观 1913、夺粮 1616、代表人民 1400
省油 1337、把握机会 1071、得到消息 1046、表示歉意 995
刺激经济 932、解酒 886、凭良心 865、喊口号 834
安排时间 683、决定命运 618、除虫 598、压迫人民 555

第四，从动词的动性程度来看，带一类宾语的多义动词总体上动性程度不是很高：一是动作参与者在两个以上，二是动作是人为的、有意图的，三是动作是现实的而非虚拟的。大多数动词表示动作的过程性不足，状态性较为突出，尤其是双音节的多义动词，例如，动词“安排”、“把握”、“表示”、“表现”、“支持”、“照顾”等等；有的动作不是瞬间完成的，而是持续的，例如，动词“省”、“使唤”、“消化”、“修理”等；有的动作的施事对受事的支配力不强，例如，动词“除”、“凭”、“有”等。从能否进入“把”字结构来看，不能进入的动词有“代表”、“压迫”、“发现”、“凭”等，95%以上的动词都能进入该结构，但是动作的处置性不强。有的动词尽管是常用高频词，但是动词带光杆名词宾语不是该动词的常用形式。例如，动词“检查”构成定中关系的短语比动宾关系的短语使用更常见，如“检查结果”、“检查方法”、“检查力度”等；动词“凭”用作介词构成介词短语的用法远远超出其带光杆受事宾语的用例。

还有的动词不常带光杆名词做宾语，带宾能力不强，主要原因在于动词语义对宾语的范围有所限定，光杆宾语只能在一定范围内类推。例如，我们在 BCC

多领域语料库中检索发现，动词“代表”所带的高频光杆名词宾语分别是代表国家、代表人民、代表省委、代表市委……由于动词语义本身的属性，宾语范围限定在国家政府机关方面的内容。又如：

操纵证券 344、操纵市场 317、操纵股价 111、操纵股市 59

改造世界观 1913、改造世界 1379、改造自然 585、改造思想 293

把握机会 1071、把握机遇 816、把握时机 667、把握大局 519

安排时间 683、安排劳力 521、安排资金 327、安排行程 95

得到消息 1046、得到好处 525、得到答案 516、得到信息 207

害人 7509、害社会 2751、害国家 2399、害人民 1492

观察以上动词所搭配的高频光杆名词宾语，可以根据多义动词的语义、语用以及语体色彩的倾向性特点，观测到其搭配的光杆名词性宾语范围或内容情况，光杆名词宾语的类推也只能在一定的有限范畴内进行。

二、带一类宾语的多义动词带光杆非受事宾语的考察

本书所考察的 378 个多义动词中，60 个带一类宾语的多义动词中有 22 个不能带受事宾语，占该类动词总数的 36.7%。具体考察如下。

1. 常见光杆非受事宾语的使用情况考察

（1）多义动词带光杆高频结果宾语的考察。在带一类宾语的多义动词中有 4 个动词可以带结果宾语，其宾语都可以是光杆形式，其常见光杆结果宾语情况统计如表 3.6 所示。

表 3.6　带一类宾语的多义动词常见光杆结果宾语调查统计

培养 N		建立 N		造 N		制造 N	
学生	14 523	企业	1 331①	桥	495	事端	416
人才	3 780	市场经济	542	神	471	机会	320
孩子	1 840	数据库	426	字	398	核武器	295
人	1 283	责任制	410	房子	338	舆论	204
青年	550	党组织	359	厂	310	毒品	165

总体上，动词“培养”所带光杆结果宾语的使用频次最高，其带光杆结果宾

① “1331”的意思是指“建立企业”在语料库中出现的频次统计数，该表中的数字都是表示这个意义。本书其他类似情况以此类推。

语的能力最强；4 个多义动词带光杆结果宾语的能力由高到低排序是培养>建立>造>制造；4 个动词带光杆结果宾语的最常见搭配分别是：培养学生、建立企业、造桥、制造事端。

（2）多义动词带光杆致使宾语的考察。在带一类宾语的多义动词中有 4 个动词可以带致使宾语，这 4 个动词都可以带光杆致使宾语，其常见光杆致使宾语统计如表 3.7 所示。

表 3.7 带一类宾语的多义动词常见光杆致使宾语调查统计

改变	N	解散	N	展开	N	震动	N
主意	2005	国会	425	翅膀	139	全国	74
世界	1785	议会	417	攻势	129	世界	56
命运	1193	政府	108	图	95	天下	27
现状	804	众议院	80	故事	81	人心	24
心意	520	工会	42	笑颜	47	江湖	23

动词“改变”所带光杆致使宾语的使用频次最高，带宾能力最强；动词“震动”带光杆致使宾语的平均频次最低，带宾能力最弱；4 个多义动词带光杆致使宾语的能力由高到低排序是改变>解散>展开>震动；带光杆致使宾语的最常见搭配分别是：改变主意、解散国会、展开翅膀、震动全国。

（3）多义动词带光杆施事宾语的考察。可以带施事宾语的动词分别是“流动”、“塌”、“起来”，在语料中没有找到这三个动词带光杆施事宾语的用例，这三个动词所带的施事宾语一般都是复杂宾语形式。语料中动词“流动”和“塌”后面出现了光杆名词性成分，但是该成分跟动词的语义关系都是定中关系，而不是动宾关系。例如，“流动儿童”、“流动党员”等；“塌鼻子”、“塌鼻梁”等。

（4）多义动词带光杆杂类宾语的考察。在带一类宾语的多义动词中有 4 个动词可以带杂类宾语：“多”、“缺”、“差”、“可以”。具体考察如下：

杂类：多嘴 2073、多梦 1694、多雨 1186、多汗 909、多心 170

杂类：缺血 23 446、缺水 6177、缺钱 4446、缺钙 1351、缺粮 1046

动词“多”所带常见光杆杂类宾语的平均使用频次为 1206 次，其带光杆杂类宾语的最常见搭配“多嘴”频次高达 2073 次，“多梦”1694 次，其他常见搭配为“多雨”、“多汗”、“多心”，多为日常交往中使用比较普遍的短语；动词“缺”所带常见光杆杂类宾语的平均使用频次为 7293 次，最常见搭配“缺血”频次高达 23 446 次，其次是“缺水”6177 次，之后分别是“缺钱”、“缺钙”、“缺粮”等。动词“缺”带光杆杂类宾语的类推性比较强，适用范围很广。动词“缺”带光杆杂类宾语的能力远远高出动词“多”的带宾能力。

动词“差”所带宾语的形式一般都是复杂形式，例如“差了两道题”、“差两间房子”。语料中通过专项检索“差钱”发现了500多个用例，该短语为熟语化的高频短语，也是广告杂类宾语短语的典型代表。动词“可以”所带宾语形式常常是数量短语，例如“可以三个人”、“可以一篇，也可以两篇”，语料中没有带光杆杂类宾语的用例。

（5）多义动词带光杆等同宾语的考察。在带一类宾语的多义动词中，有3个多义动词可以带等同宾语，其宾语可以是光杆形式。其常见光杆等同宾语统计如表3.8所示。

表3.8　带一类宾语的多义动词常见光杆等同宾语调查统计

作为N		等于N		象N	
重点	2177	资本主义	120	女人	102
基础	1086	社会主义	111	父亲	102
证据	505	猪	34	男人	97
突破口	484	爱情	34	妈妈	91
标准	474	现实	29	样子	84

动词“作为”带光杆等同宾语的使用频次最高，最常见搭配是“作为重点”，其次是“作为基础”，总体上可以看出其带光杆等同宾语的能力比较强；动词“等于”带光杆等同宾语时，句子更多以否定语气出现，而且适用的范围多出于同类话题。用例如下：

（36）1985年小平同志再一次指出：“社会主义和市场经济不存在根本矛盾。”1992年南方谈话，重申“市场经济不等于资本主义”、“计划经济不等于社会主义”。

——人民日报 Y: 1995

（37）邓小平南方谈话，提出了社会主义也可以搞市场经济，强调计划不等于社会主义，市场不等于资本主义，为建立社会主义市场经济体制提供了理论依据。

——人民日报 Y: 1997

（38）“计划多一点还是市场多一点，不是社会主义与资本主义的本质区别。计划经济不等于社会主义，资本主义也有计划；市场经济不等于资本主义，社会主义也有市场。

——科技文献

常见搭配中“象样子”已经成为一个结合度比较高的口语词，在语料中以否定语气出现比较常见，例如：

（39）我们昨夜回去又打了夜麻将，此刻一个个脸色发绿，没精打采。宝康则红光满面神采奕奕很有几分苦口婆心的架势。“是不是特扭曲？”“是特扭曲，扭曲得不象样子。”

——一点正经没有　A: 王朔　Y: 1989

（40）这个厂当年安装的一台进口洗毛机，价值六十多万美元，因野蛮操作，被糟踏得不象样子。

——福建日报　出版日期: 1984-8-8

（41）每个房里都有两把椅子。我坐一把，跟我住一房的华西·斯特拉德莱塔坐另一把。扶手都不象样子了，因为谁都坐在扶手上，不过这些椅子坐着的确很舒服。

——麦田里的守望者　A: 赛林格　Y: 1951Y

（6）多义动词带光杆对象宾语的考察。在带一类宾语的多义动词中，有 3 个多义动词可以带对象宾语，其宾语可以是光杆形式。其常见光杆对象宾语统计如表 3.9 所示。

表 3.9　带一类宾语的多义动词常见光杆对象宾语调查统计

爱N		欢迎N		护理N	
祖国	3154	江主席	226	老人	31
岗	2539	贵宾	69	孩子	17
生命	2248	客人	66	婴儿	15
党	1225	贵客	18	伤员	12
家	1200	男人	12	妻子	11

动词“爱”所带光杆对象宾语的使用频次最高，带宾能力最强；动词“护理”带光杆对象宾语的使用频次最低，带宾能力最弱；3 个多义动词带光杆对象宾语的能力由高到低排序是爱＞欢迎＞护理。带光杆对象宾语的最常见搭配分别是：爱祖国、欢迎江主席、护理老人。短语“爱岗”的用例大部分出自固定短语“敬业爱岗”中，例如：

（42）宰相宋王景因犯直谏被贬为广州都督后，忧国忧民，“敬业爱岗”不改初衷，为百姓大办好事、实事，政绩卓著，口碑甚佳。

——科技文献

（43）第三，师德是一种系统，它是一种有内在结构的东西。用 16 个字来概括就是：敬业爱岗、热爱学生、严谨治学、为人师表。

——文汇报　出版日期: 2004-12-17

（44）在组织活动的内容上，开展了“爱党、爱国、爱厂、爱岗”系列创先争优活动，激发了党员投身勘探事业的热情。

——人民日报 Y: 1999

其中常见搭配“欢迎江主席”几乎都出自新闻报刊《人民日报》自 1993 年以来的相关报道，体现出明显的新闻语体特点，具有较强的时间性。

（45）1993 年 11 月 24 日要闻：佛朗哥总统举行盛大午宴欢迎江主席。两国元首发表热情洋溢讲话盛赞中国巴西友好合作关系。

——人民日报 Y: 1993

（46）米兰部分华侨在欢迎江主席后，连夜驱车 200 多公里赶到剧院观看祖国京剧的高水平演出。

——人民日报 Y: 1999

（7）多义动词带光杆原因宾语的考察。在带一类宾语的多义动词中，只有动词“计较”可以带原因宾语，宾语形式可以是光杆形式。常见搭配有：“计较得失”（139）、“计较报酬”（56）、“计较小事”（41）、“计较名利”（23）、“计较输赢”（21）。平均使用频次为 56 次。“计较报酬”更多以否定形式出现，例如：

（47）“不计较报酬”与“不要报酬”的意义不同。道德高尚的人可以做到不带任何自私自利之心为社会、为他人和为国家献身，但无法做到任何工作都不要报酬。

——人民日报 Y: 2003

（48）上海交通大学团委负责校青年志愿者服务队的苏卓君老师说，现在大学生参加志愿者队伍除了服务社会，还比较注重社会实践锻炼机会，以此丰富自己的生活体验，因此他们并不计较报酬。

——文汇报 出版日期: 2003-10-30

（49）我们既不能把共产主义思想教育同社会主义现阶段的政策混为一谈，也不能把两者对立起来。不能说讲按劳分配，就不能提倡不计较报酬的共产主义劳动态度。

——福建日报 出版日期: 1982-7-2

2. 分析与总结

总体上，在带一类非受事宾语的 22 个多义动词中，除了施事宾语形式只能是复杂形式外，其他非受事宾语的形式都可以是光杆形式。具体情况比较如下。

第一，同一宾语类型中都有频次很高的用例，也有较低的用例，频次高低主要跟动词本身的语义所指或适用范围大小有关，例如动词带光杆结果宾语中的“培养学生”（14 523 次）和“制造毒品”（165 次），动词“培养”的宾语范围比动词“制造”的要广；动词带光杆对象宾语中的“爱祖国”（3154次）和“护理妻子”（11次），动词“爱”和“护理”宾语范围相差也较大。同一类宾语中的同一个动词所带的光杆宾语中，使用频次最高的一般都是最常见搭配，而且大部分最常见搭配的使用频次明显高出其他搭配。例如“建立企业”、“培养学生”、“改变主意”、“多嘴”、“缺血”、“作为重点”、“爱祖国”、“计较得失”等。有的动词宾语最常见搭配和次常见搭配的频次相差不大，但跟其他搭配相比差异还是明显的，例如“展开翅膀”和“展开攻势”频次分别为139次和129次，“解散国会”和“解散议会”频次分别是425次和417次，“等于资本主义”和“等于社会主义”的频次分别是120次和111次。某种程度上，宾语使用频次的高低跟宾语类型本身没有必然联系。

第二，总体上动词所带宾语类推性越强，其使用频次越高。宾语类推性强弱跟使用频次呈正比。例如，同样是杂类宾语，动词“缺”所带的光杆杂类宾语属于可大量类推的，语料中出现的常见搭配频次总体都比较高，但动词“差”所带光杆杂类宾语的用例在语料中仅有“差钱”一个，尽管使用频次不算很低，但宾语几乎没有类推性，因此动词“差”尽管常用，但使用频次不高。宾语搭配不同，光杆宾语的类推性不同，带宾能力有差异。

第三，在出现的6类宾语中，动词带光杆杂类宾语的平均使用频次最高，其次是结果宾语，接下来依次为等同宾语、致使宾语、对象宾语，原因宾语最少，仅56次。多义动词带光杆杂类宾语的使用频次都比较高，其中“缺+杂类”的短语搭配使用频次最高，宾语的类推性也最强；“多+杂类”的短语搭配使用频次总体也都比较高，但可搭配的宾语数量不多，类推性不强；动词“差”带光杆杂类宾语的仅有“差钱”的用例，宾语没有类推性，但“差钱”作为熟语化的常用短语使用频次也很高。

第四，在带一类非受事宾语的多义动词中，综合各个动词带光杆宾语数量及其使用频次情况，我们认为带光杆名词宾语能力较强的前十个动词排序如下：

培养＞缺＞爱＞改变＞作为＞多＞建立＞造＞制造＞解散

第四节　带两类宾语的多义动词带光杆名词宾语的考察

多义动词在带两类宾语的情况下，总体上带受事宾语的动词有89个，占带两类宾语动词总数的72.4%。

单音节动词有61个：藏、倒[2]、登[1]、扶、夹、捞、抹（mā）、描、捧、扔、撒、使、挑[1]（tiāo）、吐（tù）、吞、扫、安、抱、加、举、搂（lōu）、守、剔、吸、摘、撤、动、养、见、带、管、收、提、背（bèi）、拨、借、贪、喂、献、信、换、让、裁、惹、认、探、办、招[1]、干、数、算、涮、选、透、看（kān）、取、要、挨、钉（dīng）、向、抄[2]。

双音节动词有28个：检查、清洗、介绍、算计、吸收、研究、表演、计算、交代、加入、侵占、拾掇、反映、分配、收拾、布置、发动、欣赏、调动、掩盖、没有、突击、处理、发挥、解决、探望、支持、了解。

一、带两类宾语的多义动词带光杆受事宾语的考察

1. 常见光杆受事宾语的使用情况

1）光杆受事宾语最高使用频次在2000次以上的多义动词考察

动词所带光杆受事宾语最高使用频次在2000次以上的多义动词有25个，占该类89个带受事宾语动词总数的28.1%。下面按照最高使用频次由高到低的顺序，分为四组进行分析。

第一组：光杆受事宾语最高使用频次在9000次以上的调查统计如表3.10所示。

表3.10 带两类宾语的多义动词常见光杆受事宾语调查统计（一）

动N		没有N		吸N		要N		见N		加N		办N	
手	39 272	办法	11 452	血	10 189	钱	9 786	人	9 421	压	9 305	学校	9 419
心	5 648	时间	7 226	氧	2 662	指标	4 727	踪影	1 701	水	6 070	实事	9 192
情	5 792	理由	6 090	音	1 054	人	3 468	成效	1 662	压力	2 847	好事	2 327
手术	1 907	机会	5 589	痰	801	时间	3 445	血	1 614	羊毛衫	1 948	手续	1 074
笔	1 682	问题	5 093	鼻子	747	课题	3 132	客	819	气	1 819	事情	903

动词“动”在带两类宾语的多义动词中所带光杆受事宾语的数量最多，使用频次也最高。“动”的4个义项都可带受事宾语，其中义项2和义项3带光杆受事宾语的用例最多，如“动手、动笔、动手术”等，“动心、动情”等；动词“没有”作动词时有3个义项，语料中大量出现的光杆受事宾语都是表示对领有、具有的否定的用例，例如：

（50）在目前轨道交通客流持续增长、运能与运量矛盾突出的情况下，采取限流措施既是一种临时措施，也是“没有办法”的办法。

——文汇报 出版日期：2005-3-19

（51）如果说他避免与别人争论，那是因为他没有时间——多年来他连夜晚和周末也在工作，把他手下的人和埃米也搞得很苦。

——刚果惊魂 A：克莱顿 Y：2005

（52）俄国有十月革命节，有卫国战争胜利日。中国革命是中国历史的光荣，我们没有理由、也没有权力妄自菲薄。

——人民日报 Y: 1997

动词“吸”的3个义项都带受事宾语，其光杆形式主要是义项1的用例，如“吸血、吸氧”等，使用频次比较高。动词“要”的2个义项只有义项1带受事宾语，最常见的用例是“要钱”，其他搭配“要指标”、“要人”等的使用频次都很高。动词“见”有5个义项，其中4个义项可以带受事宾语，光杆宾语最多的是义项1的用例，如“见人、见踪影、见血”，义项2的用例如“见成效”，义项3的用例如“见客”等。动词“加”的3个义项都可带受事宾语，光杆宾语最多的是义项2的用例，如“加压、加水、加气”等。动词“办”的3个义项都可带受事宾语，光杆形式最多的是义项1和义项2的用例，分别是“办实事、办好事、办事情”和“办学校”等。

第二组：光杆受事宾语最高使用频次在4700～9000次的调查统计如表3.11所示。

表3.11 带两类宾语的多义动词常见光杆受事宾语调查统计（二）

发动N		撒N		认N		惹N		守N		借N	
群众	7624	谎	6007	错	5923	人	5090	法	4992	钱	4796
战争	969	手	2827	人	1488	女人	120	纪律	2189	书	1319
干部	239	花	1743	错误	748	草	51	岗位	1504	力	1293
内战	109	网	523	路	444	桃花	46	秘密	1121	资金	576
阵势	14	盐	496	钱	283	妈妈	40	法律	922	箭	159

动词“发动”的3个义项有2个带受事宾语，2个义项带光杆宾语的用例都比较常见，分别是“发动战争、发动内战、发动阵势”和“发动群众、发动干部”等。动词“撒”的2个义项带光杆受事宾语的用例都比较多，义项2的用例使用频次最高的是“撒谎”，但其他短语数量很少，义项1的相关短语数量比较多，如“撒手、撒花、撒网、撒盐”等。动词“认”有2个义项带受事宾语，使用频次最高的是义项3带光杆受事宾语的用例，如“认错”，另外义项1带光杆受事宾语的常见用例有“认人、认路、认钱”等。“惹人”是动词“惹”带光杆受事宾语的最常用搭配。“惹草”的说法主要出现在固定短语中，相关用例如下：

（53）罗国伟甚是伤感，幽暗地说：“若有半片净土，我也要弄花惹草了，但愿她知道……”牟道挥手驱“客”，两个人灰溜溜走了。

——佛门异功 A: 鬼谷子 Y: 1999

（54）“有了这么一个善解人意的妻子，竟然还在外头捻花惹草，他不配作她的丈夫。”尚文野心里替梁钰琳抱不平。

——铁血柔情 A: 令狐庸 Y: 1999

（55）买了盒名为“绿牡丹”的贡菊，放置在瓷杯中，用热水烫过，白蕊绿瓣的菊花就在杯中绽放了，那种香气至今让我难忘。捻花惹草，竟然与生活如此相关，我开始喝起花草茶。

——花颜巧语 A: 凌玉 Y: 1999

动词“守”的3个义项中义项2和义项3可以带受事宾语，只是仅出现了义项3的相关用例，如“守法、守纪律、守岗位”等；动词“借”的2个义项都带受事宾语，常见光杆受事宾语一般都是义项1的用例，如“借钱、借书、借力”，使用频次都比较高。

第三组：光杆受事宾语最高使用频次在3000～4700次的调查统计如表3.12所示。

表3.12 带两类宾语的多义动词常见光杆受事宾语调查统计（三）

招^{1}N		收N		选N		提N		带N		献N	
人	4381	图	4351	人	3946	条件	3321	孩子	3229	爱心	3169
桃花	180	钱	3138	药	535	意见	1833	人	2490	计	3021
祸	103	手	1587	房	365	气	1040	血	2185	礼	2452
研究生	69	红包	768	对象	322	水	992	伞	1539	花	1358
商	63	剑	691	人才	257	建议	887	钥匙	1063	艺	942

动词“招^1”的3个义项都带受事宾语，其中2个义项带光杆受事宾语的用例比较多，如“招人、招桃花、招祸、招研究生、招商”等。动词“收”的6个义项都可以带受事宾语，6个义项带光杆受事宾语的用例都出现了，数量多，使用频次高。最常见的搭配“收图”非常具有信息时代特点，这个短语相关语料全部出自微博语料中，意思：A发微博，里面的图是B想要的，B保存A发的图就是微博收图。例如：

（56）伴郎团收图!贴几张下午去大坪山吹北风的代价图。有你销魂的身影！这样看其实泉州城还有点小都市的感觉！

——微博

（57）亲们收图……昨天的转贴（帖）王抽奖倒计时！亲还有一个小时不到就要抽今天的微博大奖！大家没关注的速度关注！关注了的速度转起！

——微博

(58)由于现场人实在太多，信号弱到不行，直播到一半就无奈了，快来收图!

——微博

动词“选”只有义项1带受事宾语，受事宾语为光杆形式的用例比较多，如“选人、选药、选房”等。动词“提”带名词性宾语的6个义项中，6个义项都可以带光杆受事宾语，数量最多的义项3的相关用例如“提条件、提意见、提建议、提问题”；义项1最常见的用例是“提气、提水”。动词“带”的6个义项也都可以带受事宾语，最常见的光杆受事宾语搭配是义项5的用例“带孩子”，其次是“带人”；义项3带光杆受事宾语的用例也比较多，最常见的是“带血”，其次是“带刺”，另外固定句式“面带笑容”使用频次也较高；义项1最常见的用例是“带钥匙”。动词“献”的2个义项都可带受事宾语，光杆宾语形式最多的是义项1的相关用例，如“献爱心、献礼、献计、献花”等，义项2最常见的是“献艺”。

第四组：带宾短语最高使用频次在2000～3000次的调查统计如表3.13所示。

表3.13　带两类宾语的多义动词常见光杆受事宾语调查统计（四）

换N		养N		看（kān）N		取N		收拾N		喂N	
药	2904	孩子	2859	门	2832	水	2304	东西	2243	奶	2033
衣服	2557	人	2778	孩子	1153	血	1942	房间	718	料	1626
人	2145	眼	2349	机器	53	钱	1600	屋子	689	药	691
头像	938	家	2108	仓库	30	药	1384	行装	293	水	616
水	700	胃	1710	院子	28	土	755	行囊	212	饭	563

动词“换”的3个义项可带受事宾语，光杆形式最多的是义项2的相关用例，如“换药、换衣服”等，其次是义项1的用例，如“换人”。动词“养”的4个义项都可带受事宾语，光杆受事宾语数量最多的是义项3的用例，如“养孩子”，其次是义项4的用例如“养人、养眼”等。“养人”既有表示“供给生活费用”的用法，也有表示“使身心得到滋补或休息”的用例，使用范围比较广，宾语的类推能力比较强。用例如下：

(59)到了海外没人和我勾心斗角的我怕自己会闲出病来。亲，你想太多了啦，放宽心就好了，有山有水的家乡真养人。

——微博

(60)但在公路养护进入市场的具体运行过程中还有不完善的地方，公路养护体制改革的力度不够大，“养人”与“养路”的矛盾还没有从根本上得到解决。

——科技文献

（61）开放现行绿化养护市场、公厕管理。保洁、清扫、垃圾转运，面向市场公开招标，变“以费养人”为“以费养事”。

——科技文献

动词“看（kān）”的 2 个义项都带受事宾语，义项 1 带光杆受事宾语的用例比较常见，最常见的用例是“看门”，其次是“看孩子”，这两个短语的使用频次比较高，其他用例使用频次不高。动词“取”的 3 个义项都可带受事宾语，其常见的光杆受事宾语是义项 1 的相关用例，最常见的搭配是“取水”，其次是“取血”，之后依次是：取钱、取药、取土。“取土”主要用于工业、农业以及环境保护方面。例如：

（62）要打击文物走私盗窃活动，保护好文化景观和 5000 余座战国古墓，划定保护范围，严禁取土、垦荒、烧砖和违法建筑。

——人民日报 Y: 2002

（63）沉井施工分为：整理场地、制作井；沉放应注意科学取土、平稳下沉；及时回填、适时封顶。

——科技文献

动词“收拾”的 2 个义项都可带受事宾语，光杆宾语只出现了义项 1 的用例，义项 2 所带受事宾语一般为复杂形式，如“收拾那帮坏人”。动词“喂”的 2 个义项都能带光杆受事宾语，使用频次最高的是义项 1 的用例“喂料”，但是语料中义项 1 带光杆受事宾语的用例数量不多；短语数量较多的是义项 2 的用例，如“喂奶、喂药、喂水、喂饭”。

2）光杆受事宾语最高使用频次在 400～2000 次的多义动词考察

该类多义动词有 23 个，占 89 个动词总数的 25.8%。按照光杆受事宾语使用频次由高到低排序，下面分为四组进行分析。

第一组：光杆受事宾语最高使用频次在 1000～2000 次的调查统计如表 3.14 所示。

表 3.14 带两类宾语的多义动词常见光杆受事宾语调查统计（五）

探	N	拨	N	扫	N	背（bèi）	N	研究	N	使	N
班	1171	电话	1139	货	1136	单词	1116	问题	1093	力	1029
消息	736	马	163	图	765	历史	216	市场	736	眼色	728
究竟	354	弦	119	雪	574	台词	204	社会	406	剑	716
宝	279	火	103	垃圾	185	政治	198	经济	372	药	591
虚实	175	头发	98	落叶	184	诗	177	学生	310	—	—

动词“探”只有义项 1 带受事宾语，最常见的光杆宾语形式是“探班”，其

次是“探消息、探究竟、探宝、探虚实”等。语料中大量出现动词“拨”表示“分出发给或调配”意义时的用例，但是“拨”是出现在“核拨、下拨、扣拨”等短语中充当补语。动词“拨”带光杆受事宾语的用例主要都是表“手脚或棍棒等横着用力，使东西移动”的意思，该义项也是其常用义项。用例如下：

（64）李世民道：“你们兄妹这么久没见，一定有很多话要说了。我要去照看那边的战事，请恕失陪之罪。”说着拨马下了山坡。

——大唐风云录 A: kitty Y: 2009

（65）袁克殊终于了解她为何养成拨头发的习惯。他烦躁地效法她惯有的动作，怒气完全沉淀下来。

——四季豆恋曲 A: 凌淑芬 Y: 1996

（66）“老爷，你可不要上当，他最爱自己，老爷的话，他从来不听。”尤太太故意在旁边拨火。

——八月樱桃 A: 岑凯伦 Y: 1990

动词“扫”的 3 个义项都可带受事宾语，语料中很多光杆受事宾语短语都是义项 1 的用例，如“扫货、扫雪、扫垃圾、扫落叶”等。“扫图”大量出现在微博语料中：

（67）这里是截止至 1208 已收到的场刊等扫图，还有亲在场外拍摄的图，另外还有七个鸟叔等人推特更新的演唱会相关照片。

——微博

动词“背”只有 1 个义项带受事宾语，语料中出现大量带光杆受事宾语的用例，最多的搭配是“背单词”；动词“研究”的 2 个义项带光杆受事宾语的用例都出现了，如“研究问题”和“研究社会”；动词“使”的 2 个义项只是出现了义项 1 带光杆受事宾语的用例，如“使力、使眼色、使剑”等短语，数量不多，但使用频次较高，用例如下：

（68）蓝元山的一对燕子，射向周白宇的一只燕子之时，在周白宇心里十分震惊，因为蓝元山以双肩使力就控制了燕子。

——碎梦刀 A: 温瑞安 Y: 1981

（69）黎晓宁的叫声响彻云霄，她拼命拉住往办公室走去的沙家驹，同时不断地朝伙伴们使眼色。“呃……呃……老板……”

——干妹妹 A: 余宛宛 Y: 1999

（70）那农夫道：“果然不错，只不过我发这一招之时，倒没防到你会使剑。”

——华山论剑 A: 郭楚海 Y: 2008

第二组：光杆受事宾语最高使用频次在 800～1000 次的调查统计如表 3.15 所示。

表 3.15 带两类宾语的多义动词常见光杆受事宾语调查统计（六）

捞N		摘N		干N		反映N		举N		算N		扔N	
钱	982	星	923	坏事	907	问题	887	双手	880	时间	827	垃圾	810
鱼	304	牌	813	实事	757	民意	392	枪	771	收入	733	东西	299
好处	177	草莓	530	大事	497	意见	158	红旗	141	成本	339	石头	252
虾	80	菜	142	家务	408	民情	60	右手	113	钱	292	钱	124
人	68	桃子	84	农活	317	实情	17	酒杯	86	卦	286	烟头	107

动词“捞”的 2 个义项带光杆受事宾语的用例都出现了，义项 1 的相关短语有“捞钱、捞鱼、捞虾”等，义项 2 数量最多的短语为“捞好处”，还有少量“捞油水”、“捞外快”的用例。

动词“摘”的 3 个义项都可带受事宾语，语料中带光杆受事宾语的几乎都是义项 1 的用例。动词“干”的义项 1 可以带受事宾语，语料中带光杆受事宾语的用例比较多，常见搭配有“干坏事、干实事、干大事”等。动词“反映”只有义项 2 可以带受事宾语，语料中光杆受事宾语短语使用频次最高的是“反映问题”，其次是“反映民意”等。动词“举”的 3 个义项都可以带受事宾语，语料中只出现了义项 1 带光杆受事宾语的用例，如“举双手、举枪、举红旗”等，其他两个义项所带宾语一般都是复杂形式。动词“算”有 3 个义项带受事宾语，语料中出现了义项 1 和义项 3 带光杆受事宾语的用例，如“算时间”和“算卦”等。动词“扔”的 2 个义项带光杆受事宾语的用例都比较多，如“扔东西”、“扔垃圾”等。

第三组：光杆受事宾语最高使用频次在 600～800 次的调查统计如表 3.16 所示。

表 3.16 带两类宾语的多义动词常见光杆受事宾语调查统计（七）

信N		检查N		吞N		夹N		抱N		欣赏N	
佛	777	身体	663	口水	643	菜	642	孩子	619	佳作	604
上帝	680	卫生	189	公款	290	书	31	孙子	384	音乐	327
神	674	视力	114	卡	85	东西	28	婴儿	152	风景	192
科学	390	眼底	72	药	58	睫毛	26	幻想	99	美景	120
鬼神	231	伤口	59	钱	51	球	23	儿子	84	夜景	56

动词“信”有 2 个义项，其中“义项 2”可以带受事宾语，语料中发现大量带光杆受事宾语的用例，如“信佛、信上帝”等。动词“检查”的 2 个义项均可带受事宾语，语料中出现了义项 1 带光杆受事宾语的用例，如“检查身体、检查卫生”等，但短语数量不多。动词“吞”的 2 个义项带光杆受事宾语的用例都比

较常见，如义项 1 的用例有吞口水、吞药，义项 2 的用例有吞公款、吞卡、吞钱。动词“抱”的 3 个义项都可以带受事宾语，但只有义项 1 带光杆受事宾语的用例，如“抱孩子、抱孙子”，其他两个义项一般只能带复杂受事宾语。动词“欣赏”只有义项 1 带受事宾语，其带光杆受事宾语的用例较多，如“欣赏佳作、欣赏音乐”等。

第四组：光杆受事宾语最高使用频次在 400～600 次的调查统计如表 3.17 所示。

表 3.17　带两类宾语的多义动词常见光杆受事宾语调查统计（八）

介绍N		倒²N		吸收N		贪N	
情况	528	时差	474	存款	429	小便宜	416
经验	367	票	279	水分	260	钱	238
商品	84	地铁	23	营养	240	钱财	28
知识	33	汽车	10	二氧化碳	119	女色	12
案情	28	号	10	能量	113	金钱	7

动词“介绍”的 3 个义项都可带受事宾语，常见光杆受事宾语用例都是义项 3 的相关用例，如“介绍情况、介绍经验、介绍商品”，没有其他两个义项的用例。动词“倒²”的 2 个义项均可带受事宾语，但常用搭配中只出现了义项 1 带光杆受事宾语的用例，最常见的搭配是“倒时差”，其次是“倒票”，“倒地铁、倒汽车”等用例数量很少。动词“吸收”的 2 个义项都可以带受事宾语，义项 1 带光杆受事宾语的用例最多，如“吸收水分、吸收营养”等，义项 2 带光杆受事宾语数量最多的是“吸收存款”，用例如下：

（71）金融是提高生产力的“粘（黏）合剂”和“催化剂”，金融机构通过吸收存款、发放贷款，代理发行股票、债券，向国民经济基础行业和支柱产业提供了大量资金。

——科技文献

（72）作为吸收存款、增加服务功能的一项新措施，今年将推出太平洋信用卡业务，先在北京、上海、广东试点。

——人民日报 Y: 1993

动词“贪”只有义项 1 可带受事宾语，使用最多的是“贪小便宜”，其次是“贪钱”、“贪钱财”等，其他用例数量都比较少。

3）光杆受事宾语最高使用频次在 400 次以下的多义动词考察

该部分多义动词总计有 26 个，占该类动词总数的 29.2%。按照光杆受事宾语最高使用频次由高到低排序，下面分为四组进行分析。

第一组：光杆受事宾语最高使用频次在290～400次的调查统计如表3.18所示。

表3.18 带两类宾语的多义动词常见光杆受事宾语调查统计（九）

管N		计算N		登[1]N		挑[1]N		捧N		吐（tù）N	
经济	392	回收率	388	广告	357	人	341	花	337	奶	299
孩子	381	含量	287	启事	72	毛病	323	鲜花	236	鲜血	277
学生	305	成本	123	消息	65	身材	181	脸	198	清水	102
天气	252	利息	116	公告	39	时间	161	人	119	蛔	30
银行	234	有效率	76	声明	37	日子	153	水	88	钱	23

动词“管”的6个义项都可以带受事宾语，义项1的相关用例比较多，如“管理经济、管理天气、管理银行”，义项2带光杆受事宾语使用最多的是“管孩子、管学生”等。动词“计算”只是出现了义项1带光杆受事宾语的用例，如“计算回收率、计算含量、计算成本”。动词“登[1]”带光杆受事宾语的常用搭配都是义项1的相关用例，如“登广告、登启事、登消息”等。动词“挑[1]”的2个义项都可带受事宾语，义项1和义项2带光杆受事宾语的用例都出现了，其中义项1带光杆受事宾语的用例较多，分别是“挑人、挑身材、挑时间、挑日子”，义项2带光杆受事宾语的用例有“挑毛病”等。动词“捧”的2个义项带光杆受事宾语的用例都出现了，分别是：“捧花、捧水”，“捧脸、捧人”。动词“吐”的2个义项带光杆受事宾语的用例都出现了，分别是：“吐奶、吐鲜血、吐清水”，“吐钱”等。

第二组：光杆受事宾语最高使用频次在200～290次的调查统计如表3.19所示。

表3.19 带两类宾语的多义动词常见光杆受事宾语调查统计（十）

交代N		布置N		撤N		调动N		藏N		裁N		加入N		分配N	
问题	266	任务	252	县	252	积极性	227	玄机	224	人	221	盐	217	任务	205
罪行	43	作业	188	药	245	军队	91	杀机	138	纸	212	蜂蜜	148	住房	188
任务	41	战术	47	兵	201	人力	28	东西	118	衣服	24	牛奶	95	资源	102
事情	34	陷阱	18	乡	143	资金	28	毒	107	布	17	白糖	90	时间	93
政策	27	警力	17	点	131	警力	25	钱	74	图	8	清水	89	名额	67

动词“交代”的3个义项均可带受事宾语，光杆受事宾语只出现了义项3的相关用例，如“交代问题、交代罪行、交代任务”等。动词“布置”带光杆受事宾语的常用短语有“布置任务、布置作业、布置战术”等。动词“撤”的4个义

项都可以带受事宾语，但语料中带光杆受事宾语的用例“撤县”、“撤乡”、“撤点”、“撤药”中的“撤”都是表示“除去、取消”的意思。动词“调动”、“加入”带光杆受事宾语的用例都比较常见。动词“藏”带光杆受事宾语的常用搭配都是义项1的相关用例，表示“隐藏”的意思，如“藏玄机、藏杀机、藏东西、藏钱”等，有时出现在一些固定搭配的短语中，用例如下：

（73）反正情况也不可能再恶化下去，现在已经到达谷底了！“你没有另藏玄机吧？”

——你是我不变的期待 A: 凌淑芬 Y: 1994

（74）那黑衣老人答道：“我利用鸟兽的游动，变化阵势，传洒毒药，但阵中鸟语花香，美女歌姬，翠袖红裳，看上去耀眼生花，藏杀机于绮丽的风光之中，以鹊桥为界，生死两域，故名鹊桥阵。”

——绛雪玄霜 A: 卧龙生 Y: 1963

（75）藏东西不是坏事。存折、国库券、少量现金以及需要隐藏的东西，你不妨把它藏到只有自己及家人才知道的地方。

——福建日报 出版日期: 1992-1-16

动词“裁”的2个义项带光杆受事宾语的用例都比较常见，如“裁人、裁纸、裁衣服”等。动词“分配”的2个义项带光杆受事宾语的用例都比较常见，例如义项1“按一定的标准或规定（分东西）”的短语用例有“分配住房、分配资源、分配名额”，义项2指“安排或分派”，短语用例有“分配任务、分配时间”。

第三组：光杆受事宾语最高使用频次在100～200次的调查统计如表3.20所示。

表3.20　带两类宾语的多义动词常见光杆受事宾语调查统计（十一）

数N		扶N		掩盖N		表演N		描N		安N	
绵羊	189	苗	170	真相	161	舞蹈	132	图	126	电话	107
星星	169	人	164	事实	157	魔术	114	眉	117	床	97
钞票	153	眼镜	146	问题	105	歌舞	64	线	74	网络	68
选票	96	梨	39	罪行	73	小品	57	画	39	空调	38
日子	95	树	23	病情	39	相声	29	—	—	—	—

动词“数”的2个义项中只有义项1可以带受事宾语，语料中宾语为光杆形式的用例比较常见。动词“扶”的2个义项带光杆受事宾语的用例都比较常见，如“扶苗”、“扶人”。

“扶苗”一是表示洪涝灾害后对于农田的整治、维护工作，一是表引申义，指对有身体病症青少年的帮扶救助工作。用例如下：

（76）平和县今年种植黄麻八千多亩，虽几次受到洪水灾害，但广大贫下中农在灾害面前不低头。洪水一退，他们马上洗苗、扶苗、培土、追肥，终于夺得了比去年增产二成以上的好收成。

——福建日报 出版日期: 1972-9-23

（77）国家一时还有困难，家庭的力量太单薄，社会要想方设法尽一份力，市妇联领导经与多方研究决定，在此基础上成立全市性的“扶苗基金会”，旨在帮助那些需要进行人体重要器官移植的14岁以下的独生子女，促使患病儿童早日康复。

——福建日报 出版日期: 1992-4-4

动词“掩盖”带光杆受事宾语的常用用例都是表示“隐藏或隐瞒”的义项义，表示“从根上面遮住”时宾语形式一般要求是复杂形式，语料中也没有出现该义项的光杆宾语。动词“表演”在语料里出现频次最高的是光杆结果宾语的用例“表演节目”，频次是616次，带光杆受事宾语最常见的是“表演舞蹈”，还有“表演魔术、表演歌舞、表演小品、表演相声”等，而且都是义项1带光杆受事宾语的相关用例。动词“描”带光杆受事宾语最常见的是“描图”，其次是“描眉”、“描线”、“描画”等。动词“安”的3个义项均可带受事宾语，光杆形式只是出现了义项2的相关用例，如“安电话、安床、安网络”等，数量比较少。

第四组：光杆受事宾语最高使用频次在100次以下的调查统计如表3.21所示。

表3.21 带两类宾语的多义动词常见光杆受事宾语调查统计（十二）

使唤N		侵占N		搂（lōu）N		清洗N		抹（mā）N		剔N	
人	64	河道	62	钱	55	羽绒服	41	地板	32	肉	22
丫头	29	绿地	35	草	20	车辆	29	玻璃	7	眉	19
男人	5	财产	32	柴	6	皮肤	25	家具	5	指甲	15
下人	5	土地	28	柴禾	4	衣物	19	—	—	光头	5
老公	3	公务	22	银子	4	双手	18	—	—	骨头	5

动词“使唤”只出现了义项1带光杆受事宾语的用例，如“使唤人、使唤丫头、使唤男人”等。带光杆受事宾语的用例除了动词“侵占”和“清洗”数量相对较多外，其他四个动词的用例数量和使用频次都比较低。动词“搂”的3个义项都可以带受事宾语，语料中光杆宾语形式主要是义项1和义项3的用例，如“搂草”、“搂柴”和“搂钱”。动词“清洗”和“抹”带光杆受事宾语的常用用例都是义项1的用例，例如表示“洗干净”时说成“清洗羽绒服、清洗车辆”等，表示“擦”时说成“抹地板”、“抹玻璃”等。动词“剔”带光杆受事宾语的用

例在3个义项都出现了，相关短语分别是“剔肉、剔骨头”，“剔指甲”，“剔眉、剔光头”。

所带光杆受事宾语最高使用频次在100次以下的动词除了表3.21中的6个外，有4个动词带光杆受事宾语的用例很少，这4个多义动词是：透、涮、拾掇、算计。动词“透”的3个义项中只有义项2可以带受事宾语，但是用例很少，如“透题、透信、透消息”等，其最常见的光杆受事宾语搭配“透风”的使用频次有642次。动词“涮”的2个义项带光杆受事宾语的用例都非常少，最常见的用例“涮碗”使用频次只有22次，“涮牛肉”有18次，其他有“涮盘子、涮拖把、涮海鲜”等。这些短语数量少，使用频次低，但是动词各个义项带光杆受事宾语的搭配都比较常见。另外，动词“拾掇”带光杆受事宾语时都是义项1表示“整理或归拢”的用例，如“拾掇东西、拾掇饭、拾掇行装”等用例。动词“算计”出现了义项1带光杆受事宾语的用例，数量和频次都很低，如“算计得失、算计时间、算计经费”。

通过对以上多义动词的逐个考察，我们知道在89个带两类受事宾语的多义动词中，有74个动词带光杆受事宾语的能力比较突出，还有4个动词仅有很少量的用例。

4）语料中几乎不带光杆受事宾语的多义动词考察

通过语料库逐词检索统计，在带两类受事宾语的89个多义动词中，我们发现有11个多义动词几乎不具有带光杆受事宾语的能力，占该类动词总数的12.4%。这11个多义动词是：挨（āi）、钉（dīng）、向、抄^2、发挥、探望、突击、了解、处理、解决、支持。具体情况分析如下。

第一，有的动词可以带光杆宾语，但是光杆宾语不是受事宾语，而是其他宾语，其受事宾语形式一般要求是复杂形式。例如，动词“发挥”和“解决”所带光杆宾语的用例都是致使宾语，如“发挥作用、发挥优势”，受事宾语的宾语形式一般要求是复杂形式。动词“探望”、“支持”、“了解”、“处理”所带光杆宾语几乎都是对象宾语，带受事宾语的用例一般都是复杂形式，如“探望四周动静”。

第二，有的动词一般只出现在固定句式中，受事宾语类推的范围比较有限，数量和使用频次都不高。例如动词“挨（āi）”、“向”、“抄^2”等。

“挨（āi）”一般出现在“……人挨人”、“……肩挨肩”、“前不挨村后不靠店”、“一挨……”等句式中，用例如下：

（78）本报记者陈熙涵手机始终显示“线路忙”，排队人挨人地挤出地铁上体馆出口。

——文汇报 出版日期：2002-8-21

（79）一系列特色服务固然吸引了广大储户，乃至远在五县四郊的储户，但大厅里一个个肩挨肩、背贴背地等候储蓄。

——科技文献

（80）果然，她吼道："少给我挤鼻子弄眼出洋相，快找水去。""姑奶奶，这前不挨村后不靠店的，你让我到哪儿去找水？"

——酒神 A: 莫言 Y: 1989

（81）太累了！他躺倒在床上，顾不得和秀英打个招呼，头一挨枕头就迷糊了。他隐约地听见自己在呻吟。

——平凡的世界 A: 路遥 Y: 1986

动词"向"直接带光杆受事宾语的用例几乎没有，但是在"向着+N"句式中有比较多的用例，而且使用频次都很高。例如：

（82）五月的劲风敞开了我们的胸怀，向着蓝天、向着高山、向着大海，引吭高歌。苍山巍巍，岁月悠悠。

——人民日报 Y: 2003

（83）留守在老家的小女孩，面对录像里父母的镜头唱生日歌，女孩哭得不能自已，向着录像流泪鞠躬。

——微博

动词"抄^{2}"的 3 个义项中有 2 个带受事宾语，但光杆宾语数量最多的是处所宾语的用例，例如义项 1 的用例"抄家"，其使用频次有 884 次，但仅有这一个用例。义项 2 的常见用例一般也出现在固定句式"抄着手"中，例如：

（84）博主今晚发的几个地域歧视帖里，这个比较好笑点……东北人抄着手回来了，语重心长地说，你瞧你们没个人看场子就是容易出事吧？

——微博

（85）一个有经验的老年人抬头望天，说声"要下啦"，拱拱肩，缩起脖子抄着手踏过门坎进屋去了。

——人民日报 Y: 1993

（86）爱德华等人从车里出来，有的抄着手，有的叉着腰等在路边。杰里心想这下完了。

——变成狗的亿万富翁 A: 杨鹏 Y: 1994

第三，有的动词只有一两个用例，而且使用频次不高。例如，动词"钉（dīng）"的 2 个义项都可带受事宾语，但仅义项 1 出现了"钉人"这个用例，使用频次只有 55 次，其他受事宾语形式一般都为复杂形式。

第四，有的动词本身就没有带光杆受事宾语的用例，动词"突击"在语料中没有出现带光杆受事宾语的用例，"突击"出现的用例很多是定中关系的短语，如"突击队员"、"突击运动"等。

2. 分析与总结

通过对带两类宾语的多义动词带光杆受事宾语的考察，相关特点和规律总结如下：

第一，带两类宾语的 123 个多义动词中有 89 个动词带受事宾语，通过语料库考察，我们知道有 74 个多义动词带光杆受事宾语的能力比较突出，占该类带受事宾语动词总数的 83.1%，可以说，该类多义动词带光杆受事宾语的能力总体都比较强。其他很少带或者几乎不带的 15 个多义动词，由于动词语义或者宾语形式的限制，其光杆宾语出现具有一定的限定条件，宾语形式属于有限类推范围。

第二，在带光杆受事宾语的多义动词中，80%以上的都是常用义项带光杆宾语的数量最多，总体上常用义项带光杆受事宾语的能力比非常用义项的带宾能力要强，例如，动词“吸”、“借”、“扫”、“使”等。但是，也有一些多义动词的非常用义项带光杆受事宾语的能力比常用义项强，例如动词“动”的 4 个义项都带受事宾语，但是数量最多的光杆宾语是义项 2 和义项 3 的用例；动词“加”的 3 个义项带受事宾语，但是义项 2 带光杆受事宾语的能力最强。动词“动”的常用义项 1 所带受事宾语的形式倾向于复杂形式，例如“他动你的作业了”；动词“加”的常用义项 1 带光杆受事宾语的用例多见于数字，如“十三加十五（等于多少）？”等。

第三，光杆受事宾语最高使用频次在 2000 次以上的多义动词有 25 个，占该类带受事宾语动词总数的 28.1%。其中单音节动词 22 个，双音节动词只有 3 个，分别是没有、收拾、发动，单音节动词所占比例为 88%。在很少或者几乎不带光杆受事宾语的 15 个多义动词中，双音节动词 9 个，单音节动词 6 个。总体上，单音节动词所带光杆受事宾语的使用频次比双音节动词所带光杆受事宾语的使用频次高。张国宪（1989，1997）的研究表明，在动词动性的强度差异上，单音节动词是一种强动性动词，单音节动词的动性一般要强于双音节动词。以上能带受事宾语的单音节动词中，有的动性非常强，如动词“捞”、“抱”、“挑”、“举”、“提”、“拔”、“吸”、“吞”、“搂”、“扔”、“涮”等；有的动性稍弱，如动词“挨”、“藏”、“倒[2]”、“透”、“干”、“喂”等，有的动性比较弱，如“向”、“让”、“数”、“加”、“贪”、“认”、“信”、“养”、“招[1]”、“管”、“算”等。除了动词“信”不常见外，其他单音节动词都能进入“把”字结构，具有较强的处置性。双音节动词除了动词“没有”的语义限制外，其他动词都能进入“把字句”，表现出一定的处置性和受动性。通过 BCC 检索，带两类宾语的多义动词 80%以上的都可以比较自由地带光杆普通名词做宾语。

第四，在带两类宾语的多义动词中，综合各个动词带光杆受事宾语的数量及其使用频次情况，我们认为带光杆名词受事宾语能力较强的前十个动词排序如下：

动>没有>吸>要>见>加>办>发动>撒>认

带两类宾语的多义动词带光杆受事宾语排名前 20 的 20 个动词的带宾短语情况如下：

动手 39272、没有办法 11452、吸血 10189、要钱 9786、见人 9421

加压 9305、办学校 9419、发动群众 7624、撒谎 6007、认错 5923

惹人 5090、守法 4992、借钱 4796、招人 4381、收图 4351

选人 3946、提条件 3321、带孩子 3229、献爱心 3169、换药 2904

从总体上看，带两类宾语的多义动词不仅宾语的语义类别比带一类宾语的多义动词丰富，而且动词所带光杆受事宾语的使用频次也更高。这在一定程度上说明光杆受事宾语的使用频次跟动词的带宾能力有关：带宾能力越强，动词所带光杆受事宾语的使用频次越高。

二、带两类宾语的多义动词带光杆非受事宾语的考察

378 个多义动词中带两类宾语的动词有 123 个，其中有 34 个多义动词只带非受事宾语。根据这 34 个动词所带两类宾语的情况，两类宾语一共有 20 种组合。具体情况考察如下。

1. 常见光杆非受事宾语的使用情况

（1）+处所+施事。带施事和处所宾语的动词有 6 个：倒[1]、蹲、漏、趴、爬、长。语料中动词“倒[1]”、“蹲”、“趴”、“爬”没有出现带光杆施事宾语的用例，一般施事宾语只能为复杂宾语形式。语料中出现了其带光杆处所宾语的用例，其带光杆处所宾语的能力比带光杆施事宾语的能力强。高频处所宾语的搭配有：

倒地 800、倒床上 343、蹲坑 389、蹲厕所 188、蹲墙角 179、蹲监狱 161、蹲马桶 80、趴桌子 116、趴床 112、趴窗户 71、趴地 20、趴被窝 17、爬楼梯 867、爬树 759、爬床 262、爬楼 260、爬雪山 200

动词“倒[1]”带光杆处所宾语的用例数量很少，只有“倒地”和“倒床（上）”两个短语。

（87）头晕了一天了……不行，不能就这样倒下，作为吃货，晚饭一定要吃的！吃了再倒床。

——微博

（88）虽然是高层建筑的反对者，但他反对的其实并不是高层建筑，而是反对高层建筑创造性的沦丧，所谓“摩天大厦拔地而起，创造力轰然倒地”。

——科技文献

（89）向以农不知何时撞开了两个架住他的混混，冲过去，赶在绪方真绘被揍前，先行赏了那个混混下巴狠狠的一记重拳。那混混哀号了一声，即刻倒地“昏

睡”，下巴骨似乎碎裂了。

——驯兽师与刁蛮女 A: 左晴雯 Y: 1995

语料中动词“漏”、“长”没有出现带处所宾语的用例，出现了带光杆施事宾语的用例，带光杆施事宾语的能力比带光杆处所宾语的能力强。其中“长”带光杆施事宾语的能力比“漏”强。常见光杆施事宾语搭配如下：

施事：漏雨 622、漏浆 147、漏料 120、漏光 109、漏税款 102

施事：长肉 1804、长痘 1792、长知识 1468、长草 979、长才干 810

（2）+致使+对象。带致使和对象宾语的多义动词有 2 个，分别是“满足”和“顺”。

致使：满足条件 146、满足欲望 96、满足好奇心 80、满足私欲 79、满足性欲 63

对象：满足现状 447

动词“满足”带光杆致使宾语的能力比带光杆对象宾语的能力强，带光杆对象宾语的高频搭配只是出现了“满足现状”一个搭配，但使用频次比较高。

致使：顺毛 138、顺头发 45

对象：顺民意 352、顺民心 210

动词“顺”带光杆致使和对象宾语的数量都多，但是“顺”带光杆对象宾语的使用频次明显比带光杆致使宾语的使用频次高。

（3）+致使+施事。带光杆致使和施事宾语的有 2 个动词：降、灭。常见搭配如下：

致使：降暴雨 787、降大雨 374、降温 289、降大雪 260、降霜 64

施事：降火 1227、降血糖 1136、降血脂 1134、降血压 879、降税 220

可以看出，动词“降”带光杆施事宾语的能力比带光杆致使宾语的能力强。

语料中没有出现动词“灭”带光杆施事宾语的用例，出现了大量带光杆致使宾语的用例。

致使：灭吸血虫 1043、灭细菌 270、灭证据 242、灭灯 224、灭大火 158

（4）+处所+时间。带光杆处所和时间宾语的动词有“入”和“经过”。语料中出现了动词“入”带光杆处所宾语的用例，短语数量多，使用频次高，表现出较强的带宾能力。语料中没有“入”带光杆时间宾语的用例。处所宾语的具体用例如下：

处所：入水 4582、入网 4060、入海 2097、入城 1913、入心 1324、入锅 1276、入戏 1161、入眼 1133、入脑 1007、入口 912

动词“经过”带光杆处所和时间宾语的用例都没有出现，其所带宾语形式一般是复杂形式。

（5）+等同+杂类。带光杆等同和杂类宾语的动词有 3 个：当 dāng、当 dàng、是 [2]。

动词“当 dāng”带光杆等同宾语的用例比较多，使用较为常见。动词“当 dàng”带光杆等同宾语的用例不多，高频短语只出现了 2 个。2 个动词带光杆等同宾语的用例如下：

当 dāng：当记者 3529、当老师 1630、当学生 1546、当妈 1361

当 dàng：当宝 399、当钱 232

动词“是[2]”带光杆等同宾语的用例还是比较普遍，但是相关的用例数量都不多，有的仅 1 或 2 例，且搭配相对比较固定，用例大多都出现在微博语料。比较常见的用例有“是人”、“是女人”、“是男人”、“是学生”、“是人民”等。举例如下：

（90）写得不错，可听着心酸……警察也是人，他们只能把对亲人的牵挂和亏欠都装在心里，因为他们深知自已（己）的职责，感谢家人的理解和支持!

——微博

（91）我跟你的经历差不多，不过我们的情况相反，我是男人，你是女人，你曾经的已经结婚，我曾经的已经嫁人，命运弄人吧。

——微博

（92）傻货，这图中人和我前面发的那个是同一个人!!!真相就是，我是女人!!!!

——微博

（93）你说我们是朋友，好吧，我们是朋友，或许这样更好，我还可以关心一下你，体重三位数的女人没前途!

——微博

（94）“战争的主体是人民”，这是亘古不变的真理。在这场史无前例的消灭荒山战役中，各地涌出了许许多多可歌可泣的动人事迹。

——福建日报 出版日期：1992-10-1 标题：大山的回声

语料中没有动词当 dàng 带光杆杂类宾语的用例，动词当 dāng 带光杆杂类宾语的用例只出现了“当家”、“当权”、“当政”3 个高频短语，数量不多，但是使用频次非常高，分别是 13 432、1784、1366。

（95）开展“学会关心”系列活动，使学生于“润物细无声”中得到情感体验。比如：“今天我当家”、“学做小主人”、“劳动技能大赛”等，这一系列活动的开展，增强了学生的同情心及责任感。

——科技文献

（96）在一些地方能人提拔不上来、甚至被炒了鱿鱼，也从反面证实了庸人的饭碗很牢靠，起码比能人牢靠些。凡庸人好活的地方或单位，十有八九必是庸主当权。

——文汇报 出版日期：2000-6-20

（97）——不过，基于苏梦枕个性上的孤辟（僻）、冷傲，也鲜少与众同来，紧密合作，始终只是若即若离。直至王小石当政。

——群龙之首 A: 温瑞安 Y: 1994

（6）+结果+致使。带结果和致使宾语的动词有 3 个：冻、升、破。具体如下：

致使：冻手 1438、冻脚 1372、冻耳朵 223、冻鱼 171、冻梨 168

动词"冻"出现了带光杆致使宾语的用例，没有出现带光杆结果宾语的用例。

结果：升初中 308、升高中 272、升大学 182、升本科 137

致使：升国旗 853、升职称 177、升船 175、升工资 147

动词"升"带光杆结果和致使宾语的用例都出现了，表现出较强的带宾能力。

动词"破"带光杆结果宾语的用例没有出现，带光杆致使宾语的用例数量比较多，频次也较高。最常见搭配有：破纪录（906）、破冰（733）、破僵局（598）、破案件（336）、破天机（272）。用例如下：

（98）至昨天为止，全省累计破冰 58 公里，福银高速邵武段日通过车辆 2100 辆，无车辆和人员滞留。

——福建日报 出版日期: 2008-2-3

（99）日本国内阁总理大臣安倍晋三将于 10 月 8 日至 9 日对中国进行正式访问。据新华社电外交学院副院长秦亚青认为，安倍访华将是一次"'破冰'的访问"。

——福建日报 出版日期: 2006-10-5

（100）还有一彩民，每次投注上万并赊帐（账）；更有甚者，某些人自以为对数字有特别研究，自负能破天机，竟然一次想投注 25 万元，等等。

——文汇报 出版日期: 2000-11-17

（101）作为参与评审的专家之一，徐寅生一语破天机："先进的执教思路在关键时刻助了施之皓一臂之力。"

——文汇报 出版日期: 2005-11-24

（7）+处所+致使。带处所和致使宾语的动词有 2 个：进、通过。具体如下：

处所：进门 13 051、进农村 4658、进村 3857、进学校 3785、进医院 2866

致使：进设备 2754、进药品 609、进粮食 590、进兵 588、进药 529

动词"进"带光杆处所和致使宾语的用例都出现了，而且数量和频次都很高，带光杆处所宾语的能力明显比带光杆致使宾语的能力强。动词"通过"带光杆处所和致使宾语的高频短语都没有出现，仅出现了使用频次很低的用例"通过马路"、"通过决议"等，其所带宾语一般只能以复杂宾语形式出现。

（8）+目的+对象。带目的和对象宾语的动词有 2 个：求、追。具体如下：

目的：求真相 3390、求实效 2923、求好运 1579、求真理 1497

对象：求人 938、求上帝 665、求领导 655、求老师 276、求佛 257

动词"求"带光杆目的和对象宾语的高频短语都出现了，动词"求"带光杆目的宾语的短语数量和频次都比较高，其带光杆目的宾语的能力比较强。

目的：追债 231、追责任 17、追源头 13、追欠款 5、追线索 5

对象：追车 323、追人 280、追女孩 237、追女孩子 178、追女生 163

动词“追”带光杆目的宾语的高频短语仅“追债”一个，其他用例数量和频次都很低。

（9）+处所+杂类。动词“在”带光杆处所和杂类宾语的用例都出现了，带光杆处所宾语的高频短语多，如在学校（24 788）、在手（17 802）、在网（15 414）、在公司（9485）、在办公室（8066）。带光杆杂类宾语的高频短语只出现了短语“在党”，频次为 12 234，大量的用例都是“在”做介词的用法。

（10）+杂类+时间。动词“超过”带光杆杂类和时间宾语的用例都出现了，带光杆杂类宾语的能力比带光杆时间宾语的能力强。

杂类：超过标准 530、超过规定 437、超过警戒线 166、超过正常值 105

时间：超过有效期 102、超过期限 81、超过保质期 78、超过时间 64

最常见的光杆杂类宾语用例是“超过标准”，其次是“超过规定”；光杆时间宾语用例最多的是“超过有效期”。相比较，动词“超过”带光杆杂类宾语的能力比带光杆时间宾语的能力强。

（11）+对象+处所。动词“攻击”出现了带光杆对象宾语的用例：攻击对方（156）、攻击敌人（130）、攻击人（127）、攻击对手（55）、攻击人类（52）；语料中没有出现带光杆处所宾语的用例，处所宾语倾向于以复杂宾语形式出现。动词“攻击”带光杆对象宾语的能力比带光杆处所宾语的能力强。

（12）+结果+对象。动词“评”带光杆结果和对象宾语的用例都出现了。除了最常用搭配以外，其他短语数量和频次都不算高。分别如下：

结果：评职称 476、评劳模 38、评教授 32、评奖学金 15、评三好生 14

对象：评课 750、评干部 72、评酒 58、评老师 32、评新闻 49

最常见的光杆结果宾语用例是“评职称”，最常见的光杆对象宾语用例是“评课”。两类宾语都是最常见短语使用频次高，其他宾语搭配使用频次相对较低。

（13）+对象+施事。动词“谢”只出现了带光杆对象宾语的用例，具体为：谢上帝（1784）、谢朋友（1026）、谢父母（960）、谢国家（412）、谢上苍（407）；语料中没有出现带光杆施事宾语的用例，施事宾语一般只能是复杂宾语形式，如“谢了三朵花”等。

（14）+工具+杂类。动词“赛”所带光杆工具宾语数量不多，但是最常用短语“赛马”有 2952 次，其次是赛龙舟 140 次，之后依次是：赛诗（90）、赛船（42）、赛足球（7）等。有关“赛马”用例举例如下：

（102）远近二十哩（里）以内，如果有比拳、赛跑、<u>赛马</u>、<u>赛船</u>、跳舞会、竞选、圣母访问节祭献，或是丰盛的宴会，他准会想法子参加。

——名利场 A：萨克雷 Y: 1957

（103）中秋月下，孩子们挑灯玩耍，或悬挂一串串彩灯，增添不少情趣。农村还有赛船、祭龙等活动。

——福建日报 出版日期: 1992-9-5

语料中动词“赛”带光杆杂类宾语的短语数量不多，出现了“赛质量”、“赛速度”、“赛贡献”、“赛思想”、“赛团结”、“赛干劲”等用例，而且一般出现在排比的短语句式中。例如：

（104）上海市建材行业协会地板专业委员会专门组织该市实（木）地板企业和业内权威人士，有的放矢地开展了这次“重铺装、赛质量、比服务、树品牌”的评选活动，有效地推动了“精品化”进程。

——科技文献

（105）观亨生产队通过开展“比思想，赛质量；比干劲，赛速度；比工效，赛贡献”的革命竞赛活动，不但收割进度快，而且质量好。

——福建日报 出版日期: 1972-11-12

（106）在实行国际招标的工程中夺得施工权，与国内外实力雄厚的施工队伍在同一个工地上比进度、赛质量，这对我们的施工企业的生产管理水平和科技攻关能力，确是一次大考验。

——人民日报 Y: 1994

（15）+致使+原因。“缩”带光杆致使宾语的用例数量不多，频次也不高。分别是：缩脚（67）、缩腿（65）、缩身体（31）、缩脑袋（19）、缩掌（12）。动词“缩”带光杆原因宾语只出现了“缩水”一个用例，但是使用频次有3399次。语料中的用例几乎都是将“缩水”作为一个固定搭配使用，后面一般都有其他补充成分。例如：

（107）而自由党的席位比上届缩水32席，其中在其“传统票仓”安大略省和魁北克省都遭到重创，在哈珀所在的艾伯塔省更是颗粒无收。

——福建日报 出版日期: 2006-1-25

（108）这一年，1亿多股民的财富平均每天蒸发286亿元左右，全年市值缩水7万亿元，按照2011年A股市值蒸发的速度，即沪深两个市场各自近七千万股民，每个交易日坐看A股市值蒸发300亿元。

——微博

（109）经过长达27个月的熊市调整，股指已跌去40%以上，过半投资者资产缩水50%，市场上愁云惨雾，投资者进退维谷。

——都市快讯 出版日期: 2003-9-27

（110）基金还有投资价值吗？去年基金首次出现全行业亏损，基金持有人手里的基金大幅度缩水——基金遭遇“寒冬”。

——人民日报 Y: 2003

（16）+杂事+杂类。动词“欠^{2}”带光杆杂事和杂类宾语的用例都出现了。

杂事：欠费 1148、欠房租 31、欠粮 21、欠稿费 8、欠水电费 7

杂类：欠火候 162、欠力度 51、欠教训 23、欠东风 15、欠光泽 10

（17）+施事+等同。语料中没有“成”带光杆施事宾语的用例，施事宾语形式一般为复杂形式。动词“成”带光杆等同宾语的用例比较多，频次也比较高，具有较强的带宾能力。

成 N[+等同]：成共识 4700、成问题 3401、成佛 1463、成习惯 1353、成灰 1157

（18）+施事+杂类。动词“醒”带光杆施事宾语的用例没有出现，施事宾语一般为复杂形式，如“醒了三个人了”等；“醒”带光杆杂类宾语的最常用搭配有：醒脑（1551）、醒神（685）、醒酒（661）、醒眼（32）、醒眼睛（29）、醒面（22）。

（19）+杂类+致使。动词“迷”带光杆杂类宾语出现了“迷路”和“迷方向”两个用例，“迷路”频次高达 6196 次，但“迷方向”只有 21 次。可见光杆杂类宾语数量很少，但最常用搭配频次很高。“迷”带光杆致使宾语的数量也不多，频次也低：迷人（29）、迷小说（18）、迷足球（9）、迷麻将（9）、迷电影（8）。

（20）+目的+时间。动词“等”带光杆目的和时间宾语。语料中最多的是光杆目的宾语用例，最常见的光杆目的宾语搭配是“等人”，12 307 次，其次是“等车”，4700 次，之后依次是：等公交（581）、等机会（478）、等时间（466）、等电梯（361）。语料中带光杆时间宾语的用例最多的是“等明天”，976 次，其次是“等后天”，41 次。

2. 分析与总结

通过对带两类宾语的多义动词带光杆非受事宾语的考察，我们做以下总结：

第一，34 个带两类非受事宾语的多义动词出现了 11 类宾语：处所、结果、致使、施事、对象、工具、等同、时间、目的、原因以及杂类宾语。其中施事宾语倾向于为复杂形式，但也有动词带光杆施事宾语的用例，而且使用频次较高；两类宾语一共有 20 种宾语组合，占 34 个带非受事宾语动词总数的比例为 58.8%。其中带“处所+施事”两类宾语的动词有 6 个，带“结果+致使”和“等同+杂类”两种宾语组合的动词各有 3 个，其他宾语组合都是 1 或 2 个动词。可见，单个多义动词虽然只带两类宾语，但是两类宾语组合的类型却比较丰富，宾语类型表现出多样性的特点。

第二，出现的 11 类宾语中，使用频次较高的光杆宾语搭配情况如下。

相比而言，光杆处所宾语的数量最多，使用频次总体也较高，带宾能力较强的动词有“在”、“进”、“入”，高频短语有：“在学校、在手、在网”，“进门、进农村”，“入水、入网”等。其次是光杆目的宾语，数量也较多，使用频次高。带宾能力较强的动词有“等”、“求”，高频短语有“等车、等人”，“求真相、求实效、求好运”。带光杆施事宾语能力较强的动词有“降”，高频短语有“降火、降血糖、降血脂”等。带光杆对象宾语能力较强的动词有“谢”、“求”、“评”3 个动词。其高频短语分别是：“谢上帝、谢朋友、谢父母”；“求人、求上帝、求领导”；“评课”等。带光杆致使宾语能力强的动词是“冻”和“破”，如“冻手、冻脚”和“破纪录、破冰”等用例。带光杆等同宾语能力强的动词是“当”，如“当记者、当老师”等。动词“赛”带光杆工具宾语时，宾语类推性不强，带宾能力较弱，但个别用例使用频次较高，如“赛马”。动词“醒”带光杆杂类宾语的用例有 3 个比较常见，如“醒脑 1551、醒神 685、醒酒 661”，此外，还有其他多种搭配用例。可以说，动词“醒”带光杆杂类宾语的能力较强。带光杆时间和原因宾语最常用的搭配都分别有一个用例，分别是“等明天”和“缩水”，两个短语使用频次也比较高。

第三，有的多义动词所带两类宾语都出现了光杆宾语的用例，且两类宾语的光杆宾语数量都多，有的则两类都少，有的两类光杆宾语中其中一类数量多，另一类数量少。两类宾语的光杆宾语都出现的多义动词带宾能力总体上比只有一类宾语出现光杆形式的多义动词带宾能力强。语料中两类宾语都出现光杆宾语形式的动词一共有 16 个，所占比例为 47.1%。这些动词分别是：满足、顺、降、当 dāng、升、进、通过、求、追、在、超过、评、欠^2、缩、赛、迷等。其中，“进”、“在”、“求”3 个动词的使用频次较高，“缩”、“赛”、“迷”的使用频次较低。大部分动词为单音节，只有 2 个动词是双音节动词。这在一定程度上再次说明单音节动词带光杆宾语的能力更强。

第四，我们对比 34 个动词应有的宾语数量和实际出现的宾语数量，通过考察发现，12 个带处所宾语的多义动词出现了 8 个带光杆处所宾语的用例，动词“漏”、“长”、“经过”、“攻击”没有出现带光杆处所宾语的用例；11 个带致使宾语的多义动词实际也出现了 11 个带光杆致使宾语的用例，但动词“通过”带光杆致使宾语的高频短语用例没有出现，仅出现了频次较低的个别用例；11 个带施事宾语的多义动词出现了 3 个带光杆施事宾语的用例，分别是漏、长、降；4 个带结果宾语的多义动词出现了 2 个带光杆结果宾语的用例，动词“破”、“冻”的光杆结果宾语用例没有出现；9 个带杂类宾语的多义动词中“是^2”、“当 dàng”没有出现光杆杂类宾语用例；4 个带时间宾语的多义动词中“经过”、“入”没有出现光杆时间宾语的用例。带两类光杆非受事宾语的动词带光杆非受事宾语的宾语数量统计如表 3.22 所示。

表 3.22 带两类光杆非受事宾语的动词带光杆非受事宾语的宾语数量统计

类型	处所	致使	施事	对象	结果	工具	等同	杂类	原因	时间	目的	总计
应有的/个	12	11	11	7	4	1	4	9	1	4	3	67
实际出现的/个	8	11	3	7	2	1	4	7	1	2	3	49
出现率/%	67	100	27	100	50	100	100	78	100	50	100	73

通过表 3.22 的分析可以做以下三点总结：

（1）34 个多义动词所带宾语总数为 67，实际考察中光杆宾语出现了 49 个，光杆非受事宾语的出现率为 73%。应有 11 类宾语，11 类宾语的用例都出现了。可见，34 个动词带光杆宾语的能力总体比较强，实际运用中，多义动词带非受事宾语的能力受宾语结构形式的影响不大。换句话说，非受事宾语的结构形式倾向于为光杆形式，光杆宾语形式是非受事宾语常见形态之一。

（2）出现的 11 类宾语中，致使、对象、工具、等同、原因、目的共六类宾语的出现率达到 100%。除了致使和对象宾语数量相对多一些，其他四类宾语的数量本身就很少，但是语料中这些光杆宾语都出现了。可以说，多义动词带这六类光杆宾语的稳定性相对较强。换句话说，这些动词带光杆宾语的用例都是使用频率比较高的搭配。

（3）出现的 11 类光杆宾语中，光杆施事宾语的数量比实际应有的光杆施事宾语的数量减少了 73%。可以说，宾语为光杆形式时，影响了施事宾语的出现。笔者在语料考察中也发现，动词带施事宾语时，大多以复杂宾语形式出现，光杆施事宾语的用例很少。这从另外的角度也说明，施事宾语倾向于为复杂形式。

第五节 带三类宾语的多义动词带光杆名词宾语的考察

带三类宾语的多义动词有 92 个，其中有 76 个动词可以带受事宾语：拆、记、煎、弄、劈 pī、掐、签[1]、抢[1]、掏、装[2]、采、扯、凑、揭、抠、碰、留、摊、挑 tiǎo、修、抓、拿、盛、挡、垫、扑、填、听、刮[1]、拔、扣、压、丢、着 zháo、搬、串、掉[1]、靠、拖、倒 dào、掉[2]、搁、减、卸、还、照顾、学、想、讲、磨 mò、吵、杀、赶、栽[1]、审、淘、治、送、问、指、传、犯、闪、念、读、偷、摸、熬、讨、玩、断、理、请、交、得 dé、落 là。下面就这些动词带光杆受事宾语的情况进行考察。

一、带三类宾语的多义动词带光杆受事宾语的考察

1. 常见光杆受事宾语的使用情况

1）光杆受事宾语最高使用频次在5000次以上的多义动词考察

该类多义动词有7个，占76个动词总数的9.2%。按照光杆受事宾语使用频次由高到低的顺序，具体统计如表3.23所示。

表3.23 带三类宾语的多义动词常见光杆受事宾语调查统计（一）

请N		学N		听N		玩N		靠N		讲N		犯N	
客	9436	文化	8230	歌	6523	游戏	5909	科技	5870	政治	5528	规	5026
人	3178	数学	2518	音乐	3731	火	1303	群众	4074	正气	1868	法	2870
专家	1957	经验	2154	电话	1658	水	672	政府	1604	义气	1036	—	—
医生	1069	科技	1971	声音	846	雪	336	国家	1474	信用	865	—	—
律师	795	车	1774	故事	729	泥巴	306	人民	1353	原则	833	—	—

动词“请”的3个义项中有2个带名词性宾语，这2个义项都可以带光杆受事宾语，而且相关用例很多。其中“请客”是使用频次最多的用例。动词“学”带光杆受事宾语的用例也很多，如“学文化、学数学、学经验”等。动词“听”带光杆受事宾语的用例几乎都是义项1的用例，如“听歌、听音乐、听电话、听声音、听故事”等。动词“玩”的3个义项中只有义项1带受事宾语，其光杆形式最常见的用例是“玩游戏”，其他常用短语有“玩火、玩水、玩雪、玩泥巴”等。

动词“靠”有3个义项，只有义项3表示“依靠”时可以带受事宾语，其带光杆受事宾语的常用短语有：靠科技、靠群众、靠政府、靠国家、靠人民。光杆处所宾语“靠墙”的使用频次有1524次，也是比较常见的动宾短语。动词“讲”带光杆受事宾语的用例都是义项5表示“讲求”时的用例，如“讲政治、讲正气、讲义气、讲信用、讲原则”。其带光杆结果宾语的用例也比较多，如“讲故事”、“讲道理”、“讲真话”。动词“犯”带光杆受事宾语最常见的是“犯规”、“犯法”，使用频次很高，除此之外，没有发现“犯”带其他光杆受事宾语的用例。

2）光杆受事宾语最高使用频次在3000～5000次的多义动词考察

总计有7个多义动词。按照光杆受事宾语使用频次由高到低的顺序，具体统计如表3.24所示。

表 3.24 带三类宾语的多义动词常见光杆受事宾语调查统计（二）

还N		传N		得N		杀N		治N		掏N		拿N	
款	4857	球	3633	冠军	3636	猪	3598	非典	3589	钱	3362	钱	3351
钱	1823	音	1571	金牌	1759	虫	2267	虫	1087	枪	194	东西	1257
草	1518	书	694	票	1659	毒	2218	螨	1058	钥匙	94	枪	1114
礼	870	照片	610	实效	1480	鸡	1015	艾滋病	705	钱包	93	药	704
贷款	817	视频	456	好成绩	1462	狗	450	百病	628	烟	59	人	700

动词“还”的 2 个义项都可以带受事宾语，其带光杆受事宾语的用例也比较常见，例如“还款、还钱、还草、还礼、还贷款”。其中“还草”主要出现在固定格式中，例如“退耕还草”、“退牧还草”。另外“退居还湖”的用例也有不少。这些用例大部分出自科技文献或新闻报刊。用例如下：

（111）我国政府正在实施的和将要实施的“退湖还草”、“退耕还草”工程以及其他项目，在最近几年内已经投入 20 亿元以上。

——科技文献

（112）河北涞源县在连续 4 年着力打造立体生态县取得进展的基础上，实施“退耕还林、退牧还草、退居还湖”三大环境保护工程。

——人民日报 Y: 2002

动词“传”带光杆受事宾语的最常见用例是“传球”，其次是“传音”、“传书”。这两个短语一般都用在固定格式“飞鸽传书”和“千里传音”中。例如：

（113）陈自清正在陪孟萍萍下棋，忽有人报：“宫主，沁心园的飞鸽传书。”

——戏梦闯江湖 A: 豆豆猫 Y: 2000

（114）隗通天暗暗攒了下眉，仅凭此人这句千里传音，一身功力绝不在自己之下，今天，怎么会有这么多高手，好像约齐了来的一般！

——玉辟邪 A: 东方玉 Y: 1997

动词“得”和“杀”都是只有 1 个义项可以带受事宾语，但是这两个动词带光杆受事宾语的用例都比较多，如“得冠军、得金牌、得票”等，“杀猪、杀虫、杀毒”等。动词“治”的 2 个义项都可以带光杆受事宾语，而且用例都比较多，例如“治非典、治艾滋病、治百病”，“治虫、治螨”，等等。动词“掏”带光杆受事宾语的常用短语有“掏钱、掏枪、掏钥匙”等。动词“拿”带光杆受事宾语的用例主要是义项 1 和义项 2 的用例，如“拿钱、拿东西、拿枪、拿药”，表示“捉”时最常用的是“拿人”。

3）光杆受事宾语最高使用频次在 2000～3000 次的多义动词考察

总计有 6 个多义动词。按照光杆受事宾语使用频次由高到低的顺序，具体统计如表3.25所示。

表3.25　带三类宾语的多义动词常见光杆受事宾语调查统计（三）

掉¹N		挑（tiǎo）N		抢¹N		拔N		碰N		交N	
眼泪	2894	眉	2753	眼	2634	剑	2490	面	2384	钱	2274
线	767	眉毛	224	票	1779	刀	1035	运气	742	房	917
馅饼	587	事儿	102	钱	1262	草	520	电脑	165	作业	448
粉	477	眉头	22	人	632	针	396	水	123	税金	374
链子	462	鼻子	15	东西	397	枪	289	酒	102	房租	347

动词"掉¹"带光杆受事宾语最常用的是"掉眼泪"。动词"挑"带光杆受事宾语的常用短语有"挑眉、挑眉毛、挑事儿"等。另外"挑鼻子"经常出现在相关句式中，例如：

（115）我们结了婚。可后来，她考上了大学，从此就对我横挑鼻子竖挑脸。再后来，她背叛了我，要同我离婚。

——再婚家庭　A：张险峰　Y：1998

（116）你得喝醉哟，不然哪里敢！既醉，则挑鼻子弄眼，不必提名道姓，而以散文诗冷嘲。

——新年醉话　A：老舍　Y：1934

动词"抢¹"的3个义项都可以带光杆受事宾语，常用搭配都是义项1的用例，如"抢眼、抢票、抢钱、抢人、抢东西"等。动词"拔"的4个义项都可以带受事宾语，语料中的常用光杆受事宾语用例都是义项1的用例，如"拔剑、拔刀、拔草"等。动词"碰"的3个义项都可带受事宾语，相关的光杆宾语也都出现了，最常见的是表"碰见或遇到"义的用例，如"碰面"，其次是表"试探"义的用例"碰运气"等。动词"交"带光杆受事宾语的用例只有义项1，如"交钱、交房、交作业、交税金、交房租"等，光杆结果宾语比较多，如"交朋友、交男朋友、交女朋友"等。

4）光杆受事宾语最高使用频次在1000～2000次的多义动词考察

光杆受事宾语最高使用频次在1000～2000次的多义动词有13个，占76个动词总数的17.1%。按照光杆受事宾语使用频次由高到低的排序，下面分为两组进行分析。

第一组：光杆受事宾语最高使用频次在1400～2000次的统计情况如表3.26所示。

表 3.26 带三类宾语的多义动词常见光杆受事宾语调查统计（四）

讨N		送N		留N		抓N		问N		拆N	
债	1948	钱	1886	人	1853	经济	1724	病史	1554	线	1474
钱	414	饭	1837	长发	810	人	1649	路	1501	房	473
说法	359	礼物	1744	痕迹	594	源头	1220	问题	630	船	348
贼	292	药	1614	死角	392	质量	1071	原因	416	墙	324
老婆	190	书	1031	情面	389	机遇	911	时间	305	信	231

动词“讨”的 3 个义项中有 2 个可带受事宾语，2 个义项带光杆受事宾语的用例都比较常见。其中使用频次最高的用例是“讨债”，使用频次远远高出其他用例。动词“送”带光杆宾语使用频次最高的是其带光杆对象宾语的用例“送人”，有 3695 次。“送”带光杆受事宾语的常用短语有“送钱、送饭、送礼物、送药、送书”等。动词“留”的 4 个义项都可以带受事宾语，语料中带光杆受事宾语的用例大都是义项 1 和义项 2 的用例，例如：“留人”，“留长发、留痕迹、留死角、留情面”等。动词“抓”的 4 个义项都可以带受事宾语，语料中常用的光杆受事宾语用例是义项 3 和义项 4 的相关用例，如表示“捕捉”的“抓人”，表示“加强领导，特别看重”的“抓经济、抓源头、抓质量、抓机遇”等。动词“问”带光杆受事宾语的常用搭配都是义项 1 的用例，如“问病史、问路、问问题、问原因、问时间”等。动词“拆”的 2 个义项都可以带受事宾语，2 个义项带光杆受事宾语的用例都比较常见，如“拆线、拆信”，“拆房、拆船、拆墙”等。

第二组：光杆受事宾语最高使用频次在 1000～1400 次的统计情况如表 3.27 所示。

表 3.27 带三类宾语的多义动词常见光杆受事宾语调查统计（五）

扯N		摸N		偷N		减N		念N		倒（dào）N		指N	
蛋	1390	头	1376	东西	1373	量	1350	佛	1302	茶	1071	路	1027
嘴角	402	鼻子	508	车	552	毒	691	文章	238	酒	678	人	825
旗	124	下巴	354	菜	391	人	684	作文	173	油	205	—	—
面	96	脸	293	钱	352	债	332	台词	96	垃圾	169	—	—
头发	87	肚子	156	书	154	水	222	信	64	马桶	127	—	—

动词“扯”的 3 个义项都可带受事宾语，使用频次最高的用例是常用语“扯蛋”，其次是“扯嘴角、扯旗、扯面、扯头发”等，“扯嘴角”一般都出自文学语料，前面常用副词作修饰成分，如“微扯嘴角、一扯嘴角、轻扯嘴角”等固定

句式，用例如下：

（117）奕北走到她面前，微扯嘴角，“你已经看出来了，我是来参加赛车比赛。”晓镇点点头。

——专宠冽夫 A: 简璎 Y: 2000

（118）顾逸见了，一扯嘴角淡笑，“我也不知道。我一见你就有种亲切感，总觉得我应该要照顾你。”

——黑龙璠 A: 黑洁明 Y: 1999

（119）“有什么不对吗？”她将眸光调向他，略带嘲弄地轻扯嘴角，“别告诉我里面还有个司机。”

——倾国夕颜 A: 杨眉 Y: 1997

动词“摸”带光杆受事宾语的常见搭配都是义项 1 的用例，如“摸头、摸鼻子、摸下巴”等。动词“偷”的 2 个义项都能带受事宾语，语料中带光杆受事宾语的用例几乎都是义项 1 的用例，如“偷东西、偷车、偷菜”等。动词“减”只有义项 1 带受事宾语，其光杆形式比较常见的有：减量、减毒、减人、减债、减水。这些短语的使用范围大多在工业、农业以及企业管理方面，范围虽然有限，但是使用频次比较高。例如“减人”多跟人事管理方面的内容有关，用例如下：

（120）从此，全厂加强了现代科学技术管理手段，结合劳动、人事、工资制度改革，确定走“减人—培训—再减人”的路子。

——人民日报 Y: 1993

（121）特别是乡镇机构精减（简）和农村税费改革，农村文化事业建设出现新的问题，在农村减人、减事、减支的情况下，原有的乡、村文化中心如何发展？

——福建日报 出版日期: 2006-5-30

动词“念”的 2 个义项中义项 1 带受事宾语，其常见光杆受事宾语有“念佛、念文章、念作文”等。该动词带光杆处所宾语的用例比较常见，如“念大学 908、念高中 543、念小学 293、念初中 269”等。

动词“倒”的 2 个义项中只有义项 2 带受事宾语，最常见的搭配有：倒茶、倒酒、倒油、倒垃圾、倒马桶。动词“指”的 4 个义项中有 3 个义项带受事宾语，语料中的受事宾语大多是复杂形式，常用光杆宾语只有“指路”和“指人”2 个用例。

5）光杆受事宾语最高使用频次在 100～1000 次的多义动词考察

该类多义动词总计有 25 个，占 76 个动词总数的 32.9%。下面分为四组进行分析。

第一组：光杆受事宾语最高使用频次在 650～1000 次的多义动词统计情况如表 3.28 所示。

表 3.28 带三类宾语的多义动词常见光杆受事宾语调查统计（六）

采N		装²N		弄N		压N		理N		记N	
蜜	971	水	864	头发	802	题	723	东西	675	历史	656
药	803	货	741	枪	122	库	615	房间	581	歌词	325
花	187	电话	740	指甲	102	路	596	文件	543	数	324
石油	176	钱	272	电脑	86	马路	577	货	533	单词	194
草莓	88	程序	196	剑	80	人	506	头发	502	名字	109

动词“采”的 3 个义项中有 2 个义项带受事宾语，常见搭配中 2 个义项带光杆受事宾语的用例都出现了，多数是义项 1 的用例，如“采蜜、采药、采花、采草莓”，表“开采”义时最常见的搭配是“采石油”。动词“装²”的 2 个义项都可带受事宾语，其光杆宾语形式都出现了，最常见的是义项 1 的用例“装水”，其次是“装货”；义项 2 的用例有“装电话、装程序”等，总体上带光杆宾语的短语数量较少。动词“弄”的 2 个义项都可带受事宾语，其光杆宾语形式都出现了，如“弄头发、弄枪、弄指甲、弄电脑”等。

动词“压”的 6 个义项中有 5 个义项可以带受事宾语，光杆受事宾语数量最多的是义项 6 的用例“压题”，第二是义项 1 的相关用例，如“压库、压路、压马路”等，第三是义项 3 的用例“压人”。另外，还有“压台、压场、压赌注”等少量用例。义项 5 所带受事宾语一般要求是复杂形式，如“压着好几千块钱”。从总体上看，“压”带光杆受事宾语的短语数量不多，但是使用频次却比较高。动词“理”只有一个义项带受事宾语，但是所带光杆受事宾语短语数量较多，使用频次也比较高，如“理东西、理房间、理文件、理货、理头发”等。动词“记”的 2 个义项都可带受事宾语，其光杆形式也比较常见，常用搭配有记历史、记歌词、记数、记单词、记名字。其使用频次最高的是带光杆结果宾语短语“记笔记”等。

第二组：光杆受事宾语最高使用频次在 440～650 次的多义动词统计情况如表 3.29 所示。

表 3.29 带三类宾语的多义动词常见光杆受事宾语调查统计（七）

读N		修N		搬N		揭N		审N	
好书	580	电脑	572	东西	487	短	457	题	446
课文	481	指甲	220	砖	265	瓦	94	图	78
万卷书	457	自行车	153	石头	208	底	79	犯人	68
诗	427	甲	133	行李	148	伤疤	71	车	31
小说	433	机器	109	救兵	144	黑幕	27	节目	25

动词“读”带光杆宾语数量最多的是处所宾语，如“读大学、读小学、读高中”等，带光杆受事宾语的用例数量也不少，常用搭配有“读好书、读课文、读万卷书、读诗、读小说”等。动词“修”的4个义项中2个可以带受事宾语，数量最多的光杆宾语是结果宾语，如“修房、修学校、修船”等，常见的光杆受事宾语用例有“修电脑、修指甲、修自行车、修甲、修机器”等。

动词“搬”的3个义项都可带受事宾语，义项1所带光杆受事宾语数量最多，使用频次最高的是“搬东西”，之后分别是“搬砖、搬石头、搬行李”，动词“搬”表“迁移”义时所带光杆受事宾语最常见用例是“搬救兵”。动词“揭”的3个义项都能带受事宾语，其光杆受事宾语最常见的用例是“揭短”，使用频次较高，其他短语数量不多，使用频次也不高，宾语形式倾向于为复杂宾语。动词“审”的2个义项都可带受事宾语，数量和频次最高的是义项1的相关用例，如“审题、审图”，表“审讯”时所带光杆受事宾语最常见的用例是“审犯人”。

第三组：光杆受事宾语最高使用频次在370～440次的多义动词统计情况如表3.30所示。

表3.30　带三类宾语的多义动词常见光杆受事宾语调查统计（八）

盛N		填N		挡N		淘N		赶N		丢N		煎N	
水	387	志愿	385	水	382	沙	379	人	377	垃圾	375	鸡蛋	372
酒	111	内容	12	雨	294	粪	52	牛	137	球	305	牛排	74
汤	72	姓名	11	灾	157	大粪	5	马	110	手绢	105	荷包蛋	71
粥	39	名字	8	酒	111	—	—	羊	97	石头	69	饺子	47
菜肴	25	职业	6	视线	105	—	—	苍蝇	97	沙包	38	牛扒	29

动词“盛”的2个义项都带受事宾语，常见的光杆受事宾语为“盛水”，其次为“盛酒、盛汤、盛粥”等，义项2所带受事宾语形式一般为复杂形式，没有光杆宾语用例。动词“填”的2个义项只有1个带受事宾语，光杆宾语使用频次最高的是工具宾语，如“填土”，光杆宾语数量最多的是处所宾语“填海、填肚子、填坑、填河”等，所带光杆受事宾语数量最多的是“填志愿”，其次仅有“填内容、填姓名、填名字、填职业”等几个短语，使用频次较低。动词“挡”的2个义项都可带受事宾语，使用频次最高的光杆宾语是处所宾语的用例“挡路”，光杆受事宾语使用频次最高的是“挡水”，其他依次是：挡雨、挡灾、挡酒、挡视线等。动词“淘”的2个义项都可以带受事宾语，但是语料中带光杆受事宾语的用例非常少，义项1仅有的“淘沙”使用频次为379次，义项2仅有两例：“淘粪”52次、“淘大粪”5次。语料中大量出现的光杆宾语都是目的宾语，如“淘

宝”有 33 284 次，“淘鞋子”429 次，“淘货”181 次。

动词“赶”的 5 个义项有 4 个带受事宾语，“赶”带光杆宾语最多的是目的宾语，如“赶时间、赶飞机、赶火车、赶作业”等，光杆受事宾语使用频次最高的是表示“驱逐”义的用例“赶人”，之后是表“驾驭”义的用例，如“赶牛、赶马、赶羊”等，其他义项所带受事宾语形式一般为复杂形式。动词“丢”的 3 个义项有 2 个可以带受事宾语，光杆宾语数量最多的是义项 1 表“遗失”义所带的施事宾语，如“丢东西、丢钱、丢官”等，光杆受事宾语使用频次最高的用例是义项 2 的相关用例“丢垃圾”，其次分别是丢球、丢手绢、丢石头、丢沙包等。动词“煎”所带光杆受事宾语最常见的用例是“煎鸡蛋”，其他分别为：煎牛排、煎荷包蛋、煎饺子等，但使用频次都不高。

第四组：受事宾语最高使用频次在 100～370 次的多义动词统计情况如表 3.31 所示。

表 3.31　带三类宾语的多义动词常见光杆受事宾语调查统计（九）

扣N		拖N		栽[1]N		刮[1]N		卸N		扑N		闪N	
车	314	手	302	花	255	油	174	煤	160	球	144	腰	178
工资	303	油瓶	251	果树	88	卡	125	油	121	蝴蝶	28	眼	98
税	197	人	99	植物	59	奖	99	妆	104	点球	28	—	—
款	177	课	69	茶	57	粪	64	货	46	大火	14	—	—
税款	164	音	44	香菇	52	发票	58	台	33	小鸡	6	—	—

该组多义动词有 7 个，其中动词“扣”的 4 个义项都带受事宾语，语料汇总大量出现的光杆受事宾语是表“扣留或扣押”时的相关用例，如“扣车、扣工资、扣税、扣款”等，其他义项所带光杆受事宾语数量都不多。动词“拖”带光杆受事宾语最常见的是“拖手”，几乎都出自微博语料。相关用例如下：

（122）享受阳光。和相爱的人一起手拖手……生活中最幸福的，往往是最朴素的。所以那些浮云，有时可以享用，但该放就放。

——微博

（123）每天见到小朋友同妈妈手拖手去行街，放学可以拖着妈妈的手，很温暖。

——微博

动词“栽[1]”的 2 个义项总的可以带受事、方式以及处所宾语，语料中出现的高频动宾短语是义项 1 带受事宾语的用例，如“栽花、栽果树、栽植物、栽茶、栽香菇”等。动词“闪”的 5 个义项只有义项 3 带受事宾语，最常见的光杆宾语是施事宾语，如“闪人、闪灯、闪神、闪雷”等，带光杆受事宾语的用例数量很少，常用的仅有“闪腰、闪眼”2 个用例。动词“刮”的 4 个义项有 3

个带受事宾语，光杆受事宾语最常见的是义项 1 的相关用例，如表引申义的“刮油”，指减脂减肥等意思。其他还有“刮卡、刮奖”等。动词“卸”的 3 个义项有 2 个可以带受事宾语，光杆受事宾语数量最多的是义项 1 的相关用例，如“卸煤、卸油、卸妆、卸货、卸台”，“卸油”大多用在码头油轮的相关话题，例如：

（124）这艘急需减载卸油的油轮，如得不到及时卸油减载，随时间的后移海水潮位越来越低，油轮有可能被搁浅。

——科技文献

（125）船员们在卸油时发现油量表有误差，便将数据详细记录在册，在结算时果然总数相差 57 吨。

——福建日报 出版日期：1992-8-25

动词“扑”的 2 个义项中的义项 1 能带受事宾语，其最常见光杆形式为“扑球”，其他相关用例频次都比较低。

6）光杆受事宾语使用频次在 100 次以下的多义动词考察

该类多义动词总计有 11 个，占 76 个多义动词的 14.5%，按照光杆受事宾语使用频次由高到低的排序，下面分为两组进行分析。

第一组：光杆受事宾语最高使用频次在 50～100 次的情况统计如表 3.32 所示。

表 3.32 带三类宾语的多义动词常见光杆受事宾语调查统计（十）

串N		熬N		凑N		摊N		劈（pī）N	
号	92	中药	70	人数	60	成本	60	砖	52
线	77	白菜	30	字数	52	费用	49	木柴	37

动词“串”的 3 个义项仅有义项 1 带受事宾语，其常见的光杆受事宾语用例为“串号、串线”等，短语数量少，使用频次较低。动词“熬”最常见的光杆宾语是结果宾语和时间宾语的用例，如“熬粥”和“熬通宵”等，光杆受事宾语最常用的是“熬中药”，其他有“熬白菜”、“熬姜”、“熬糖”等用例，使用频次不高。动词“凑”的 3 个义项有 2 个带受事宾语，带光杆受事宾语的是义项 1 的相关用例，如“凑人数、凑字数”等，使用频次都不高，总体上光杆受事宾语的用例较少。动词“摊”的 4 个义项都能带受事宾语，语料中发现义项 3 带光杆受事宾语用例，但是短语数量少，频次也低。动词“劈”的 3 个义项都带受事宾语，但是光杆宾语数量较少，频次不高，常用短语有“劈砖”，该动词受事宾语形式倾向于为复杂形式。

第二组：光杆受事宾语最高使用频次在 50 次以下的情况如表 3.33 所示。

表 3.33 带三类宾语的多义动词常见光杆受事宾语调查统计（十一）

断N		掐N		抠N		落（là）N		搁N		吵N	
酒	42	表	36	细节	16	东西	16	盐	7	爸爸	8
烟	21	花	18	条文	11	字	11	事	5	妈妈	6

动词“断”只有义项 3 表示“戒除”时可以带受事宾语，语料中只有少量“断烟”和“断酒”的用例，大部分光杆宾语都是致使宾语，如“断网、断货、断腿、断球”等。动词“掐”的 2 个义项都带受事宾语，常用光杆受事宾语的用例有“掐表”，其次是“掐花”，短语数量很少，使用频次也低。动词“抠”带光杆名词宾语的用例也很少，最多的是带处所宾语的用例，如“抠鼻子”、“抠脚”等，其带光杆受事宾语的常用搭配是“抠细节”、“抠条文”等，但使用频次较低。动词“落（là）”带光杆受事宾语的用例仅有“落东西”和“落字”。动词“搁”的 2 个义项中义项 1 能带受事宾语，其光杆宾语数量很少，仅有几例，如“搁盐、搁事”等。动词“吵”带光杆名词宾语的用例非常少，带光杆工具宾语的用例仅有“吵嘴”一个用例，工具宾语本身一般都是光杆形式。“吵”带光杆受事宾语的常见搭配有“吵爸爸、吵妈妈”等，宾语形式倾向于为复杂形式。

7）语料中很少或没有出现带光杆受事宾语用例的多义动词考察

从前面的考察中可知，在带三类宾语的 92 个多义动词中，有 76 个多义动词可以带受事宾语。经过考察，我们在语料中发现了 69 个多义动词带光杆受事宾语的用例，并通过使用频次的考察，总体上把握了 69 个多义动词带光杆受事宾语的能力情况，尤其是了解了最常见的光杆受事宾语的用例情况。与此同时，我们也发现另外还有 7 个多义动词可以带光杆受事宾语，但是在语料中没有出现带光杆受事宾语的用例，这 7 个多义动词为照顾、掉^2、垫、磨、着 zháo、签^1、想。具体情况分析如下。

动词“照顾”只有 1 个义项带受事宾语，语料中使用频次最高，数量也是最多的光杆宾语是对象宾语用例，如“照顾孩子、照顾人、照顾老人、照顾病人”等，其带受事宾语的用例一般都是复杂形式，光杆形式仅有“照顾全局”等少量用例。动词“掉^2”的 2 个义项中义项 2 带受事宾语，光杆受事宾语仅有个别用例，如“掉房间”。动词“垫”的 2 个义项都带受事宾语，数量最多的光杆宾语是工具宾语用例“垫草”，光杆受事宾语使用频次最高的是“垫钱”，其他常用搭配还有垫肚子、垫鼻子、垫下巴等，短语数量很少，使用频次不高。动词“磨”的 2 个义项有 1 个带受事宾语，语料中光杆宾语最多的是结果宾语，如“磨豆浆、磨咖啡”等，光杆受事宾语的用例非常少，如“磨豆”。动词“着 zháo”可以带受事、处所及施事三类宾语，语料中带光杆宾语的用例只出现了个别光杆处所和光杆受事宾语。其带光杆处所宾语的用例有“着地”，带光杆受事宾语的用例有“着水”。

语料中动词“签[1]”没有带光杆受事宾语的用例，大部分高频光杆宾语都是结果宾语。动词“想”有 4 个义项可以带名词性宾语，带受事宾语的只有义项 6，其宾语形式一般是复杂形式。语料中没有发现其带光杆受事宾语的用例，大量都是致使和对象宾语的用例，如“想办法”、“想问题”、“想家”等。

2. 分析与总结

通过对带三类宾语的多义动词带光杆受事宾语的考察，我们做以下总结。

第一，带三类宾语的 92 个多义动词中，有 76 个可以带受事宾语，占带三类宾语动词总数的 82.6%。通过对 76 个多义动词带光杆受事宾语的情况考察，我们发现其中有 69 个多义动词在语料中较多地出现了带光杆受事宾语的相关用例，占带受事宾语动词总数的 90.8%，总体上大多数带受事宾语的动词都可以带光杆受事宾语。在 69 个可以带光杆受事宾语的多义动词中，有 54 个多义动词带光杆受事宾语的用例比较常见，占带光杆受事宾语动词总数的 78.3%，其他 15 个多义动词一般只有 1 或 2 个常用搭配出现。可以说，多义动词带光杆受事宾语的能力总体比较强。其他很少带或者一般出现在固定句式中的多义动词，由于动词语义或者宾语形式的限制，其光杆宾语出现具有一定的限定条件，宾语形式属于有限类推范围。

第二，在带三类宾语的多义动词中有 76 个可以带受事宾语，其中，动词所带光杆受事宾语最高使用频次在 2000 次以上的多义动词有 20 个，占带受事宾语动词总数的 26.3%，最高使用频次在 400～2000 次的多义动词有 24 个，占带受事宾语动词总数的 31.6%，最高使用频次在 400 次以下的多义动词有 25 个，占带受事宾语动词总数的 32.9%。还有 7 个多义动词在语料中很少或没有出现带光杆受事宾语的用例，所占比例为 9.2%。

二、带三类宾语的多义动词带光杆非受事宾语的考察

带三类宾语的动词有 92 个，其中只带非受事宾语的动词有 16 个，所占比例为 17.4%。具体如下：去[1]、停、住、冒、飞、奔（bèn）、斗、闯、扭、披、立、转（zhuàn）、夸、少、逃、活动。

1. 常见光杆非受事宾语的使用情况

（1）动词“去[1]”可以带处所、致使、施事三类宾语。语料中带光杆名词宾语的用例出现了处所和致使宾语，相关常见短语及使用频次如下。

处所：去医院 10 187、去学校 5530、去电影院 2310、去图书馆 2040、去机场 1969

致使：去皮 1981、去角质 717、去痘 682、去黑头 599、去信 547

从以上用例情况可以看出，动词“去[1]”带光杆处所宾语的能力明显比带光杆致使宾语的能力强，光杆处所宾语用例最常见搭配“去医院”使用频次很高，其次是“去学校”；光杆致使宾语最常见短语是“去皮”。动词“去[1]”带施事宾语时宾语一般都是复杂形式，常常带数量名宾语，如“去了一个人”、“去了一个检查团”[①]，语料中带光杆宾语的用例非常少，“去人”的用例出现了以下 4 例，3 例在文学语料，1 例在微博语料，具体如下。

（126）法医出去，见是刑警队值班的老徐，告诉他：“刘如今天晚上跑到放电影的瘸子那去了，瘸子不敢藏他，向乡里刘宣委汇报了。刘宣委给公安局打来电话，让公安局赶紧去人。”

——终极美貌 A: 苗长水 Y: UN

（127）志丽递过来记事本和圆珠笔，他匆匆记下后说：“行，就这样决定，我们明天去人。”

——三色世界 A: 王晋康 Y: 1997

（128）“妈，大不是说了，不准去么！”“我不是说去人。我思量宏昌毕竟还是你哥嘛……”

——黄河滩 A: 田岸 Y: 1993

（129）上次王蒙讲演，他们也没去人。这次是你的朋友讲演，你就骂了？

——微博

（2）动词“停”可以带处所、致使和施事三类宾语。语料中带光杆名词宾语的用例仅出现了致使宾语，没有处所宾语的用例。施事宾语倾向于以复杂形式出现。常见短语及使用频次如下。

致使：停药 6855、停船 256、停笔 247、停电 206、停球 203。

“停药”的使用频次远远高出其他短语，该短语是最常见的光杆致使宾语用例。该组短语的平均使用频次为 1553 次。

（3）动词“住”可以带处所、致使、施事宾语。语料中三类宾语的光杆形式都出现了。常用短语及使用频次情况如下。

处所：住小区 695、住酒店 533、住店 531、住宾馆 334、住旅馆 299

致使：住口 4448、住嘴 541、住手 236

施事：住人 2085

动词“住”带光杆处所宾语的数量较多，但使用频次总体不算太高。带光杆

---

① 用例出自《词典》。

致使宾语的用例“住口”、“住嘴”、“住手”一般都是熟语化的短语，尤其是“住口”的使用频次比较高，宾语本身就只能是光杆形式，不能扩展。类推形式一般就是“住嘴”，也属于有限类推范围。带光杆施事宾语的用例只有“住人”一例，该话题跟每个人的日常生活结合十分紧密，也有熟语化的倾向，表现出较高的使用频次。

（4）动词“冒”可以带处所、施事以及杂类宾语。语料中带处所宾语的用例倾向于为复杂宾语，没有发现光杆处所宾语的用例，其他两类宾语的常用短语及使用频次如下。

施事：冒冷汗 854、冒痘 213、冒热气 204、冒血 166、冒油 153

杂类：冒风险 872、冒酷暑 172、冒风雨 44、冒高温 30、冒寒风 29

（5）动词“飞”带处所、施事以及杂类宾语，语料中没有发现带光杆杂类宾语的用例。最常见的光杆宾语是施事宾语，其次是处所宾语。常用短语及使用频次如下。

处所：飞北京 304、飞上海 250、飞广州 126、飞深圳 62、飞昆明 60

施事：飞雪 1186、飞霜 786、飞风筝 58

光杆处所宾语大多为表示地点的处所词充当。“飞北京”使用频次最高，其次是“飞上海”；“飞”带光杆施事宾语的用例不多，除了“飞雪”、“飞霜”使用频次高外，其他短语都不突出。

（6）动词“奔（bèn）”可以带对象、处所、目的三类宾语，语料中出现了这三类宾语的光杆形式用例，具体如下。

对象：奔父亲 16、奔妈妈 16、奔亲戚 14、奔女儿 7、奔亲友 6

处所：奔医院 129、奔机场 118、奔厕所 57、奔学校 44、奔图书馆 35

目的：奔小康 4303、奔前程 81、奔目标 19、奔日子 13、奔社会主义 13

从以上常用短语及使用频次来看，动词“奔”带光杆宾语时处所宾语的倾向性较突出，带目的宾语中最常见的是“奔小康”，该短语具有较强的时代特点和政治性，在各类报刊的使用频次都比较高，具有较强的新闻语体特征。

（130）须知，它的背后闪烁着我党十四大、十五大不断为跨入二十一世纪所确定的任务性目标性字眼，诸如“三步走”、“奔小康”、“翻两番”、“达到中等发达国家水平”、“迎接知识经济挑战”，等等。

——人民日报 Y: 2001

（7）动词“斗”带对象、致使、工具三类宾语，语料中三类宾语的光杆形式都出现了。具体情况如下。

对象：斗地主 2457、斗歹徒 377、斗人 204、斗群众 54、斗老师 16

致使：斗狗 85、斗猫 63、斗羊 43、斗马 30、斗鸟 28

工具：斗鱼 160、斗酒 141、斗戏 153、斗茶 141、斗剑 120

动词“斗”带光杆对象宾语的使用主要集中在几个用例，最常用搭配是“斗地主”，其次是“斗歹徒”。“斗人、斗群众、斗老师”都出现在特定历史时期的语料中。

“斗地主”使用频次很高，该短语几乎都是出自微博语料，是指打牌的一种玩法。如下：

（131）我家传统过年方式，一大家子欢聚一堂，轮流串门儿聚餐，欢声笑语玩麻将打红十斗地主。

——微博

（132）找了老同学打了一下午牌，发现qq的影响力实在太大，那些千奇百怪，匪夷所思的打法，一问竟然都出自qq欢乐斗地主。

——微博

（8）动词“闯”可以带结果、处所、杂类宾语，光杆结果宾语的用例没有出现，更多的是光杆处所宾语的用例，最常见短语是“闯市场”；光杆杂类宾语最常见的是“闯黄灯”。具体情况如下。

处所：闯市场884、闯天下451、闯世界246、闯民宅157、闯禁区75

杂类：闯黄灯38、闯灯22、闯门16、闯岗11、闯信号灯9

（9）动词“扭”带致使、施事和方式宾语，语料中三类宾语的光杆形式都出现了，光杆方式宾语的数量最少。

致使：扭脸233、扭屁股230、扭脖子82

施事：扭腰611、扭脚40、扭腰肢16

方式：扭秧歌361、扭迪斯科4

“扭”表示“转动、调动”时带致使宾语，光杆形式常用短语是“扭脸”和“扭屁股”；表示“拧伤”时带施事宾语，光杆形式常见的搭配有“扭腰”，使用频次较高；带光杆方式宾语时最常见的短语是“扭秧歌”，使用频次较高，在文学、报刊以及微博语料中都有出现。用例如下：

（133）这些儿童福利站房屋和设备虽然简陋，但有文化、娱乐室，有看病诊所和卫生室，穷苦人家的孩子们在这里得到免费诊治，教唱进步歌曲、扭秧歌、看幻灯。

——人民日报 Y: 2003

（134）那有什么，去看看呗。元月十八日这是下午的时候，大家把办公桌腾出来，开始学扭秧歌。差不多都是老手，只有小西跟在后面，扭手扭脚的。

——水国志 1 A: 姚建新 Y: 1999

（135）由于年久失修，这些年来，这条长2.2公里的路磨损严重，变成坎坷不平的乱石路，车子在路上行驶就像扭秧歌。

——福建日报 出版日期: 2006-2-17

（136）还有…我长得不像杀手…这个表情每次看着我都好嗨，都想跟着它扭秧歌啊，哈哈哈。每天早上都要和被窝做生死搏斗！！！！！早起的虫儿被鸟吃。

——微博

（10）动词“披”带光杆名词宾语只是出现了工具宾语的用例，但使用频次总体不高。常用短语情况如下。

工具：披斗篷 64、披婚纱 63、披袈裟 52、披战袍 45、披铠甲 41

总体上看，动词“披”所带光杆宾语数量不多，最常见的搭配是“披斗篷”，使用频次为 64。还有一个短语“披麻”，主要出自“披麻戴孝”固定短语中。

（11）动词“立”带处所、致使和结果宾语，语料中没有出现带光杆形式的处所宾语，其他两类宾语使用情况如下。

致使：立党 3643、立旗 706、立厂 388、立县 336、立牌坊 323

结果：立三等功 550、立二等功 381、立典型 326、立榜样 324、立遗嘱 268

动词“立”带结果宾语最常见的短语是“立三等功”；带致使宾语时使用频次最高的短语是“立党”，大部分出自科技文献和报刊语料，而且大部分出自“立党为公、执政为民”这一固定格式中。

（137）先进性教育活动让我们深切体会到，进一步加强党的先进性建设必须始终把思想理论建设放在首位，高度重视思想建党、思想立党、思想兴党。

——福建日报　出版日期: 2006-6-29

（138)学习贯彻党章是我国发展处在新的历史起点上对全党提出的紧迫要求。党章是我们立党、治党、管党的根本大法，是规范和制约全党行为的总章程。

——福建日报　出版日期: 2006-3-14

（139）作为党员领导干部，学习践行“三个代表”，必须正确运用手中权力，不断增强执政意识、勤政意识、廉政意识，努力在思想上、行动上、作风上做到立党为公、执政为民。

——科技文献

另外，动词“立”带光杆致使宾语时经常出现在“质量立市、立厂之本、质量立县、工业立县、生态立县”等这样的格式中。举例如下：

（140）在温州，有这样一个尽人皆知的说法。“质量立市”一经提出，得到积极响应，产生了一系列联动效应承上启下。

——人民日报　Y: 1994

（141）在抓好产品质量的同时，他们对服务不敢有丝毫的懈怠，厂领导始终认为：质量是立厂之本。

——科技文献

（142）要以总书记对老区人民的亲切关怀为动力，遵照总书记的指示精神，抓住建设海峡西岸经济区的发展机遇，突出实施“工业立县”、“旅游兴县”两大战略。

——福建日报 出版日期: 2006-1-27

（12）动词“转（zhuàn）”可以带处所、致使以及结果宾语，语料中都出现了光杆形式，具体如下：

处所：转山1333、转市场94、转街35

致使：转笔150、转眼珠120、转呼啦圈61、转方向盘47、转轮盘41

结果：转圈圈301、转圈子136、转圈儿65、转圈26

光杆处所宾语使用频次最高的是“转山”，其次是“转市场”、“转街”，总体数量较少；光杆致使宾语的常见用例是“转笔”、“转眼珠”等；常见光杆结果宾语都跟“圈”有关，如转圈圈、转圈子等。

（13）动词“夸”可以带对象、杂类、原因宾语。语料中出现最多的光杆形式是对象宾语，如“夸人”有164次，其他用例如“夸孩子、夸儿子、夸人家、夸政府”，使用频次都不到30次；“夸”表“夸大”时带杂类宾语，语料中出现最多的是“夸口”，有672次，其次是“夸海口”63次；“夸”带光杆原因宾语的用例没有发现，倾向于带复杂形式，如“夸他的工作作风”、“人人都夸‘乖’的好孩子”等。

（14）动词“少”可以带对象、施事以及杂类宾语，语料中大量出现的光杆宾语是杂类宾语，最常见的是“少人”，使用频次在1万以上，其次是“少雨885”、“少资金835”、“少酒544”、“少经验523”、“少收入450”、“少油318”、“少痰252”；光杆施事宾语仅发现了33例“少东西”的用例，表示“丢”或“遗失”的意思，“少”带施事宾语倾向于为复杂形势，用例“少一个人”出现频次为223；动词“少”带对象宾语没有出现光杆形式，倾向于为复杂形式，微博语料中出现较多，例如：

（143）众美女们……你说，我身边总有太多的人，多你一个不多，少你一个不少……可是你不知道，我身边总是缺这么一个人……

——微博

（144）喜欢怎么办？？那就好喜欢好喜欢吧。你别伤心别难过，你很重要，少了谁都可以，就是不能少你。

——微博

（145）“你不要命了！难道还少你一个人？”“你还是放心回去休息吧，你那份活儿我们包了。”

——福建日报 出版日期: 1994-7-17 标题: 创业精神的凯歌

（15）动词“逃”可以带处所、施事、原因三类宾语，语料中光杆形式出现了处所和原因宾语。施事宾语倾向于为复杂形式，例如“逃了一个犯人”等。其他两类宾语的常用短语如下。

处所：逃法网 137、逃班 133、逃路 130

原因：逃难 1675、逃债 417、逃荒 398、逃罪 58、逃刑 23

光杆处所宾语最常见的是“逃法网”，第二是“逃班”，第三是“逃路”；光杆原因宾语最常见的是“逃难”，有 1675 次，其次是“逃债”、“逃荒”。固定格式中出现大量的“难逃厄运、难逃法网、难逃毒手、难逃法律、难逃劫难、难逃干系”等用法。

（16）动词“活动”可以带致使、施事、目的三类宾语，语料中的光杆宾语仅出现了致使宾语，施事和目的宾语倾向于以复杂形式出现。光杆致使宾语的具体用例如下：活动筋骨 339、活动关节 202、活动腰部 188、活动身体 118、活动膝关节 99。目的和施事宾语倾向于以复杂形式出现，如带施事宾语说成“活动了一个螺丝”，带目的宾语说成“活动了一个名额”等。

2. 分析与总结

通过对 16 个带非受事宾语的多义动词的考察，其带光杆非受事宾语的总体情况总结如下。

第一，16 个多义动词都有带光杆宾语的用例出现，该有的 10 类宾语的光杆形式都出现了。16 个多义动词所带宾语类型有处所、结果、致使、施事、对象、工具、方式、目的、原因以及杂类宾语。可见，多义动词带光杆宾语时并没有对所带宾语类型的数量造成影响。实际上，有的动词带宾语的常用用例本身都是光杆宾语形式。动词可以带光杆宾语，大部分光杆宾语都可以扩展为复杂形式。但是也有少量多义动词的宾语只能以光杆形式出现。例如动词“住”带致使宾语说成“住口”、“住嘴”、“住手”时，宾语不能扩展为复杂形式。还有动词“奔”带目的宾语说成“奔小康、奔前程、奔目标”等，宾语形式一般要求为光杆形式。

第二，多义动词所带三类宾语的光杆形式出现的情况考察。三类宾语都出现光杆形式的动词有 6 个：住、奔（bèn）、斗、扭、转（zhuàn）、去[1]；两类宾语出现光杆形式的动词有 7 个：冒、飞、闯、少、立、夸、逃；只有一类宾语出现光杆形式的动词有 3 个：停、披、活动。比较以上三类动词带光杆宾语的数量和频次发现，出现三类光杆宾语的多义动词所带光杆宾语的数量和频次都比出现两类光杆宾语动词的相关情况要高，出现两类光杆宾语的多义动词所带光杆宾语的数量和频次又都比仅出现一类光杆宾语动词的相关情况要高。例如动词“住”带处所、致使以及施事宾语的短语使用频次都很高。动词“奔 bèn”带对象、处所以及目的宾语的最高频次为 4303 次，有的短语频次不高，但相关短语数量较多。因此，相对来说，所带三类宾语的光杆形式都出现的动词带光杆宾语的能力最强，其次是出现两类光杆宾语的动词，仅出现一类光杆宾语的动词的带宾能力相对最弱。

第三，我们对比16个多义动词应有的宾语数量和实际出现的宾语数量，带三类宾语的动词带非受事宾语的数量统计如表3.34所示。

表3.34 带三类宾语的动词带非受事宾语的数量对比

类型	处所	致使	施事	对象	结果	工具	方式	杂类	原因	目的	总计
应有①/个	10	8	9	4	3	2	1	5	2	2	46
实际/个	7	8	5	3	2	2	1	4	1	1	34
出现率/%	70	100	56	75	67	100	100	80	50	50	74

通过对比我们可作以下总结：

（1）16个多义动词带光杆宾语后，大部分动词实际出现的宾语数量比应有的少，总的宾语出现率为74%。动词所带宾语类型数在静态状态和实际应用中是有差异的，一般情况下都比应有数量少。16个多义动词带光杆非受事宾语时，宾语出现率总体还是比较高的。

（2）在出现的10类宾语中，致使、工具、方式三类宾语的出现率达到100%。这些宾语数量本身尽管不多，但在实际应用中，光杆宾语的数量却没有减少，具有较强的稳定性。这从另一个方面说明这三类宾语本身倾向于为光杆形式，实际运用中不会因为宾语形式的变化而影响宾语的出现。例如，动词“披”带工具宾语的用例——披斗篷、披婚纱、披袈裟等，宾语同样具有类推性，一般不能扩展，特殊语境下可以说成“披黑斗篷”或“披白婚纱”，但是也仅限于一定范围的扩展。动词“扭”带方式宾语的用例——扭秧歌、扭迪斯科，宾语数量有限，属于有限类推范畴，宾语不能扩展。

第六节 带四类宾语的多义动词带光杆名词宾语的考察

一、带四类宾语的多义动词带光杆受事宾语的考察

1. 常见光杆受事宾语的使用情况

带四类宾语的56个动词中，有51个可以带受事宾语，这些动词分别是：钉（dìng）、砸、砍、擦、浇、揉、锁、抹（mǒ）、烧、穿、涂、搭、批、贴、吐、投、通、脱、钻、磨、唱、订、撞、存、挤、转（zhuǎn）、卷、改、烫、弹、

① “应有”指动词本身带不同类型宾语的数量。同样表格下一行中的“实际”指动词在实际运用中出现的宾语类型数。

挂、摆、抽^{1}、看（kàn）、炸、生、抄^{1}、插、抬、回、赔、查、催、卖、排^{1}、登^{2}、捅、拧（níng）、比、来、绕。

1）光杆受事宾语最高使用频次在2000次以上的情况考察

在带四类宾语的多义动词中，所带光杆受事宾语最高使用频次在2000次以上的多义动词有16个，占该类带受事宾语动词总数的31.4%。按照光杆受事宾语最高使用频次由高到低排序，下面分为三组分别进行分析。

第一组：常见光杆受事宾语最高使用频次在5000次以上的情况统计如表3.35所示。

表3.35　带四类宾语的多义动词常见光杆受事宾语的调查统计（一）

投N		看（kàn）N		抽^{1}N		挂N		订N		生N	
票	57 600	书	23 134	烟	13 707	科	5 862	婚	5 686	孩子	5 798
稿	5 345	电影	23 061	气	3 183	电话	1 702	票	5 110	女儿	1 843
毒	872	电视	14 523	血	2 450	水	407	货	4 000	儿子	1 775
巨资	869	原文	5 003	时间	1 002	线	298	报	839	蛋	1 602
书	460	人	4 573	真空	637	盐水	211	房	637	小孩	1 180

动词“投”有7个义项，其中3个义项带受事宾语，光杆受事宾语主要是义项2和义项5的相关用例，义项2的用例“投票”使用频次高达57 600次，短语数量虽不多，但最常用搭配的使用频次非常高，如“投票”。动词“看”有7个义项，其中6个义项可带名词性宾语，且这6个义项都可带受事宾语，最常见的光杆受事宾语是义项1的相关用例，如“看书”，其次是“看电影”，该动词带光杆受事宾语的数量和平均使用频次都是最高的。动词“抽^{1}”的4个义项中仅义项3不带受事宾语，光杆受事宾语数量最多的是义项4的用例，如“抽烟、抽血、抽气”。动词“挂”的6个义项中5个可带受事宾语，义项1的引申义带光杆受事宾语的用例比较常见，如“挂科、挂线、挂水、挂盐水”等，大部分出现在微博语料。相关用例如下：

（146）蝴蝶一听了大姑母的声音便心慌，她连喝几声，蝴蝶忙说对不起挂线。一连几次，都是这样。

——蝴蝶梦　A: 岑凯伦　Y: 1989

（147）众科学家解释无果，最后，终于有一大学生解出了这一谜团：当晚，众学生在流星造访时，心底默默许愿：别挂科!

——微博

（148）要等到下午考试完毕后才能离开单位，我的行李都没收拾，时间不够用了。我想恳请领导批准我下午一边考试一边挂水……

——微博

动词“订”的2个义项，仅义项2带受事宾语，相关用例数量多，使用频次高，如“订婚、订票、订货、订报”等。动词“生”有4个义项，仅表示“生育”的义项2带受事宾语，最常见的用例是“生孩子”，其次是“生女儿”等。

第二组：光杆受事宾语最高使用频次在2700～5000次的统计情况如表3.36所示。

表3.36 带四类宾语的多义动词常见光杆受事宾语的调查统计（二）

回N		查N		卖N		批N		烧N	
信	4898	资料	3533	国	3290	项目	3068	肉	2743
礼	919	病	1095	命	1682	资金	341	水	1405
电话	858	血	1053	合同	1410	地	291	纸	820
帖	614	肝	728	菜	1370	贷款	186	鹅	714
信息	374	身体	692	人	1146	钱	105	煤	523

动词“回”的3个义项中只有义项3带受事宾语，光杆宾语最多的是处所宾语和致使宾语，常见的光杆受事宾语有“回信”、“回礼”、“回电话”。其中“回帖”几乎都出现在微博语料。“回信息”的句子大多数为否定语气。用例如下：

（149）2月1日早上7点重启服务器，可以正常发帖、回帖。在此期间给各位网友带来的不便敬请原谅。

——微博

（150）你可以不回信息，不顾我焦虑；你可以将我的关心，说成你烦躁的原因；你可以把我的思念，丢在角落不屑一顾；你可以对其他人微笑，你可以给别人拥抱；你可以对全世界好，却忘了我一直的伤心。

——微博

动词“查”的3个义项只有义项1带受事宾语，其光杆形式较为常见，常用搭配有“查资料、查病、查血、查身体”等。动词“卖”的4个义项中3个带受事宾语，其光杆受事宾语的用例都比较多，使用频次最高的是“卖国”，其次是“卖命”，常用搭配的使用频次都比较高。动词“批”的2个义项中义项1带受事宾语，如“批项目、批资金、批地”等。动词“烧”带名词性宾语的3个义项中3个都带受事宾语，常见的光杆受事宾语都是义项1和义项2的用例，如“烧肉、烧水、烧纸”等。

第三组：光杆受事宾语最高使用频次在2000～2700次的情况统计如表3.37所示。

表 3.37　带四类宾语的多义动词常见光杆受事宾语的调查统计（三）

转（zhuǎn）N		磨N		穿N		吐（tǔ）N		催N	
股	2677	人	2420	衣服	2227	痰	2112	泪	2107
债	1930	刀	1476	高跟鞋	1708	舌头	1769	人	1310
帖	681	时间	1081	裙子	1424	气	1095	款	344
专业	428	剑	247	鞋	1330	白沫	849	货	106
图	400	皮	203	西装	1149	真言	346	粮	105

动词“转”的2个义项中义项1带受事宾语，常见用例有“转股”、“转债”、“转帖”、“转专业”、“转图”等。其中“转帖”和“转图”大量出现在微博语料。“转股”是金融市场中使用频次较高的短语，一般出现在较为固定的搭配句式“债转股”中，用例如下：

（151）“债转股”以后，企业就会开始盈利了，因为没有利息支出，地方的财政负担就减轻了，这其实是一个极大的误解。

——科技文献

（152）到2000年1月24日，已有78户企业与金融资产管理公司、银行签订了“债转股”协议、框架协议和意向书。

——人民日报 Y: 2000

动词“磨”的5个义项都可带受事宾语，相关用例都有出现，如“磨人、磨刀、磨时间”等。动词“穿”的4个义项中2个带受事宾语，最多的是义项4的用例，如“穿衣服、穿高跟鞋、穿裙子”等。动词“吐（tǔ）”的3个义项都可带受事宾语，数量最多的是义项1的用例，如“吐痰、吐舌头、吐气”等；义项2最常见的用例是“吐丝”，还有少量“吐芽”的用例。动词“催”的2个义项中义项2带受事宾语，常见用例有“催泪、催人、催款、催货”等。

2）光杆受事宾语最高使用频次在400～2000次的情况考察

该类动词总计有20个，占该类带受事宾语动词总数的39.2%。按照光杆受事宾语最高使用频次由高到低排序，下面分为三组进行分析。

第一组：光杆受事宾语最高使用频次在1000～2000次的调查统计如表3.38所示。

表 3.38　带四类宾语的多义动词常见光杆受事宾语的调查统计（四）

贴N		摆N		锁N		烫N		存N		脱N		弹N	
纸	1952	手	1894	门	1398	手	1306	贷款	1397	衣服	1184	吉他	1089
膜	1454	架子	557	车	168	发	1134	现金	227	鞋	851	琵琶	339
春联	379	酒	515	车门	72	人	271	图	154	裤子	725	球	184

续表

贴N		摆N		锁N		烫N		存N		脱N		弹N	
标签	364	事实	456	边	61	脚	194	书	153	鞋子	99	棉花	139
画	365	阔气	315	房门	37	衣服	108	钱	150	大衣	61	手指	131

动词“贴”的3个义项有2个带受事宾语，义项1带光杆受事宾语的用例较多，如“贴纸、贴膜”等，义项2带光杆受事宾语最常见的是“贴钱”，频次为262。动词“摆”的3个义项都可以带受事宾语，其光杆宾语形式都出现了，常用用例有“摆手、摆酒、摆事实、摆架子、摆阔气”等。动词“锁”的2个义项都带受事宾语，常用搭配是义项1的用例，如“锁门、锁车”等，义项2有少量用例如“锁眼”等。动词“烫”的2个义项都带受事宾语，其光杆形式都比较常见，如“烫手、烫发、烫人、烫衣服”等。动词“存”的5个义项有4个带受事宾语，光杆受事宾语数量最多的是“存贷款”，其次是“存现金、存图、存书、存钱”等，光杆处所宾语也比较常见，如“存银行”等。短语“存图”大量出现在微博语料中。例如：

（153）真的在删微博，我以前做的动图是不是都没了？？？我从来不存图的，即使是自己做的，被删了就毛有了啊。

——微博

动词“脱”的4个义项有2个带受事宾语，最常见的是义项1的用例，如“脱衣服、脱鞋”等。动词“弹”的3个义项都带受事宾语，义项3带光杆受事宾语的用例最多，如“弹吉他、弹琵琶、弹球、弹棉花”等。

第二组：光杆受事宾语最高使用频次在680～1000次的调查统计如表3.39所示。

表3.39 带四类宾语的多义动词常见光杆受事宾语的调查统计（五）

擦N		搭N		改N		撞N		砍N		抄[1]N		挤N	
眼泪	963	话	870	密码	866	人	786	树	771	表	698	人	689
汗	906	积木	209	时间	290	色	687	人	504	书	374	时间	447
鞋	858	戏	134	初衷	270	衫	583	手	247	作业	229	眼睛	246
手	511	讪	82	图	230	门	342	木头	95	笔记	199	痘	152
嘴	433	线	68	作业	126	鬼	277	毛竹	55	答案	96	牛奶	122

动词“擦”的3个义项有2个带受事宾语，光杆形式大都是义项1的用例，如“擦眼泪、擦汗、擦鞋”等，使用频次不是很高，但短语数量较多。动词“搭”

有6个义项，其中5个带受事宾语，最常见的光杆受事宾语用例是“搭话”，其次是“搭积木”等；光杆宾语数量最多的是处所宾语，义项6表“乘或坐”时所带宾语是处所宾语，如“搭地铁、搭公交”等；光杆结果宾语也比较多，如“搭台、搭棚”等。动词“改”的3个义项中2个带受事宾语，光杆受事宾语最常见的是义项2的用例，如“改密码、改时间、改初衷”等。动词“撞”的3个义项中有2个义项可以带名词性宾语，义项1带受事宾语，最常见用例是“撞人786”，其次是“撞色687、撞门342、撞鬼277、撞钟274、撞地球197、撞树174、撞船170、撞山84、撞脸84、撞车79、撞墙78、撞玻璃75”等，义项1带光杆受事宾语的类推性比较强。义项1的引申用法出现了两个用例，即撞色、撞衫，这两个短语一般都用于穿着时尚方面的话题，大量出现在微博语料。用例如下：

（154）女人不仅可以时尚，还可以在夏日穿上一款衣服，可以换着不同款式，一天内可以不停的（地）换着穿，永远不用怕撞衫。

——微博

（155）传统意义上的色彩搭配禁忌早就被设计师打破，“撞色”也成了一种时髦。橘红色是最容易调动快乐情绪的颜色，但过多出现容易让人烦躁。

——微博

动词“砍”的2个义项都可带受事宾语，其光杆宾语形式都比较常见，语料中的用例有“砍树、砍人、砍手”等。动词“抄[1]”的2个义项都带受事宾语，语料中2个义项的光杆受事宾语都比较常见，如“抄表、抄书、抄作业”等。动词“挤”的3个义项都带受事宾语，使用频次最高的光杆宾语是目的宾语用例“挤地铁”，义项2和义项3的光杆受事宾语的用例有“挤人、挤时间、挤眼睛、挤痘、挤牛奶”等；义项1所带受事宾语一般是复杂形式，如“这期稿再挤一篇文章吧”。

第三组：光杆受事宾语最高使用频次在400～680次的调查统计如表3.40所示。

表3.40　带四类宾语的多义动词常见光杆受事宾语的调查统计（六）

抹（mǒ）N		唱N		排[1]N		插N		卷N		通N	
泪	630	情歌	590	座位	591	电	518	纸	450	人性	412
眼泪	604	国歌	415	号	284	卡	419	铺盖	339	古今	143
油	416	山歌	285	课	262	广告	211	饼	232	道理	19
汗	240	大戏	189	卵	222	早稻	128	款	214	英语	13
鼻涕	39	京剧	186	线	174	红旗	118	边	176	世故	7

动词“抹”的3个义项中义项2和义项3带受事宾语，义项2的光杆受事宾

语用例稍多一些，常见的有“抹泪、抹眼泪、抹汗”等。这里“抹油”中的宾语为受事宾语，表示“滑头”的意思。例如：

（156）他说，“跟你掏心窝子吧！要是分配我去干大田活，让我没食吃，我早他娘的鞋底子抹油——溜了！”

——风泪眼 A: 从维熙 Y: 1985

另外，动词“抹”带光杆工具、处所宾语的用例也比较常见，例如抹口红、抹药、抹脸等用例。动词“唱”的2个义项都带受事宾语，义项1带光杆受事宾语的用例最常见，数量最多的是“唱情歌”，其次是“唱国歌”等。动词“排[1]”的2个义项都带受事宾语，最常见光杆宾语是结果宾语用例“排长队、排队、排名次”等，还有方式宾语的用例“排长龙”等，常见的光杆受事宾语用例有“排座位、排号、排课、排卵、排线”等。动词“插”的2个义项都带受事宾语，常见的用例有“插电、插卡、插广告”等。其中杂类宾语的用例“插话”使用频次非常高，表示该意思时，如果动词带受事宾语，其宾语一般都是复杂形式，如“插了几句话”等。动词“卷”的2个义项都带受事宾语，义项1带光杆受事宾语的用例比较常见，如“卷纸、卷铺盖、卷款”等，义项2所带受事宾语一般为复杂形式。动词“通”的4个义项中仅义项4表“了解或懂得”时带受事宾语，光杆宾语最常见的是致使宾语，如“通信、通电话、通公路”，光杆施事宾语数量也很多，如“通气、通电”，光杆受事宾语数量很少，如“通人性、通古今”等，其他用例数量少，使用频次也低。

3）光杆受事宾语最高使用频次在100～400次的多义动词考察

该类多义动词总计有6个，占该类带受事宾语动词总数的11.8%。具体见表3.41。

表3.41 带四类宾语的多义动词常见光杆受事宾语的调查统计（七）

浇N		砸N		揉N		抬N		炸N		钉（dìng）N	
花	308	场子	262	面	220	担架	127	礁	115	钉子	100
混凝土	262	门	247	沙子	45	水	124	碉堡	106	十字架	74
菜	149	钱	232	面团	31	棺材	93	学校	64	马掌	37
树	63	蛋	201	砂子	16	人	79	楼	54	纽扣	21
苗	35	东西	179	泥	5	石头	73	坝	47	棺材	20

动词“浇”的3个义项有2个带受事宾语，其光杆形式都常见，如“浇花、浇混凝土、浇菜”等。动词“砸”的2个义项都带受事宾语，其光杆形式都比较常见，如“砸场子、砸门、砸钱”等，短语使用频次不高，但是数量较多。动词

“揉”的2个义项带受事宾语，最常见的光杆宾语是处所宾语，如“揉眼、揉脸、揉鼻子、揉肚子”等，大部分处所宾语都是身体某一部位充当，光杆受事宾语数量少，使用频次低，出现的用例有“揉面、揉沙子、揉面团、揉砂子”等。动词“抬”的2个义项中义项2带受事宾语，语料中最常见的光杆宾语是致使宾语，如“抬眼、抬手”等，光杆受事宾语的用例有“抬担架、抬水”等。动词“炸”的3个义项中义项2带受事宾语，常见光杆受事宾语的用例有“炸礁、炸碉堡”等，例如：

（157）本报讯由广州航道局港航工程公司承担的厦门东渡港二期水下炸礁工程昨天全部完工。

——福建日报 出版日期: 1992-7-14

（158）“尽快转移战场，拿下这个‘卡脖子工程’！”指挥部领导对炸礁队书记唐辉说。

——文汇报 出版日期: 2003-6-11

动词“钉（dìng）”的2个义项都带受事宾语，其相关光杆宾语都有出现，但是短语数量较少，常见的用例有“钉钉子、钉十字架、钉马掌、钉纽扣”等。光杆处所宾语的数量比较多，例如“钉书、钉衣服、钉墙、钉鞋”等。

4）光杆受事宾语最高使用频次在100次以下的多义动词考察

前面我们对 42 个多义动词带光杆受事宾语的情况逐一进行了考察。此外，“捅、赔、拧（níng）、钻”4个多义动词所带光杆受事宾语的最常见用例使用频次都在100次以下，具体情况分析如下。

动词“捅”的3个义项都带受事宾语，光杆受事宾语使用频次最高的用例是“捅人”，使用频次为94次。光杆形式比较常见的还有工具宾语，如“捅刀子”，光杆结果宾语是“捅娄子”等。总体数量都不多。动词“赔”的2个义项都带受事宾语，光杆形式宾语数量不多，使用频次最高的用例是“赔命”，使用频次88次，常见搭配还有赔款、赔笑脸、赔损失等，宾语倾向于带复杂宾语。动词“拧（níng）”的2个义项都带受事宾语，使用频次最高的光杆受事宾语是义项1的相关用例“拧毛巾”，频次为87次，其他用例还有“拧麻花、拧抹布”等，义项2带受事宾语时宾语倾向于为复杂形式，常见的光杆形式一般为“拧他”，但是之后一般都带有补语成分。例如：

（159）众人问道：“如何该罚？”薛蟠道：“他说的我通不懂，怎么不该罚？”云儿便拧他一把，笑道：“你悄悄的想你的罢。”

——红楼梦 A: 曹雪芹 Y: 1996

（160）育台大奇，不知究竟做了几个梦，而梦中又有梦，醒了几次，仍在做梦。“我真的醒了？”他问育源。育源伸出手指拧他一下，“痛不痛？”育台点点头。

——如何说再见 A: 亦舒 Y: 1994

动词“钻”的3个义项中义项3带受事宾语，最常见光杆宾语是处所宾语，如“钻被窝、钻洞、钻墙”等，语料中光杆受事宾语的用例数量很少，使用频次最高的光杆受事宾语用例是“钻业务”，使用频次为70次，“钻技术”为53次。

5）语料中很少或没有出现光杆受事宾语用例的多义动词考察

语料中动词“登^2”、“比”、“涂”、“来”、“绕”带光杆受事宾语的用例没有发现，占该类带受事宾语动词总数的9.8%。动词“登^2”有2个义项，义项1表示“腿和脚向脚底的方向用力”时带受事宾语，光杆形式可以说“登车、登自行车、登三轮车”等，但是语料使用中仅有2或3个用例，数量和频次都很低。动词“比”的5个义项只有义项3表“比照”义时带受事宾语，语料中没有发现带光杆受事宾语的用例，宾语倾向于为复杂形式。动词“涂”的3个义项中义项3带受事宾语，该义项表示“抹去”，语料中没有发现该义项的光杆受事宾语，宾语倾向于为复杂形式。该动词出现最多的光杆宾语是工具宾语，如“涂胶418、涂药354、涂指甲油286、涂口红148”等。动词“来”有4个义项，只有3个义项带名词性宾语，其中仅义项3带受事宾语，表示“做某个动作”，宾语形式一般为复杂形式。动词“绕”的3个义项中义项3带受事宾语，光杆宾语最常见的是处所宾语，光杆受事宾语只发现了“绕嘴”一例，使用频次为44次。

2. 分析与总结

通过对带四类宾语的多义动词带光杆受事宾语的考察，我们作以下总结：

第一，带四类宾语的56个多义动词中，有51个可以带受事宾语。通过语料库对这51个多义动词带光杆受事宾语的情况考察，其中46个多义动词都有一定数量的带光杆受事宾语的用例，占该类带受事宾语动词总数的90.2%，仅有5个多义动词所带受事宾语很少或没有出现光杆形式，仅占该类带受事宾语动词总数的9.8%。带四类宾语的多义动词带光杆受事宾语的能力总体较强。

第二，在42个带光杆受事宾语动词的用例中，动词所带光杆受事宾语最高使用频次在2000次以上的多义动词有16个，占带四类受事宾语动词总数的31.4%；最高使用频次在400～2000次的多义动词有20个，占带四类受事宾语动词总数的39.2%；最高使用频次在100～400次的多义动词有6个，占带四类受事宾语动词总数的11.8%。

第三，带四类宾语的56个多义动词均为单音节，对于单音节的多义动词带宾来说，其所带宾语的类推性具有较大的空间范围，从语料中考察的用例来看也体现了这样的倾向性。从带1类宾语到带4类宾语，随着带宾类型数量的增加，动词的多义性也在增强，而且，动作动词的数量明显增多，动词总体的动性程度加大。经考察，以上带四类宾语的多义动词都能够进入“把”字句，动词的处置性或受动性强。静态分析和语料库考察发现，这些动词都能带光杆普通名词宾语，而且宾语的类推性较强。有的短语静态分析和实际使用情况相差较大，如我们可以说“涂错字、涂横线、涂标语”等，但是语料中动词“涂”带光杆工具宾语的用例特别多，如“涂胶、涂药、涂指甲油、涂漆、涂油”等，高频短语中没有找到“涂”带光杆受事宾语的用例，可见，动词“涂”带光杆受事宾语不是常用形式；动词“钻”带光杆名词宾语更多出现在带处所宾语的用例，带光杆受事宾语的高频短语只出现了“钻业务”和“钻技术”，使用频次最高70次；动词“回”的高频短语中更多是带处所宾语的，带光杆受事宾语的用例在前400个短语中只出现了“回礼”一个短语。因此，动词“涂”、“钻”、“回”等带光杆受事宾语的常用性不高。动词“批”带光杆受事宾语的实际用例不多，有“批项目”、“批贷款”、“批钱”、“批干部”、“批敌人”等不多的用例。多义动词由于各自语义属性的差异，在语言实际使用中呈现出了各自不同的特点。

二、带四类宾语的多义动词带光杆非受事宾语的考察

带四类宾语的多义动词有56个，其中有5个动词不带受事宾语。

1. 常见光杆非受事宾语的使用情况

（1）动词“织”可以带处所、结果、工具、方式宾语，语料中的光杆宾语出现了结果、工具、方式宾语，处所宾语没有出现。数量最多的光杆宾语是结果宾语，其次是工具宾语。

结果：织毛衣1011、织围巾954、织网377、织布355、织外套141

工具：织毛线198、织纱95、织羊毛55

方式：织平针14

光杆结果宾语使用频次最高的短语是“织毛衣”，其次是“织围巾”、“织网”等；光杆工具宾语使用频次最高的是“织毛线”，其次是“织纱”、“织羊毛”。

光杆方式宾语仅出现了一个用例“织平针”，具体用例如下：

（161）织不提花的平纹，只用最下面的针道即可，这时应在压针三角的下面调换一块平针起针三角，此路即可织平针。

——科技文献

（162）只是再认真细致又如何，最终输给了线不够，也许真不该织平针，太密像地毯，太花线织不长，没忍心拆掉，不过也不会送人了。

——微博

（2）动词“编”可以带处所、结果、工具以及方式宾语，语料中光杆处所宾语没有出现，其他三类宾语都有用例。具体如下：

结果：编教材672、编故事640、编班326、编书312、编舞275

工具：编藤27、编毛线22、编线20、编草18、编头发18

方式：编号 15、编号码 11、编序号 8

语料中使用频次最高的光杆宾语是结果宾语，常见搭配：编教材、编故事等；光杆工具和方式宾语数量较少，常见搭配有编藤、编毛线，编号、编号码等。

（3）动词“离”带处所、对象、时间、杂类宾语，语料中常见光杆对象宾语仅出现了“离手”、“离妈妈”等；光杆杂类宾语仅出现了“离婚”，使用频次高达 27 950 次；光杆时间宾语出现了“离春节 144、离元旦 37、离国庆节 10”等，使用频次总体不高；语料中大量出现的是表“距离”的光杆处所宾语，常用短语有：

处所：离地面 1167、离岸 1027、离墙 802、离地球 634、离城 599

（4）动词“合”可以带致使、结果、对象以及等同宾语，常见光杆结果宾语仅出现了“合伙儿”，使用频次为 29；常见光杆等同宾语出现了“合人民币”一个用例，使用频次有 2504 次，其他等同宾语倾向于复杂形式；大量出现的是光杆对象宾语和光杆致使宾语，具体如下：

对象：合条件 3591、合标准 1904、合国情 1311、合情理 732、合逻辑 723

致使：合力 11 039、合眼 1623、合股 1413、合班 78、合缝 77

最常见的光杆对象宾语用例是“合条件”，其次是“合标准”等，使用频次总体都比较高；最常见的光杆致使宾语用例是“合力”，使用频次高达 11 039 次，其次是“合眼”、“合股”、“合班”、“合缝”，这些结合度较为紧密的短语具有熟语化的倾向。

（5）动词“滚”的 3 个义项可以带结果、处所、致使以及施事四类宾语。光杆施事宾语没有出现，其他三类宾语都有用例。最常见的光杆宾语是处所宾语，用例有滚床单 523、滚床 419、滚键盘 46、滚被窝 31，其中“滚键盘”的说法出现在微博语料中，表示“不用动脑子就能上网操作”的意思，属于网络用语，用例如下：

（163）所以金希澈虽然是烟嗓却也不能改变他是受的事实，这话他也不能反驳，我就不信他能压着我的脑袋滚键盘。

——微博

（164）“用脸滚键盘”本来就是源自讽刺圣骑士无脑操作的视频，然后有免死大招俗称“春哥坦”的也是骑士坦……

——微博

光杆致使宾语使用频次最高的是“滚球 409”，其他用例有：滚油 105、滚铁环 60、滚绣球 48、滚钱 35 等；光杆结果宾语总体上比较少见，最常见的用例是“滚雪球 649”，其次是“滚球 24”，使用频次较低。语料中“滚雪球”有表本义的用例，但更多是表引申义的用法，在报刊和科技文献语料中出现得比较多。

（165）教师不必轻易改变学生的意愿，可以顺水推舟，如组织“堆雪人”、“掷雪球”、“滚雪球”等游戏比赛。

——科技文献

（166）北大燕南园，聚居了北大的领导人与一批著名的教授。人们至今还记得燕南园当年有一种被称作“滚雪球”的美好风俗。

——文汇报 出版日期: 2000-1-1

（167）八运会场馆的崛起已形成“滚雪球”效应，不少乡镇、社区有意自建体育设施，大众的体育意识明显增强。

——人民日报 Y: 1997

2. 分析与总结

第一，就动词带光杆宾语能力情况来看，5 个多义动词都出现了带光杆宾语的用例。动词“合”和“离”所带四类宾语的用例都出现了，其带宾能力相对较强，其次是动词“编、织、滚”，其所带宾语出现了三类光杆宾语。总体上看，这 5 个多义动词的带宾能力都比较强。

第二，就动词所带光杆宾语的类型情况来看，5 个多义动词总体所带宾语类型一共有 10 类，分别是处所、致使、施事、对象、结果、工具、方式、杂类、等同以及时间宾语。下面我们对比应有宾语类型数和实际出现的宾语类型情况，见表 3.42。

表 3.42　带四类宾语的多义动词带光杆非受事宾语的数量对比

类型	处所	致使	施事	对象	结果	工具	方式	杂类	等同	时间	总数
应有/个	4	2	1	2	4	2	2	1	1	1	20
实际/个	2	2	0	2	4	2	2	1	1	1	17
出现率/%	50	100	0	100	100	100	100	100	100	100	85

从表 3.42 可以看出，5 个多义动词应有宾语类型总数是 20 个，语料中实际出现了 17 个，动词宾语类型数总的出现率是 85%。应有的 10 类宾语中，仅有动词“滚”所带的施事宾语没有出现光杆形式，“编”、“织”、“离”、“滚”4 个动词所带的处所宾语，仅动词“离”和“滚”的用例出现，光杆处所宾语出现率为 50%。除了处所和施事宾语，动词所带的其他八类光杆宾语都出现了，出现率为 100%。其中，光杆结果和致使宾语的短语数量和使用频次总体较高，两类宾语为光杆形式的倾向性更突出；光杆时间宾语仅动词“离”所带的几例，光杆时间宾语具有一定的类推性，可以在一定范围内替换，因此属于有限类推的光杆宾语；光杆等同宾语仅动词“合”所带的 1 例，也属于有限类推的光杆宾语；光杆杂类宾语仅 1 例“离婚”，该短语动宾结构紧密程度高，使用频次高，熟语化倾

向突出，我们也称之为离合词，宾语只能是光杆宾语，且属于不能类推的宾语；动词“编”和“织”所带的光杆工具和方式宾语都出现了，数量虽少，使用频次也不高，但是其光杆形式的出现率达到了 100%，其宾语都属于有限类推和有限扩展的范畴。

第七节 带五类宾语的多义动词带光杆名词宾语的考察

带五类宾语的多义动词有 28 个，其中有 27 个可以带受事宾语，动词“跳”不能带受事宾语。

一、带五类宾语的多义动词带光杆受事宾语的考察

1）所带光杆受事宾语最高使用频次在 2000 次以上的多义动词

该类多义动词总计有 15 个，占该类带受事宾语动词总数的 55.6%。按照光杆受事宾语最高使用频次由高到低排序，下面分为三组进行分析。

第一组：光杆受事宾语最高使用频次在 5000 次以上的情况统计如表 3.43 所示。

表 3.43 带五类宾语的多义动词带光杆受事宾语的调查统计（一）

发N		吃N		接N		放N		拉[1]N	
誓	14 514	东西	13 943	电话	6 097	屁	5 587	手	5 069
货	5 821	晚饭	8 273	班	5 499	水	2 913	门	1 155
球	4 958	早餐	8 133	球	1 497	人	2 714	人	1 147
工资	3 211	肉	7 297	人	962	烟花	2 541	小提琴	467
信息	3 150	饺子	5 104	话	647	光	2 109	货	304

在带五类宾语的多义动词中动词“发”带光杆宾语的数量最多，动词“发”带名词性宾语的 8 个义项中有 4 个带受事宾语，光杆宾语是受事宾语数量最多，使用频次也最高，如“发誓、发货、发球、发工资、发信息、发飙、发声、发话、发帖”等，这些光杆受事宾语构成的短语使用频次很高，短语结合度紧密，熟语化倾向突出。动词“吃”有 5 个义项，其中 4 个义项带受事宾语，常见的光杆受事宾语都是义项 1 的用例。该动词所带光杆受事宾语的范围很广，凡是跟“吃”相关的内容都可以进入该格式，宾语的类推性很强。除了受事宾语，光杆杂类宾语出现较多，如“吃干饭、吃白食、吃祖宗”，光杆处所宾语最常见的是“吃食堂”，频次有 316 次。光杆方式宾语用例是“吃百家饭”，频次仅 48 次。动词“接”的 5 个义项中除了义项 1 不带受事宾语，其他 4 个义项都能带受事宾语。光

杆宾语最多的就是受事宾语，常见用例有“接电话、接球、接人、接话”等。动词“放”的 12 个义项中有 11 个带名词性宾语，且 11 个义项均能带受事宾语，光杆宾语最多的是受事宾语，常见用例有“放屁、放水、放人”等；光杆结果宾语最常见的用例是“放火”，频次有 4511 次。动词“拉[1]”的 6 个义项都带受事宾语，光杆宾语最常见的是受事宾语，使用频次最高的用例是“拉手”，其次是“拉门、拉人”等。

第二组：光杆受事宾语最高使用频次在 3000～5000 次的情况统计如表 3.44 所示。

表 3.44　带五类宾语的多义动词带光杆受事宾语的调查统计（二）

上N		做N		推N		洗N		退N		补N		配N	
水	4928	好事	4162	门	3991	碗	3916	货	3644	水	3521	图	3094
规模	3023	广告	2913	眼镜	277	脚	2972	婚	649	气	2782	色	2110
药	2824	作业	2204	球	127	衣服	2121	钱	501	肝	1606	药	1136
项目	2294	家务	2104	新人	89	牌	1605	股	199	脾	1424	菜	657
水平	2127	事情	1574	轮椅	84	胃	1134	卡	172	脑	670	眼镜	391

动词“上”有 12 个义项，其中义项 5 至义项 11 共 7 个义项可以带受事宾语，义项 6 和义项 8 所带光杆受事宾语的数量多，使用频次也高，如“上水、上规模、上药、上项目”等。最常见的光杆宾语是处所宾语，如“上班、上学、上床、上大学、上飞机”，使用频次都很高。动词“做”的 6 个义项仅义项 2 带受事宾语，常见用例有“做好事、做广告、做作业”等。动词“推”带名词性宾语的 6 个义项中有 5 个带受事宾语，光杆宾语中受事宾语数量最多，最常见的是义项 1 的用例，如“推门、推眼镜、推球”等。动词“洗”的 3 个义项都带受事宾语，义项 1 的光杆受事宾语用例最多，常见的有“洗碗、洗脚、洗衣服、洗牌”等；光杆结果宾语的用例“洗照片”也比较常见。动词“退”的 5 个义项中义项 4 和义项 5 可带受事宾语，义项 4 带光杆受事宾语的数量最多，例如“退货、退钱、退股、退卡”，“退货”使用频次很高，比较真实地反映了购物的时代特点，义项 5 最常见的用例是“退婚”。动词“补”的 3 个义项都带受事宾语，光杆宾语最多的是受事宾语。其中义项 3 带光杆受事宾语的用例最多，如“补水、补气、补肝、补脾”等。义项 1 带光杆受事宾语的用例不多。动词“配”的 5 个义项中义项 1 和义项 5 不带受事宾语，光杆受事宾语是最常见的光杆宾语类型。其中义项 2 带光杆受事宾语的用例最多，如“配图、配药、配色”等。

第三组：光杆受事宾语最高使用频次在 2000～3000 次的情况统计如下。

受事：泡脚 2608、泡时间 248、泡方便面 103、泡妹妹 40、泡妞儿 38

受事：咬人 2507、咬吸管 177、咬狗 136、咬东西 95、咬手绢 72

受事：闹心 2424、闹人 408、闹孩子 14

带五类宾语的多义动词带光杆受事宾语使用频次在 2000～3000 次的只有 3 个动词。动词“泡”有 2 个义项，2 个义项都可以带受事宾语，最常见的带光杆受事宾语的用例是“泡脚”，频次高达 2608 次，其次是“泡时间”等。另外带光杆工具宾语的用例也比较多，使用频次最高的是“泡温泉”，其次是“泡酒、泡咖啡”等。动词“咬”的 5 个义项中 3 个带受事宾语，光杆宾语最多的是受事宾语，使用频次最高的光杆宾语是工具宾语的用例“咬牙”，使用频次有 12 253 次。光杆受事宾语使用频次最高的用例是“咬人”，其他光杆受事宾语数量多，但使用频次不高。光杆处所宾语的用例也比较多，如“咬指甲、咬嘴唇”。义项 4 所带受事宾语数量很少，而且一般为复杂形式。动词“闹”的 4 个义项中仅义项 1 带受事宾语，受事宾语数量少，光杆受事宾语仅有“闹心、闹人、闹孩子”3 个用例，光杆杂类宾语数量较多，如“闹情绪、闹脾气、闹气”等，光杆结果宾语最常见的为“闹笑话”，光杆处所宾语常见的为“闹肚子”。

2）光杆受事宾语最高使用频次在 2000 次以下的多义动词

该类多义动词有 7 个，占该类带受事宾语动词总数的 25.9%。按照光杆受事宾语最高使用频次由高到低排序，统计情况如表 3.45 所示。

表 3.45　带五类宾语的多义动词带光杆受事宾语的调查统计（三）

分N		劈（pǐ）N		叫^{1}N		敲N		抽^{2}N		包N		冲^{2}N	
房	1904	腿	937	妈妈	604	钟	451	人	365	红包	332	厕所	216
班	1042	—	—	爸爸	541	键盘	301	耳光	59	荒山	239	茶	189
组	597	—	—	姐姐	421	桌子	131	鞭子	39	礼金	129	咖啡	126
男女	573	—	—	警察	395	碗	117	脸	30	贷款	63	奶粉	75
路段	430	—	—	医生	357	锣	23	陀螺	29	食宿	71	鸡蛋	57

动词“分”的 3 个义项中有 2 个带受事宾语，义项 2 带光杆受事宾语的用例较多，如“分房、分班、分组”等。动词“叫^1”有 4 个义项，仅义项 2 带受事宾语，光杆受事宾语用例最常见的有“叫妈妈、叫爸爸、叫姐姐、叫警察”等。动词“敲”的 2 个义项都带受事宾语，光杆宾语最常见的是受事宾语。其中义项 1 的光杆受事宾语数量较多，如“敲钟、敲键盘、敲锣”等。动词抽^{2}有 2 个义项，一共可以带 5 类宾语。其中义项 2 表示“打”的意思，可以带受事宾语。语料中出现的高频光杆受事宾语短语分别是“抽人、抽耳光、抽鞭子、抽脸、抽陀螺”。

动词“包”的5个义项中3个带受事宾语，使用频次最高的光杆宾语是工具宾语，用例有“包膜”，该用例大量用于工业化工领域的科技文献方面。动词“冲[2]”的2个义项都带受事宾语，光杆宾语最常见的是受事宾语，义项1的相关用例最多，例如“冲茶、冲咖啡、冲奶粉、冲鸡蛋”等；义项2最常见的用例是“冲厕所”。动词“劈（pǐ）”的2个义项都带受事宾语，光杆宾语的用例都很少，光杆受事宾语仅有“劈腿”，使用频次为937，不见其他高频光杆受事宾语。

我们通过对27个带受事宾语的多义动词带光杆受事宾语的情况进行考察发现，其中有22个多义动词都出现了带光杆受事宾语的相关用例，有5个动词没有相关用例或仅有1例，分别是动词“过”、“坐”、“盖”、“关”、“落 luò”。动词“过”带受事宾语时表示“从甲方转移到乙方”，如“过名字”、“过一笔款”，语料中没有出现带光杆受事宾语的用例。动词“坐”有4个义项，其中表示“把锅等放在炉火上”时可以带受事宾语，语料中没有发现该动词带光杆受事宾语的用例。动词“盖”有3个义项带名词性宾语，其中“盖1”表示“蒙上、遮掩”时可以带受事宾语，如“用布盖桌子”、“用纱盖脸”等，语料中没有带光杆受事宾语的用例。动词“关”带光杆名词宾语的大多是致使宾语，带光杆受事宾语的用例只有“关犯人”1个用例，使用频次为15次。

（168）每一桨都唤醒了许多记忆，往事象海的泡沫一样浮升了起来。自从七月革命以来，伊夫堡里便不再关犯人。

——基督山伯爵　A: 大仲马　Y: 1846Y

（169）门是锁着的，上面有一个方孔，就象是关犯人的房间。而房间的布置却绝不象牢房，而象皇宫，华丽精美舒适。

——戏梦闯江湖　A: 豆豆猫　Y: 2000

动词“落（luò）”有6个义项，仅义项6带受事宾语，其光杆受事宾语倾向于为复杂形式，语料中没有发现光杆受事宾语的用例。相对大量出现的是光杆处所和施事宾语，常见光杆施事宾语的短语有落雪725、落大雨183、落泪158、落眼泪36。2个义项的光杆处所宾语用例比较多，表“下降”义的光杆处所宾语：落山1053、落水150、落井68、落地狱64、落地59；表“遗留”义的光杆处所宾语：落伍2558、落榜1613、落后面1338。另外表“停留、留下”义的光杆处所宾语使用最多的是固定格式“花落北京”、“花落上海”等。

二、带五类宾语的多义动词带光杆非受事宾语的考察

带五类宾语的多义动词中只有动词“跳”不能带受事宾语，其所带宾语类型有处所、工具、方式、施事、同源宾语，语料中除了施事宾语，其他四类宾语的光杆形式都有用例，具体情况如下。

处所：跳河 555、跳级 265、跳楼 100、跳坑 94、跳湖 86

工具：跳橡皮筋 67、跳绳 22、跳竹竿 19、跳棋 19、跳猴皮筋 9

方式：跳街舞 232、跳钢管 165、跳芭蕾 159、跳芭蕾舞 127、跳迪斯科 115

同源：跳舞 19 727

光杆处所宾语最常见的搭配是“跳河”，使用频次最高，其次是“跳级”、“跳楼”等。光杆工具宾语最常见的是“跳橡皮筋”，使用频次为 67，该类宾语使用频次总体都不高。光杆方式宾语最常见的搭配是“跳街舞”，其次是“跳钢管”，该类宾语数量较多，宾语类推性强，使用频次总体上相对较高。光杆同源宾语仅有的一例“跳舞”使用频次高达 19 727 次，熟语化程度最高。

三、分析与总结

通过以上对 28 个带五类宾语的多义动词带光杆名词宾语的考察,我们做以下总结:

第一，在带五类宾语的多义动词中有 27 个可以带受事宾语，其中有 22 个多义动词出现了带光杆受事宾语的相关用例（不含动词“关”），占该类带受事宾语动词总数的比例为 81.5%，其带宾能力总体较强。28 个动词中有一个动词“跳”不能带受事宾语，其所带宾语为光杆形式的用例比较常见。

第二，在出现的 22 个多义动词带光杆受事宾语的考察中，其所带光杆受事宾语最高使用频次在 2000 次以上的动词有 15 个，占 27 个带受事宾语动词的 55.6%，最高使用频次在 2000 次以下的多义动词有 7 个，占 27 个带受事宾语动词的 25.9%。语料中没有出现或仅出现 1 例光杆受事宾语相关用例的动词有 5 个，占 27 个带受事宾语动词的比例为 18.5%。可以说，带五类宾语的多义动词所构成的高频动宾短语的宾语多为受事宾语。带五类宾语的多义动词中，动词多义性较为突出，一般都是多个义项带受事宾语，例如动词“发”有 8 个义项带名词性宾语，其中 4 个义项可以带受事宾语；动词“上”有 12 个义项，其中 7 个义项可以带受事宾语；动词“吃”的 5 个义项中有 4 个可以带受事宾语。有的动词义项数虽然不多，但是每个义项都能带受事宾语，而且宾语的类推性比较强，例如动词“冲^2”的 2 个义项都能带受事宾语，动词“补”的 3 个义项都能带受事宾语。一般只有 1 个义项带受事宾语的动词，其带光杆受事宾语的能力往往比较弱，例如动词“闹”有 4 个义项，但只有义项 1 带受事宾语，语料中用例很少，其光杆杂类宾语数量较多。

第三，在带光杆受事宾语的多义动词中，非常用义项带受事宾语的倾向性比较突出，但是最常见的高频宾语却不是受事宾语，而是非受事宾语。例如动词“上”有 12 个义项，义项 1 不带受事宾语，义项 5 至义项 11 共 7 个义项可以带受事宾语，义项 6 和义项 8 所带光杆受事宾语的数量较多，使用频次也较高，如“上水、上规模、上药”等。但是该动词使用频次最高的光杆宾语是处所宾语，如“上班、上学、上床、上大学、上飞机”，使用频次都很高。又如动词“泡”的 2 个义项都带受事宾语，其带光杆受事宾语的用例也都比较常见，如“泡脚、泡时间”等。但是其光杆宾语数量和使用频次最高的不是受事宾语，而是工具宾语，如“泡温泉、泡酒、泡咖啡”等。动词“包”的 5 个义项中有 3 个可以带受事宾语，但是使用频次最高的光杆宾语是工具宾语，用例有“包膜”。

第八节 带六类宾语的多义动词带光杆名词宾语的考察

一、带六类宾语的多义动词带光杆受事宾语的考察

带六类宾语的 14 个多义动词中有 12 个可以带受事宾语，下面分别进行考察。

（1）动词“说”带光杆受事宾语。动词“说”有 3 个义项，只有义项 2 可以带受事宾语，其意思是表示“责备和批评”。语料中带光杆受事宾语的用例仅有“说人”1 例，频次有 3216 次。举例如下：

（170）中国传统虽然极恨流言，但中国民众又特别喜欢“关心”他人，喜欢在人前背后喊喊（喊喊）喳喳，惹事（是）生非。所谓“谁人不被别人说，谁人背后不说人”，就是这种现状的无奈概括。

——科技文献

（171）群众中流行着一句话，叫做：“怕人说的干部才会怕说人。”意思是说有的干部不敢批评别人的缺点错误，是怕别人也批评他的缺点错误。

——福建日报 出版日期：1984-1-6

语料中动词“说”大量出现光杆宾语的是结果宾语，例如：

光杆结果宾语用例：说实话 11 926、说真话 3068、说假话 1655、说故事 1160、说好话 1043

光杆杂类宾语用例：说情 3680、说媒 316

光杆同源宾语用例：说话 1535

光杆目的宾语用例：说亲 680

（2）动词“下”有 13 个义项，但是只有义项 9 可以带受事宾语，表示“使用或开始使用”。语料中带光杆宾语时大量出现的是光杆处所宾语，带光杆受事宾语的用例不多，但是使用频次不算低。光杆受事宾语常用搭配有：下命令（997）、下网（795）、下嘴（581）、下筷子（576）、下逐客令（438）等。

（3）动词“出”有 7 个义项，其中有 3 个义项可以带受事宾语，而且语义适用范围较广。语料中出现大量带光杆受事宾语的用例，最常用的搭配是“出问题”，

使用频次为 17 567 次，第二是“出手”，使用频次为 12 546 次，第三是“出通知”，使用频次为 5209 次，光杆受事宾语数量多，使用频次高，表现出很强的带宾能力。

（4）动词“翻”有 7 个义项，只有义项 3 表示“推翻原来的”和义项 6 表示“翻译”时才能带受事宾语。语料中带光杆宾语的用例更多是处所宾语，但是较为固定的短语“翻案”出现了 1006 条语料，使用范围相对较广。

（172）当然，善翻古人意，不等于无中生有，或故意标新立异，唯有高超的识见、博大的胸怀、丰富的才学，才能有成功的“翻案”之作，也才能“化腐朽为神奇”。

——福建日报 出版日期: 1994-6-28

（173）尽管在此期间中国企业还有机会向美国国际贸易法庭上诉，但业内人士分析，“翻案”的机会已经不大。

——文汇报 出版日期: 2004-5-22

（174）当然，个别出版社出版这些“奸臣贼子”的传记，也不一定是为了“翻案”，也许是迫于“生计”，为了多赢点利，多赚几块铜板。

——人民日报 Y: 1995

（5）动词“写”只有 2 个义项，但却可以带 6 类宾语，动词本身表现出较强的带宾能力。义项 2 表示“写作或描写”时可以带受事宾语。语料中出现的常用光杆受事宾语搭配有：写人（834）、写心情（717）、写历史（486）、写人物（364）、写情（176）。其中“写心情”大多出自网络微博语言，具有时代特点。

（175）晚安。现在才起来。睡了这么长时间。感觉精神好多了。但是嗓子还是依然的疼。为了砸奖天天写心情。都不知道写这个干嘛（吗）。

——微博

（176）突然想到一个问题，我每天都只给你一个人报告行踪，写心情。而你最关心，最关注的微博又会不会是我的呢？

——微博

（6）动词“拍”带光杆受事宾语的用例有：拍手（983）、拍婚纱（872）、拍人（226）、拍球（177）、拍手掌（158）。数量最多的光杆宾语是结果宾语“拍照片”，使用频次为 1320 次，其次是“拍广告”703 次，“拍电视剧”493 次；光杆处所宾语中“拍胸脯”使用频次最高，有 858 次，其次是“拍屁股”838 次，“拍脑袋”655 次，“拍桌子”559 次。动词“拍”带以上三类光杆宾语的能力都比较强。

（7）动词“顶”有 8 个义项，其中有 5 个义项都可以带受事宾语，但是语料中带光杆受事宾语的用例使用频次总体都不高，最常见光杆受事宾语搭配是出现在微博语料的“顶你”，有 2000 多条，表示支持、支撑的意思。其次是“顶嘴”

816 次，“顶烈日”429 次，“顶班”273 次，其他用例数量不多，使用频次也比较低，具体情况如下。

受事：顶碗 68、顶酷暑 44、顶风雨 39、顶狂风 33

（8）动词“套”有 6 个义项，但只有义项 2 表“用套拴系”时可以带受事宾语，语料中最常见的光杆受事宾语搭配是“套马”，使用频次有 619 次，其他搭配的用例很少，使用频次也较低。具体带宾情况如下。

受事：套马 619、套狼 16、套兔子 8、套牲口 5

（9）动词“点”有 10 个义项，其中有 3 个义项可以带受事宾语。但语料中带光杆受事宾语的用例没有，语料中最多的光杆宾语是致使宾语，其次是结果宾语，具体如下。

致使：点头 44 725、点名 5954、点灯 2153、点菜 2132、点蜡烛 362

结果：点火 4878

（10）动词“起”有 8 个义项，其中有 2 个义项可以带受事宾语，但是语料中没有带光杆受事宾语的用例。语料中最多的光杆宾语是处所和施事宾语。具体情况如下。

处所：起床 70 974、起身 47 870

施事：起作用 6321、起风 1757、起疑心 398、起浪 152、起效果 94

结果：起皮 453、起纠纷 401、起疙瘩 82、起马麻疹 32、起痱子 13

致使：起锅 573、起吊 503、起网 413、起锚 341

时间：起夜 436

最常见的光杆处所宾语用例是“起床”，其次是“起身”，两个短语的使用频次都很高；最常见的光杆施事宾语用例是“起作用”，频次有 6321 次，其次是“起风”，有 1757 次；最常见的光杆结果宾语用例是“起皮”，其次是“起纠纷”等；最常见的光杆致使宾语用例是“起锅”，有 573 次，其次是“起锚”，有 341 次；最常见的光杆时间宾语用例是“起夜”，频次有 436 次。

（11）动词“对”有 8 个义项，其中有 3 个义项可以带受事宾语。但是语料中没有直接带光杆受事宾语的用例。义项 1 带光杆受事宾语常常出现在固定句式“对事不对人”中，出现频次有 326 次，其他用法一般都是复杂宾语形式；义项 2 表示“朝着或向着”时所带光杆受事宾语一般也是在固定句式“对着+N”，最常用搭配有“对着他”3256、“对着电脑”2471、“对着我”2471、“对着镜子”1570 等；义项 8 表示“搀和”时所带受事宾语一般是复杂宾语形式，常见用例中没有发现光杆用例。

语料中动词“对”带光杆宾语最多的是致使宾语，如“对诗”有 1063 次，“对歌”有 774 次，“对对子”有 61 次，短语数量并不多，光杆宾语属于有限类推范畴。

（12）动词“开”的16个义项中有13个可以带名词性宾语。13个义项中有8个义项可带受事宾语，常用搭配如下。

受事：开车 31 933、开业 15 487、开学 12 130、开饭 3380、开山 3249、开课 1940

动词“开”带光杆受事宾语的用例数量较多，其中义项9的相关用例使用频次很高，如“开车”、“开学”、“开业”等，这些高频短语结合度十分紧密，具有熟语化的倾向。另外“开运动会”、“开座谈会”、“开工资”、“开公司”、“开班”等用例也比较常见。语料中除了带光杆受事宾语外，义项1所带光杆致使宾语数量也比较多，常见搭配如下。

致使：开门 7347、开眼 5647、开口 3350、开电脑 3222、开灯 2576

动词“开”所带光杆致使宾语类推性强，属于可以大量类推的范畴，相关短语数量较多。

二、带六类宾语的多义动词带光杆非受事宾语的考察

378个多义动词中带六类非受事宾语的多义动词有2个：变和走。

1. 动词“变”带光杆非受事宾语

动词“变”有3个义项，语料中动词“变”可以带光杆施事、结果、致使、杂类以及工具宾语，处所宾语倾向于以复杂形式出现。具体使用情况如下。

施事：变观念 5172、变主意 2028、变道 680、变话题 652、变颜色 336

结果：变美女 163、变女人 143、变男人 107、变好事 98、变大叔 91

致使：变形 710、变样 550

杂类：变魔术 711、变戏法 555

工具：变扑克牌 2

可以看出，动词“变”带光杆施事宾语的数量最多，使用频次也是最高的，施事宾语是该动词最常见宾语类型；其次是结果宾语，最常见光杆搭配是“变美女”，其次是“变女人”；光杆致使宾语仅出现了“变形”和“变样”的用例，使用频次较高；光杆工具宾语仅出现了“变扑克牌”的用例，数量很少。

2. 动词“走”带光杆非受事宾语

动词“走”有6个义项，可以带6类宾语，语料中光杆形式出现了施事、处所、方式、致使、同源五类宾语，没有发现光杆结果宾语。具体情况如下。

施事：走人 6042、走光 1611、走音 576、走调 482、走车 126、走油 95

处所：走江湖 653、走天涯 471、走楼梯 437、走天下 431、走正道 241

方式：走直线 108、（马）走日 103、（象）走田 77、走正步 46、走圈 21

致使：走棋 52、走火车 17、走炮 12

同源：走路 20 867

从以上常用短语及其使用频次可以看出，动词“走”带光杆宾语最常见的是施事宾语，最常见的短语是“走人”，第二是“走光”，第三是“走音”；光杆处所宾语的数量较多，最常见的是“走江湖”，其次是“走天涯”、“走楼梯”等；光杆方式宾语最常见的短语是“走直线”，其次是象棋中的专有用语“走日”和“走田”等，另外较常用的还有“走正步”；常见光杆致使宾语搭配有“走棋、走火车、走炮”等；光杆同源宾语搭配“走路”使用频次高达 20 867 次，是最常见的光杆致使宾语用例，其宾语形式本身就是光杆形式，该短语已经是一个熟语化的固定短语了，跟人们日常生活联系非常紧密。

三、分析与总结

第一，在带六类宾语的 14 个多义动词中有 12 个可以带受事宾语，12 个动词所带受事宾语形式也都可以为光杆形式，但其带光杆受事宾语的能力有所不同，动词“开”和“出”带光杆受事宾语的用例较多，其光杆受事宾语可以大量类推，体现出较强的带宾能力。其次是动词“拍”、“顶”、“套”，其只有最常见光杆受事宾语的用例频次高，其他光杆受事宾语的用例频次明显减少。动词“说”的光杆宾语形式最常见用例是结果宾语，动词“下”、“翻”为处所宾语。动词“对”和“套”带光杆受事宾语的能力相对弱一些，动词“对”直接带光杆受事宾语的用例较少，一般在相关固定句式中出现的频率高；动词“套”带光杆受事宾语的数量很少，除了最常见搭配使用频次较高外，其他用例很少，使用频次也较低。动词“点”、“起”带光杆受事宾语的用例在语料中没有出现，动词“点”的最常见光杆宾语是致使宾语，其次是结果宾语；动词“起”的最常见光杆宾语是处所宾语，其次是施事宾语。总体上，带 6 类宾语的动词可带光杆受事宾语的比例为 85.7%。动词多义性突出，所带宾语类型多，动宾语义关系比较多样，多义动词最常见的光杆宾语用例倾向于非受事宾语，其带非受事宾语的能力比带受事宾语的能力要强。

第二，带 6 类非受事宾语的动词只有 2 个，分别是“变”和“走”。动词“走”有 6 个义项，可以带六类宾语，动词多义性突出，宾语类型多样。实际运用中光杆宾语出现了施事、处所、方式、致使、同源共 5 类宾语，仅光杆结果宾语没有出现，总体上其带光杆宾语的能力较强。动词“变”只有 3 个义项，但是各义项所带宾语类型丰富，宾语类推性强，所以总体带宾能力强，包括带光杆宾语的能力，语料中 6 类宾语的用例数量都比较多，其中仅处所宾语形式倾向于为复杂宾语。

第九节　带七类宾语的多义动词带光杆名词宾语的考察

378 个多义动词中带七类宾语的多义动词有 3 个：摔、照、跑，可以带受事宾语的是“摔”和“照”，动词“跑”带非受事宾语。

一、带七类宾语的多义动词带光杆受事宾语的考察

（1）动词“摔”有 4 个义项，可以带受事、结果、处所、同源、施事、对象、目的共七类宾语。4 个义项中带受事宾语的只有义项 3 和义项 4。语料中带光杆受事宾语的高频短语情况如下。

受事：摔东西 328、摔门 289、摔碗 165、摔锅 61、摔车 61

语料中光杆宾语比较常见的就是受事宾语，其相关短语频次虽不是很高，但是短语数量较多。最常见光杆受事宾语是“摔东西”，使用频次有 328 次，其次是“摔门”，289 次，“摔碗”有 165 次，“摔锅”和“摔车”都是 61 次。5 个短语的平均使用频次为 180.8 次。除了光杆受事宾语比较常见外，使用频次最高的光杆宾语用例是同源宾语用例“摔跤”，有 3392 次；结果、处所、施事、对象以及目的宾语的形式为复杂形式的用例更多，如“头上摔了一个包”、“孩子摔水沟里了”。

（2）动词“照”有 4 个义项，所带宾语类型有受事、工具、处所、目的、结果、方式、同源宾语，其 4 个义项都可以带受事宾语，带受事宾语的能力很强，但是语料中为光杆宾语的短语数量并不多。语料中出现的常用光杆受事宾语短语如下：

受事：照规定 3550、照法律 3361、照人 1120、照计划 924、照惯例 842

动词“照”带光杆受事宾语一般出现的句式为“照+受事+VP”，用例如下：

（177）这个老修女还要她把头发全往后梳成紧绷绷的发髻，当她照规定梳了这种发型时，却记起宣誓时必得削剪长发，她女性的本能很直觉的对此嫌恶不已！

——香花 A: 芭芭拉·卡德兰 Y: UN

（178）“如果我现在是处于法律的掌握中，一切都照法律办吧！”“你说得倒是很合理，”雷斯垂德说，“福尔摩斯先生，我们走以前，你还有别的要讲吗？”

——福尔摩斯 5: 归来记 A: 亚瑟·柯南道尔 Y: 2003

“照”除了光杆受事宾语外，光杆工具宾语常见用例有“照镜子 3263”，光杆处所宾语用例“照路 152”，光杆结果宾语用例“照相 18”，光杆同源宾语用例“照相”的使用频次最高，有 12 787 次，光杆方式宾语出现了“照全家福”，使用频次为 39 次。光杆目的宾语用例没有发现。

二、带七类宾语的多义动词带光杆非受事宾语的考察

动词“跑”有5个义项，可以带七类宾语：结果、方式、处所、致使、施事、等同、目的。语料中出现了光杆处所、目的以及方式三种宾语类型。常用短语情况如下。

处所：跑路1429、跑市场307、跑厕所253、跑医院224、跑银行184

目的：跑官997、跑项目433、跑业务153、跑新闻85

方式：跑圈223、跑马拉松157、跑圈儿10、跑圈圈9

光杆处所宾语“跑路”在语料中出现了表示三种相关意义的用法：

（179）消费者购买商品后，也要及时对照标签，结帐（账）后收银条要仔细看一看，是否出错，发现问题可及时向收银员等提出，省得多跑路、多麻烦。

——文汇报 出版日期: 2003-3-29

（180）倚月先拟定好“跑路”计划——山路上每逢单数整点停靠一班公路局的巴士，她必须在他们发现之前逃到公车站牌，搭上七点的那班客运。

——俏皮小妞 A: 凌淑芬 Y: 1996

（181）我倒要看看此人究竟长什么德行！她从皮包里拿出履历表，一看照片当场呆滞——妈咪啊！不成，我得立刻“跑路”！此人不宜照面。

——最佳女婿俏千金 A: 杨晓静 Y: 1996

以上三个句子中出现的“跑路”出现在不同的语境中，根据所要表达的意思，出现相关语义的用法。

三、分析与总结

带七类宾语的多义动词数量较少，只有3个：摔、照、跑。“摔”和“照”可以带受事宾语，“跑”只能带非受事宾语。3个动词都可以带七类宾语，“跑”有5个义项，“摔”有4个义项，“照”有4个义项，在所带宾语类型相同的情况下，相比而言，动词“跑”的带宾能力最强，其次是“摔”，“照”最弱。从这3个动词带光杆宾语的情况来看，其带宾能力强弱的倾向性也是“跑”最强，其次是“摔”，最后是“照”。

第十节　带八类和十一类宾语的多义动词带光杆名词宾语的考察

带八类和十一类宾语的多义动词有2个，分别是“吹”和“打”，两个动词都可以带受事宾语。

一、带八类宾语的多义动词“吹”带光杆名词宾语的考察

动词“吹”有4个义项，可带8类宾语，分别是：受事、处所、结果、工具、方式、施事、同源、杂类宾语。4个义项中吹1、吹2、吹3三个义项可以带受事宾语。

1. 多义动词“吹”带光杆受事宾语的考察

我们在语料中考察了多义动词“吹”带光杆受事宾语的情况，常用动宾短语按照使用频次由高到低排序统计如下。

吹1N[+受事]：吹水1337、吹笛1099、吹头发788、吹笛子331、吹蜡烛225、吹气球205、吹火104、吹灰57

吹2N[+受事]：吹头157、吹玻璃33

吹3N[+受事]：吹牛17、吹牛皮17

从动词“吹”在语料中出现光杆受事宾语短语的情况看，在可以带受事宾语的3个义项中，“吹1”所带光杆受事宾语的使用频次最高，出现的动宾短语数量也最多，其带光杆受事宾语的能力最强；“吹2”所带最常见光杆受事宾语短语是“吹头”，“吹3”带光杆受事宾语的用例是“吹牛”、“吹牛皮”，语料中使用频次不高。

动词“吹”所带最常见光杆受事宾语短语是“吹水”。语料中的用例几乎都是出自微博语料，该短语具有很强的口语特点。所谓“吹水”，粤语俗语之一，大致可以理解为侃侃而谈之意，形象地表现了“口水花四溅”的情景。和“吹牛”不同，“吹水”基本不含感情色彩，可以说是联络感情、交流思想的渠道，比“聊天”一词又更市井、更亲切一点。“吹水”一词也是来源于“江湖”中常用的语句，其实日常生活中的很多词语本来就是“古惑仔”的惯用词。但是随着电影对白、电视剧中人物话语以及公安工作中广泛使用的言论（多为港澳、广东等普遍以粤语为日常用语的地区）的传播和影响，“江湖味儿”在不知不觉间已深入社会各阶层，从而令人习以为常甚至故作模仿。下面是语料用例情况：

（182）要回就回到高一吧！高二也可以。很高兴我们又能聚在一起喝酒、吹水。总是不自觉地聊起高中的事，总是不由自主地笑了起来。

——微博

（183）我不烦说道：电影中的“精诚五人帮”，在我生活中的版本叫“吹水帮”。

——微博

2. 多义动词“吹”带光杆非受事宾语的考察

语料中多义动词“吹”带光杆非受事宾语的情况统计如下。

吹1N[+结果]：吹泡泡283、吹糖人42、吹口哨32

吹 2N[+施事]：吹海风 218、吹冷气 99、吹冷风 93、吹北风 53、吹凉风 41、吹大风 38、吹暖气 31

吹 2N[+同源]：吹风 185

吹 2N[+工具]：吹空调 192、吹口琴 163、吹号 158、吹哨子 158、吹风扇 97、吹唢呐 64、吹树叶 47、吹小号 46、吹长笛 34、吹电扇 32

吹 2N[+ ？]：吹造型 42

从动词“吹”所带光杆非受事宾语短语情况看，使用频次最高的是“吹 1”所带结果宾语，如“吹泡泡”，第二是“吹 2”所带施事宾语的用例“吹海风”，第三是“吹 2”所带工具宾语的用例“吹空调”。语料中出现了“吹造型”的特殊用例，似乎很难归入吹 2 所带的受事、工具、处所、施事、同源五类宾语，但该用法在实际运用中又不少见。从出现的光杆非受事宾语数量来看，数量最多的是光杆工具宾语的用例，宾语范围主要是吹奏乐器类和日常生活使用的空调类。

二、带十一类宾语的多义动词“打”带光杆名词宾语的考察

动词“打”有 23 个义项，可以带 11 类宾语，“打”是义项数和所带宾语类型数都最多的一个动词。其所带宾语分别是受事、处所、结果、对象、等同、工具、方式、施事、杂类、时间、同源宾语。其 23 个义项中有 16 个义项可以带受事宾语。下面我们在语料中分别考察该动词带光杆受事宾语和非受事宾语的情况。

1. 多义动词“打”带光杆受事宾语的考察

我们在语料中调查的动词“打”带光杆受事宾语的常用短语按照使用频次由高到低排序统计如下。

打 1N[+受事]：打脸 604、打钟 145、打方向盘 144、打键盘 136、打锣 129

打 3N[+受事]：打人 6085、打女人 553、打孩子 435、打土豪 313、打老婆 293、打鬼子 229、打选手 219、打学生 185、打对方 143

打 7N[+受事]：打豆 134、打鸡蛋 115

打 12N[+受事]：打广告 1095、打伞 902、打品牌 170、打灯笼 125

打 13N[+受事]：打电话 422、打钱 372、打款 163、打气 111、打的士 83

打 16N[+受事]：打酱油 4001、打饭 876、打开水 248

打 17N[+受事]：打狗 1439、打虎 702、打麻雀 443、打老虎 365、打蛇 240、打蚊子 149

打 18N[+受事]：打粮食 264、打柴 227、打粮 184

打 20N[+受事]：打歼灭战 376、打零工 331、打持久战 224、打市场 117、打工 100

打 23N[+受事]：打保票 150、打笑脸 109

打 21N[+受事]：打麻将 6413、打车 4329、打篮球 2719、打游戏 1522、打台球 1005、打扑克 676、打桌球 655、打乒乓球 615、打高尔夫球 408、打排球 348、打高尔夫 268、打太极 225、打保龄球 224、打棒球 193、打僵尸 182、打桥牌 163

从以上统计情况可以看出，首先，动词“打”的 16 个带受事宾语的义项，语料中至少有 11 个义项出现了带光杆受事宾语的用例，“打 2”、“打 6”、“打 8”、“打 11”、“打 15”带光杆受事宾语的用例很少或没有出现；其次，动词“打”带光杆受事宾语使用频次最高的是“打 21”，表示做体育活动或游戏等意思，用例不仅数量多，而且使用频次都比较高，“打 21”应该是带光杆受事宾语能力最强的一个义项，“打 3”、“打 16”的个别用例使用频次也比较高，如“打人”、“打酱油”等。其他常见的光杆受事宾语的用例还有“打狗”、“打广告”、“打伞”、“打饭”、“打脸”等。总体上，动词“打”带光杆受事宾语的能力较强，不同义项所带光杆受事宾语的类推性和扩展性有共性，但是差异也是突出的。

2. 多义动词“打”带光杆非受事宾语的考察

打 1N[+工具]：打疫苗 220、打针 174、打麻药 103

打 2N[+结果]：打粉 639

打 3N[+处所]：打飞机 1088、打炮眼 122

打 5N[+结果]：打孔 1078

打 9N[+结果]：打领带 630、打表 319、打毛衣 206、打围巾 127

打 10N[+结果]：打圈 165、打勾勾 156、打盹儿 156

打 11N[+结果]：打洞 592

打 11N[+工具]：打桩 1218

打 14N[+结果]：打白条 468、打报告 468、打热线 211

打 13N[+结果]：打屁 370、打方向 115

打 13N[+工具]：打手枪 285、打灯 206、打马赛克 177

打 21N[+结果]：打冠军 957

打 21N[+处所]：打电脑 228、打游戏机 173

打 21N[+方式]：打 dota220、打 DOTA193、打前锋 143、打半决赛 107

打 22N[+结果]：打滚儿 122、打寒颤 104、打啵 104

从以上统计情况可以看出，首先，动词“打”有 10 个义项带光杆非受事宾语的用例比较常见，其中“打 3”带光杆处所宾语的用例“打飞机”使用频次达到 1088 次，另一个用例“打炮眼”有 122 次，“打电脑”228 次，“打游戏机”173 次，总体上光杆处所宾语可以在一定范围内类推，使用范围有一定限定。动词“打 2”、“打 5”、“打 9”、“打 10”、“打 11”、“打 13”、“打 14”、“打 21”、“打 22”一共 9 个义项都出现了带光杆结果宾语的用例，使用频次比较高，如"打孔"1078次，"打冠军"957次，"打粉"639次、"打领带"630次，此外，"打冠军"、"打洞"、"打白条"等都是比较常见的动宾短语，9个义项带光杆结果宾语的类推能力有所不同。动词"打"有3个义项带工具宾语，其所带光杆工具宾语的类推范围有限，有的使用频次较高，出现的用例数量不多，如"打桩"1218次，"打疫苗"220次。总体上，动词"打"带光杆非受事宾语的义项数较多，相关用例使用频次较高，带光杆结果宾语的能力比带其他非受事宾语的能力要强。

本章小结

前面我们通过词典和语料库调查分别对带受事宾语的多义动词和带非受事宾语的多义动词在实际运用中带光杆名词宾语的高频短语呈现进行了统计与分析，下面综合分析总结如下。

第一，多义动词带光杆名词宾语的能力总体较强。378个多义动词中，有298个多义动词带受事宾语，80个多义动词只带非受事宾语。根据以往研究可知，光杆名词的句法位置非常灵活，但主要在句子中充当宾语。语言的使用者会倾向于使用不含限定词的光杆名词来对人或事物进行指称。动词除了对带不带宾语进行选择之外，还对带什么性质或形式的宾语具有选择性。

从带光杆受事宾语的多义动词情况看，第一，在带受事宾语的298个多义动词中有261个带光杆受事宾语，所占比例为87.6%，很少带或者不带光杆受事宾语的多义动词有37个，所占比例为12.4%。可以说，带受事宾语的大多数多义动词带光杆宾语的能力也比较强。第二，动词不同，带宾的差异也是比较明显的，主要体现为动词带宾短语的使用频次和短语数量。具体来看，最高使用频次在2000次以上的多义动词有88个，占带光杆受事宾语动词总数的33.7%，最高使用频次在400～2000次的有98个，占带光杆受事宾语动词总数的37.5%，最高使用频次在400次以下、很少或者没有出现用例的动词总计75个，占带光杆受事宾语动词总数的28.7%。第三，在带一类宾语到带十一类宾语的多义动词中，随着带宾类型数量增加，高频光杆受事宾语的短语数量增加明显。例如，最高使用频次在2000次以上的动词分布中，带一类宾语的动词比例为13.5%，带两类宾语的动词比例为28.1%，带三类宾语的动词比例为26.3%，带四类宾语的动词比例为31.4%，之后是59.3%，最高达到100%。可以说，多义动词带宾类型数越多，带光杆受事宾语的能力越强。

从带光杆非受事宾语的动词情况来看，第一，在带非受事宾语的80个多义动词中，能相对较多地带光杆宾语的动词有75个，所占比例为93.8%，有6.2%的动词很少带或不带光杆宾语。这些多义动词尽管不带受事宾语，但是其所带非受事宾语类型多数都具有带光杆宾语的能力，因此总体上带宾能力都比较强。第二，在带非受事宾语的多义动词中，大部分分布在带一类宾语、两类宾语、三类宾语的动词中，分别是 22 个、34 个、16 个，总计有 72 个，占带非受事宾语动词总数的 90%。第三，在带一类宾语到带七类宾语的多义动词中，随着带宾类型数量增加，光杆非受事宾语短语最高使用频次在 2000 次以上的动词比例从带一类宾语的 26.1%增加到带两类宾语的 32.4%，带三类宾语的比例为 43.8%，带四类宾语的高频短语数量主要集中在 400～2000 次，带五类及以上的动词几乎都可以自由地带光杆宾语。总体上看，动词所带宾语类型越多，动词带光杆非受事宾语的能力也越强。

在具体动词考察中我们也发现，在带非受事宾语的多义动词中，不管动词可以带几类宾语，带哪一类宾语，其中光杆形式宾语总是倾向于出现在相关义项的用例中，很少有不能带光杆宾语的情况，换句话说，在带非受事宾语的多义动词中，光杆宾语的倾向性更突出。而且，汉语多义动词带典型的光杆受事宾语和非典型的光杆受事宾语的能力都较强。汉语光杆名词可以较为自由地充当宾语成分，宾语为光杆形式是汉语宾语的一个常态形式，也是汉语宾语的一个特点。

第二，我们分别考察了带一类宾语、两类宾语、三类宾语等共计九类宾语的多义动词带光杆名词宾语的情况，总体上看，随着多义动词带宾类型数量的增加，动宾短语的多样性增强，单音节动词数量增多，而且大部分都是动作动词。动作动词跟人们的日常生活联系紧密，所以多个义项的动作动词往往也都是高频动词。这里的"高频"是指词的义项不变，而可与之搭配的语义角色很多（张云秋，2005：14）。经过考察发现，单音节多义动词，尤其是动作动词带光杆普通名词作宾语的能力都比较强，70%以上的光杆名词宾语可以自由类推，20%左右的光杆名词宾语可以在一定语义范围内有限地类推，10%左右的光杆名词宾语不能类推，只能有限列举，这些动词跟光杆名词宾语的搭配度不高。

第三，受事宾语前的多义动词一般都是高及物的、高动性的动词，这些动词对于宾语的选择性不强，换句话说，宾语形式的自由度比较高，因此，带受事宾语的多义动词一般都可以带光杆普通名词作宾语。这一结论是语言静态分析时的总体情况。当然，实际语料中考察发现，静态分析时一些多义动词所带光杆普通名词可以较为自由地类推，但是一定的语体语料库中几乎找不到这样搭配使用的用例，有的出现的大量用例其语义关系不是动宾关系，如动词"检查"；有的出现其他词类用例，如动词"让"、"向"有更多的介词用法；有的动词带光杆宾语形式用例很少，宾语形式更多表现为复杂形式，例如，动词"顶"在语料中很少出现带光杆名词宾语，而是复杂形式。举例如下：

（184）顶妈妈的嘴，妈妈一会儿就忘了；顶婆婆的嘴，一辈子牢记在心。

——微博

（185）一只手镯顶三套别墅这种奢华你HOLD住吗？

——微博

（186）“大叔不必多礼，我家老爷和我不希望你顶着我们的名字做事，你必须以魏家的名号来做事。”

——魔语寄情 A: 默婵 Y: 1999

（187）冯美丽想了想说：“我得给你钱，这两罐顶你一天的工钱哩。”

——不要问为什么 A: 尤凤伟 Y: 1997J

（188）那天夜里吴坤宣布不能和她结婚时，她就一下子痰迷了心窍。以后几天她的精神状态越来越不对头，一会儿顶两个枕头，一会儿抱一床被子，一会儿跳红头绳舞。

——茶人三部曲 作者：王旭烽

第四，通过语料库考察发现，在可以带受事宾语的多义动词中，多义动词带光杆名词做宾语时，使用频次最高的相关用例90%以上也都是光杆受事宾语。可以说，光杆受事宾语是多义动词带光杆名词宾语最常见的类型。从带两类宾语、三类宾语、四类宾语的多义动词带光杆非受事宾语的出现宾语类型数和出现率综合起来看，致使宾语数量最多，应有20个光杆致使宾语，实际也出现了20个，出现率为100%；光杆处所宾语出现了17个，出现率为62%；光杆对象宾语出现了12个，出现率为92%；光杆杂类宾语实际出现了11个，出现率为79%；光杆结果宾语应有8个，出现了8个，出现率为100%；光杆工具、方式以及等同宾语实际出现率也都为100%。十二类宾语以光杆宾语形式出现的倾向性的优选序列：

致使、工具、方式、等同、结果＞原因＞对象＞杂类＞时间＞目的＞处所＞施事

排在最左边的致使、工具、方式、等同、原因五类宾语光杆形式的倾向性最突出。光杆致使宾语数量较多，宾语类推性较强。光杆工具、方式宾语数量少，宾语一般属于有限类推或不能类推类型。光杆等同宾语具有一定的类推性，使用频次一般不高。结果宾语数量不多，但都出现了，且这些动宾搭配用例都比较常见。第二是光杆原因宾语，光杆原因宾语数量最少，但语料中出现的常见用例使用频次都不低，如“缩水”、“逃难”，有的动词带光杆原因宾语的用例没有出现，宾语形式倾向于复杂形式，如动词“夸”。第三是光杆对象宾语，动词带对象宾语的用例出现频率较高，有的对象宾语倾向于光杆形式，如动词“谢”的用例只出现了光杆形式，有的对象宾语倾向于以复杂形式出现，如动词“夸”、“送”、“少”等。第四是光杆杂类宾语。该类动宾结构紧密程度高，短语数量不多，但是使用频次高，熟语化倾向突出，宾语一般只能是光杆宾语，且属于不能类推的宾语。光杆施事宾语实际出现的数量跟应有的数量相差最大，出现率最低，仅有30%。我们在实际考察中发现，大多数施事宾语不能以光杆宾语形式出现。

第五，在使用频次比较高的光杆宾语用例中，动词和宾语的结合紧密度往往较强，一般都是不能类推或是有限类推的宾语范畴，熟语化倾向突出，使用频率高，有的已经作为离合词来使用。这样的短语主要有：多嘴、多汗、多心、加压、撒谎、认错、守法、探班、扫货、使力、信佛、撞衫、存钱、搭话、挂科、挂水、贴膜、转岗、转帖、夸口、住嘴、住口、住手、回礼、回帖、回信、降火、降霜、入网、入心、入脑、入戏、入口、入眼、入水、入锅、在手、在网、欠费、赛马、赛诗、赛船、醒脑、醒酒、醒面、迷人、迷路、请客、还款、抢眼、扯淡、减量、压题、讨债、揭短、审题、刮油、犯规、犯法、掐表、闪腰、闪眼、去皮、去痘、停电、冒血、冒油、斗酒、斗戏、转山、转街、逃学、逃课、逃难、逃债、逃荒、飞雪、飞霜、投票、订婚、订票、订房、订货、抽烟、投稿、磨人、抹泪、插电、烫手、排课、排号、排卵、编号、合力、合班、合眼、放屁、补水、闹心、分房、拉手、退货、跳级、下嘴、下网、翻案、起床、起身、起网、起皮、起锅、起锚、对诗、对歌、走光、走音、走调、走路、走油、跑官、跑路、打麻将、打人、打车、打酱油、打篮球、打游戏、打狗、打羽毛球、打广告、打飞机、打孔、打桩、打孔针、打台球等。以上高频短语大多数比较常见、熟悉，熟语化倾向的动宾短语绝大多数都是双音节词语。

第四章　语体因素对动宾短语多样性的影响研究

第一节　语体分类与语体语料库的确定

一、语体及语体分类

语体方面的研究一直受到学界的关注。关于语体的概念，从不同的研究视角有不同的理解。张弓（1964：67）认为，"'语体'是指根据社会交际特点（包括交际目的、表达内容、群众特点、说话人与听话人的关系、交际场（场）合的要求）而构成的体系，是指由民族语言特点而形成的体系"。王德春（1980：67）指出，"由于人类社会生活的复杂性，在不同的社会活动领域内进行交际时，由于不同的交际环境，就各自形成了一系列运用语言材材（材料）的特点，这就是语体"。就语体作为语言特点的体系来说，李莍（1987：34）认为，语体是全民语言在运用中因功用不同而形成的变化形式，不是独立的语言。它是以交际功能为依据而确立的一种语言功能风格类型。刘大为（1994：1）则直接提出，"语体是言语行为的类型"，这类型首先是由交际需要决定的，例如科学语体、事务语体都是行为意图的反映，并认为语体价值的形式特征，主要表现为一种优势选择的倾向性。黄伯荣和廖序东（2002：307）认为"语体是为了适应不同的交际需要而形成的语文体式，它是修辞规律的间接体现者"。吴礼权（2017：387）对于语体的理解在肯定人际因素的制约的同时，强调了语体是一种在民族共同语运用中形成的具有基本的、共同的言语表达特点的言语类型。学界对于语体概念的探讨，有助于深化对其内涵的理解。

有关现代汉语的语体的分类，因为分类的原则和标准不同，具体分类也就各异。张弓（1964：47）认为现代汉语语体有口头语体、书面语体，书面语体中又有文艺语体、科学语体、政论语体、公文语体等。王维成（1987：5）把超语言因素作为语体分类的首要标准。戴磊（1988：5）主张按文体来分类，把语体分为规范语体和艺术语体两大类。陶红印（1999：15）提出按照典型特征对语体进行分类，以典型性的视点来看问题对认识语体有帮助。黄伯荣和廖序东（2002：307）认为"根据交际目的不同，语体可分为公文语体、科技语体、政论语体、文艺语体"。张伯江（2007：2，8）明确指出，"口语和书面语不是最反映语法事实的分类”，应该“在合适的语体里寻找合适的实例；在合适的语体里合理地解释实例”。吴礼权（2017：388）从修辞学研究角度把语体分为口语体和书卷体两类，其中书卷体有文艺语体、科学语体以及事务语体。可以看出，不论依据什么标准分类，谈话语体、公文语体、科技语体、新闻语体、文艺语体等都属于语体涉及的主要类型。基于本章研究的需要，我们选择 BCC 作为语料来源，选择语料库中的文学类语料和科技类语料两类语体进行考察。

二、语料库研究与统计方法

1. 语料库与动词选择

本章继续使用前一章的 BCC 语料库中的例子。该语料库涵盖了新闻（报刊）、口语（微博）、科技、文学、多领域等多个语体。基于考察语体对多义动词义项及其宾语呈现的影响，我们在语料库中选取文学和科技两类语体进行比较。动作动词作为动词中使用频率比较高的一类，我们选取其中 8 个比较常见的多义动作动词作为考察对象，8 个多义动作动词分别是：听、看、吃、写、拉、穿、跑、打。BCC 语料库中文学和科技两类语体语料的出处情况如下。

科技语料：采自国内学术期刊，总字数约 30 亿；

文学语料：采自国内外文学作品，对每个作品都标注了作品名称、作者、发表时间等信息，总字数约 30 亿。

2. 语料检索方式

检索时以多义动词为关键词，进行整词搜索，搜索出相关词条，按照词条使用频次由高到低的顺序，采用逐条分析和人工标注的方式选择所需的动宾短语语料进行整理。基于比较多义动词带光杆名词宾语在两类语体语料中的使用情况需要，我们在语料中所选取的动宾短语数量需要限定在一定范围。根据研究需要，我们选取每类语料库中排序前 50 的 50 个动宾短语，考察其中出现的多义动词义项及其带宾情况。一个动词在文学和科技类语料中分别选取出现的前 50 个动宾短语，总计 100 个。一共考察 8 个多义动词，总计有 800 个动宾短语。

在以上语料库调查统计基础上，我们将进一步考察不同多义动作动词带宾的高频动宾短语出现的频率或频次有哪些倾向性的特点和规律，同时在文学和科技语料中出现的短语有哪些，分别出现在文学或科技语料中的短语又有哪些，这些短语及其频次的高低呈现出哪些倾向性的特点和规律，这些特点和规律是否反映出语料语体对于短语呈现的影响情况等。

第二节　语体因素对动宾短语呈现的影响

一、动词与宾语的高频搭配

本章考察常用动词带光杆名词宾语的短语在不同语体中呈现的倾向性语体特点和规律，以此来观测语体因素对于动宾短语呈现的实际影响情况。动词对于宾语的选择搭配涉及语言概率和频率方面的理论研究。一般来说，词语共现的概率是不均衡的，有的词语共现概率大，有的共现概率低。母语语料库中共现概率高的搭配就是高频搭配，也是母语使用者经常使用的搭配。沈家煊（1999：34）提出有标记和无标记项的6条标准，其中两条分别是分布标准和频率标准，他认为“象汉语这样缺乏形态的语言，分布标准和频率标准就显得格外重要”。文秋芳（2003a：151）探讨了国外语言学界关于语言的概率属性及其对二语习得的影响和启示的研究：Ellis 提出了以频率为中心的二语习得理论。桂诗春（2004：3）介绍了作为相反潮流的概率语言学、语料库语言学、计算语言学、心理语言学的最新发展，主张我国的语言学应发扬注重语言数据的历史传统，使用概率方法，通过发展语料库语言学，建立现代汉语和古代汉语的大型语料库，研究汉语处理的认知心理模型。

基于以上理论的指导，本章在文学语体和科技语体中考察常用高频动词对于光杆名词宾语的倾向性选择搭配，从高频动宾短语类别、义项以及宾语类型三个方面考察不同语体语料中动宾短语呈现的特点和规律。

二、语体影响因素的分析方法

我们在判定语体对于动宾短语呈现的影响时，主要以高频动宾短语在不同语体的语料库中出现的倾向性特征为依据，从以下三个方面进行把握。

一是在等量的文学和科技语体语料库中考察高频动宾短语的出现情况及其出现的频次数量。有的短语同时出现在文学语体和科技语体，我们按照短语所在语体的出现频次高低进行排序，分别计算出文学和科技语体中的总频次和平均频次，对于同一个短语再计算出在两类语体中出现频次的频次差；有的短语只在文学语体或科技语体中出现，同一类语体中的短语我们按照出现频次由高到低排序。

二是根据高频动宾短语在语体中的呈现情况，依据概率论统计的相关理论，进一步分析短语的语体特征的倾向性。如果一个短语同时出现在文学和科技两类语体中，说明它对这两类语体都具有选择的倾向性，相对来说这个短语的语体选择性特征就弱；如果一个短语仅在其中一类语体中出现，我们认为该短语对于这一类语体具有选择的倾向性，符合该类语体的主要特征。因此，我们可以说同时出现在两类语体的动宾短语比仅出现在一类语体中的动宾短语相应的语体特征要弱，只出现在其中一类语体的动宾短语相对比同时出现在两类语体的动宾短语的语体特征要强。短语语体特征从最显著到不显著有一个序列：

一种语体中出现＞两种语体中出现＞……＞多种语体中出现

换句话说，在一类语体中出现的短语语体特征比在两类语体中出现的短语语体特征要强。如果是多语体的比较，以此类推，在两类语体中出现的短语语体特征比在三类语体中出现的短语语体特征要强，一个短语同时出现在多种语体中，其语体倾向性特征最不显著。

对于同时在两类语体中出现或仅出现在其中一类语体中的动宾短语来说，其语体特征也呈现出一个由显著到不显著的序列：

高出现频次＞低出现频次

三是通过以上语体特征强弱的对比分析，我们可以找出语体特征最强的代表性动宾短语，在此基础上进一步分析这些短语所反映出来的语体特征要素，从而验证语体因素对于动宾短语多样性的影响情况。

第三节　多义动词在不同语体中的高频动宾短语考察

一、“听N”在不同语体中的高频动宾短语考察

1.“听N”在文学语体中的高频动宾短语

动词“听”在文学语体中使用频次在前50位的动宾短语由高到低排序是：

听消息（2630）[①]、听声音（2575）、听口气（1124）、听雨（903）、听故事（701）、听音乐（673）、听天命（646）、听音（543）、听口音（494）、听电话（489）、听命令（467）、听脚步（448）、听琴（428）、听号令（421）、听歌（391）、听风声（362）、听动静（326）、听下文（268）、听虚实（252）、听语气（221）、听良言（221）、听真话（204）、听好话（180）、听话（179）、听收音机（158）、听实话（148）、听军令（134）、听天书（117）、听报告（112）、听传说（106）、听音乐会（106）、听传言（103）、听曲子（102）、听情报（100）、听枪声（95）、听传闻（92）、听回声（89）、听口令（83）、听新闻（80）、听鼓声（77）、听忠言（71）、听假话（69）、听钟声（68）、听叫声（67）、听雨声（59）、听笑话（59）、听电台（59）、听谣言（53）、听圣旨（53）、听小曲（50）。

① 听消息（2630）：意思是短语“听消息”在语料中的使用总频次为2630次。本章同样的表述形式意思与此相同。

总频次为 17 456 次，平均频次约为 349 次。文学语体中使用频次最高的动宾短语是“听消息”，频次达到 2630 次，第二是“听声音”，频次为 2575 次，第三是“听口气”，之后依次是：听雨、听故事、听音乐、听天命、听音、听口音等。频次最低的短语“听小曲”有 50 次。1000 次以上的短语有 3 个，100～1000 次的有 31 个，100 次以下的有 16 个。

2.“听 N”在科技语体中的高频动宾短语

动词“听”在科技语体中使用频次在前 50 位的动宾短语由高到低排序是：听证（7510）、听音乐（1364）、听音（1080）、听故事（409）、听雨（272）、听电话（249）、听报告（221）、听歌（184）、听琴（183）、听讲座（153）、听声音（146）、听意见（128）、听新闻（97）、听句子（90）、听收音机（80）、听音乐会（74）、听磁带（72）、听消息（69）、听雨声（51）、听天气预报（49）、听真话（48）、听歌曲（46）、听感言（45）、听京剧（43）、听课（42）、听音响（42）、听春雨（40）、听节目（34）、听天书（34）、听好话（34）、听短文（33）、听民意（31）、听海（29）、听 MP3（29）、听呼声（28）、听电台（28）、听耳机（27）、听录音机（25）、听口令（23）、听天命（23）、听乐曲（23）、听名曲（23）、听录音带（22）、听外语（22）、听口音（21）、听虚实（21）、听命令（21）、听唱片（20）、听电视（19）、听风声（16）。

总频次为 13 355 次，平均频次约为 267 次。科技语体中使用频次最高的动宾短语是“听证”，频次达到 7510 次；第二是“听音乐”，第三是“听音”，频次最低的短语是“听风声”，只有 16 次。1000 次以上的短语有 3 个，100～1000 次的短语有 9 个，其他都是 100 次以下。最高频次和最低频次之间的频次差为 7494，个别短语的科技语体特征较强，总体频次不高。

3.“听 N”在文学和科技语体中的高频动宾短语呈现比较

通过前面的统计，我们来比较“听 N”在文学和科技语体中的高频动宾短语的呈现特点，具体如下。

第一，“听 N”在文学语体中的使用频次比在科技语体中的高，文学中的总频次为 17 456 次，平均频次为 349 次，科技语体中的总频次为 13 355 次，平均频次为 267 次。文学和科技语体中的总频次差为 4101。

第二，文学语体和科技语体中频次最高的前三位的短语不同，文学语体中是“听消息、听声音、听口气”，科技语体中是“听证、听音乐、听音”，其中频次最高的短语是科技语体中的“听证”。文学语体和科技语体中频次最低的后三位的短语也都不同，文学语体中是“听谣言、听圣旨、听小曲”，科技语体中是“听唱片、听电视、听风声”，其中科技语体中的短语“听风声”频次最低。

第三，有的“听N”短语同时出现在文学和科技语体中，绝大多数在文学语体中的使用频次比在科技语体中的高，例如听声音、听消息、听雨、听故事、听电话、听风声。但是科技语体中的短语听音、听音乐、听报告、听新闻的频次比文学语体中的高。有的“听N”短语只出现在其中一类语体中，例如，听口气、听脚步、听号令、听动静、听下文、听语气等只出现在文学语体，而听证、听讲座、听意见、听节目、听歌曲、听天气预报等只出现在科技语体。

二、“看N”在不同语体中的高频动宾短语考察

1.“看N”在文学语体中的高频动宾短语

看人（5117）、看天色（3902）、看情况（3056）、看电视（2877）、看电影（2655）、看天（2529）、看表（2306）、看剑（1844）、看时间（1716）、看问题（1497）、看小说（1325）、看好戏（1290）、看手表（1140）、看地图（1024）、看究竟（962）、看事情（944）、看风景（928）、看报纸（922）、看形势（878）、看天空（859）、看信（771）、看皇上（756）、看年纪（752）、看儿子（724）、看刀（680）、看孩子（677）、看女人（665）、看情势（655）、看山（637）、看父亲（629）、看主人（609）、看水（605）、看掌（590）、看世界（588）、看唱本（556）、看模样（538）、看结果（535）、看地形（521）、看动静（517）、看事（515）、看怪物（507）、看书（496）、看雪（492）、看球（488）、看母亲（472）、看女儿（470）、看图片（463）、看太阳（452）、看白痴（450）、看东西（443）。

以上短语总频次为55 024次，平均频次约为1100次，短语“看人”使用频次最高，为5117次，“看东西”使用频次最低，为443次，最高和最低两者之间的频次差为4674。1000次以上的短语有14个，500～1000次的短语有27个，没有100次以下的短语。总体上，“看N”在文学语体中的出现频次比较高。

2.“看N”在科技语体中的高频动宾短语

看问题（3950）、看电视（3521）、看图（2155）、看电影（1445）、看世界（1184）、看人（802）、看录像（606）、看本质（575）、看市场（485）、看房（468）、看山（390）、看表（378）、看报纸（323）、看孩子（302）、看新闻（269）、看历史（241）、看小说（231）、看苗（213）、看车（209）、看楼（209）、看事物（200）、看天（196）、看风景（194）、看主流（185）、看水（182）、看文章（181）、看花（175）、看广告（175）、看课文（169）、看球（168）、看材料（165）、看京剧（164）、看对象（164）、看情况（162）、看书（146）、看结果（143）、看东西（143）、看文件（138）、看图片（134）、

看价格（131）、看货（127）、看资料（125）、看文献（119）、看动画片（114）、看例句（112）、看题目（111）、看质量（109）、看能力（108）、看节目（107）、看照片（105）。

总频次为22408次，平均频次约为448次。科技语体中频次最高的短语是“看问题”，为3950次，频次最低的是“看照片”，为105次。1000次以上的短语有5个，即看问题、看电视、看图、看电影、看世界，其他短语都在100～1000次。

3. “看N”在文学和科技语体中的高频动宾短语呈现比较

通过前面的统计，我们来比较“看N”在文学和科技语体中的高频动宾短语的呈现特点，具体如下。

第一，“看N”在文学语体中的使用频次比在科技语体中的高，文学语体中的总频次为55 024次，平均频次约为1100次，科技语体中的总频次为22 408次，平均频次约为448次。文学和科技语体中的总频次差为32 616。

第二，文学语体和科技语体频次最高的前三位的短语不同，文学语体中是“看人、看天色、看情况”，科技语体中是“看问题、看电视、看图”，其中频次最高的短语是文学语体中的“看人”。文学语体中频次最低的后三位的短语分别是“看太阳（452）、看白痴（450）、看东西（443）”，科技语体中是“看能力（108）、看节目（107）、看照片（105）”，其中频次最低的短语是科技语体中的“看照片”。

第三，有的“看N”短语同时出现在文学和科技语体中，绝大多数在文学语体中的使用频次比在科技语体中的高，例如看人、看情况、看电影、看天等。但是科技语体中的看问题、看电视、看世界的频次比文学语体中的高。有的“看N”短语只出现在其中一类语体中，例如，看天色、看剑、看时间、看好戏等只出现在文学语体，而看图、看录像、看本质、看市场等只出现在科技语体。

三、“吃N”在不同语体中的高频动宾短语考察

1. “吃N”在文学语体中的高频动宾短语

吃肉（5373）、吃晚饭（3813）、吃酒（3270）、吃午饭（2068）、吃早饭（1852）、吃草（1631）、吃菜（1628）、吃鱼（1106）、吃早餐（981）、吃粮（823）、吃屎（736）、吃老虎（687）、吃罪（513）、吃干饭（477）、吃中饭（475）、吃狗肉（473）、吃早点（472）、吃糖（469）、吃点心（448）、吃罚酒（418）、吃白食（379）、吃鸡（367）、吃水果（353）、吃饺子（337）、吃干粮（323）、吃糠（306）、吃晚餐（296）、吃火锅（295）、吃羊肉（293）、吃螃蟹（293）、吃烟（275）、吃西餐（267）、吃西瓜（266）、吃午餐（262）、吃盐（253）、吃猪肉（248）、吃蔬菜（241）、吃粥（220）、吃对方（219）、

吃牛肉（218）、吃面条（216）、吃喜酒（216）、吃鸡蛋（215）、吃包子（206）、吃鳖（206）、吃宵夜（203）、吃馒头（193）、吃大餐（191）、吃五谷（186）、吃夜宵（183）。

总频次为 35 439 次，平均频次约为 709 次。文学语体中的最高频次短语是“吃肉”，频次为 5373 次，其次是“吃晚饭”，频次为 3813 次；最低频次的短语是“吃夜宵”，183 次。1000 次以上的短语有 8 个，即吃肉、吃晚饭、吃酒、吃午饭、吃早饭、吃草、吃菜、吃鱼，其他短语频次都在 100～1000 次。

2. “吃 N”在科技语体中的高频动宾短语

吃肉（795）、吃鱼（581）、吃草（559）、吃螃蟹（552）、吃蔬菜（547）、吃料（535）、吃早餐（452）、吃水果（386）、吃糖（376）、吃国家（357）、吃菜（310）、吃午饭（303）、吃晚饭（290）、吃盐（253）、吃小鱼（243）、吃早饭（236）、吃酒（232）、吃甜食（207）、吃粮（206）、吃财政（206）、吃苹果（174）、吃鸡蛋（148）、吃饺子（143）、吃银行（138）、吃野生动物①（132）、吃快餐（124）、吃食堂（123）、吃西瓜（122）、吃食物（121）、吃鸡（120）、吃萝卜（110）、吃猪肉（104）、吃海鲜（104）、吃冷饮（98）、吃动物（96）、吃肥肉（93）、吃夜宵（92）、吃工作餐（90）、吃火锅（89）、吃香蕉（86）、吃面条（86）、吃蛋（82）、吃点心（82）、吃早点（81）、吃月饼（79）、吃粗粮（79）、吃饲料（78）、吃西餐（77）、吃方便面（74）、吃葡萄（73）。

总频次为 10 724 次，平均频次约为 214 次。科技语体中最高频次的短语是“吃肉”，795 次，其次是“吃鱼”，581 次，最低频次的短语是“吃葡萄”，仅 73 次。科技语体中短语频次没有上千的，100～1000 次的短语有 33 个，100 次以下的短语有 17 个。总体上，科技语体中“吃 N”的动宾短语频次不高。

3. “吃 N”在文学和科技语体中的高频动宾短语呈现比较

通过前面的统计，我们来比较“吃 N”在文学和科技语体中的高频动宾短语呈现特点，具体如下。

第一，“吃 N”在文学语体中的使用频次比在科技语体中的高，文学语体中的总频次为 35 439 次，平均频次约为 709 次，科技语体中的总频次为 10 724 次，

① 为了全面禁止和惩治非法野生动物交易行为，革除滥食野生动物的陋习，维护生物安全和生态安全，有效防范重大公共卫生风险，切实保障人民群众生命健康安全，加强生态文明建设，促进人与自然和谐共生，2020 年 2 月 24 日第十三届全国人民代表大会常务委员会第十六次会议通过了《全国人民代表大会常务委员会关于全面禁止非法野生动物交易、革除滥食野生动物陋习、切实保障人民群众生命健康安全的决定》，决定自公布之日起施行。

平均频次约为 214 次。文学和科技语体中的总频次差为 24 715。

第二，文学语体中频次最高的前三个短语是吃肉（5373）、吃晚饭（3813）、吃酒（3270），科技语体中是吃肉（795）、吃鱼（581）、吃草（559），其中两类语体中频次最高的短语都是“吃肉”，但是文学语体中的频次明显比科技语体中的高。文学语体中频次最低的三个短语分别是吃大餐（191）、吃五谷（186）、吃夜宵（183），科技语体中是吃西餐（77）、吃方便面（74）、吃葡萄（73），两类语体中频次最低的三个短语不一样。

第三，有的“吃 N”短语同时出现在文学和科技语体中，绝大多数在文学语体中的使用频次比在科技语体中的高，例如吃酒、吃午饭、吃草、吃菜、吃鱼等。有的“吃 N”短语只出现在其中一类语体中，例如，吃屎、吃老虎、吃罪、吃中饭等只出现在文学语体，而吃料、吃国家、吃小鱼、吃财政、吃甜食等只出现在科技语体。

四、“写 N”在不同语体中的高频动宾短语考察

1. “写 N”在文学语体中的高频动宾短语

写诗（1778）、写书（1549）、写小说（1310）、写东西（609）、写日记（358）、写历史（352）、写报告（285）、写剧本（274）、写情书（257）、写人（232）、写论文（227）、写奏折（225）、写作业（197）、写奏章（185）、写材料（181）、写折子（178）、写书信（173）、写戏（163）、写文章（162）、写回忆录（145）、写作文（141）、写序（140）、写大字报（139）、写稿子（135）、写回信（127）、写词（123）、写人物（122）、写字（120）、写自传（114）、写散文（113）、写爱情（113）、写对联（108）、写诏书（107）、写大字（102）、写传记（97）、写名字（92）、写战争（92）、写毛笔（90）、写程序（89）、写标语（87）、写故事（87）、写歌（87）、写文字（87）、写武侠小说（84）、写血书（84）、写状子（84）、写休书（77）、写诗作（72）、写情（71）、写遗书（70）。

总频次为 11 894 次，平均频次约为 238 次。文学语体中“写 N”频次最高的短语是“写诗”，1778 次；其次是“写书”，1549 次，“写小说”为 1310 次；最低频次的短语是“写遗书”，70 次。1000 次以上的短语有 3 个，即写诗、写书、写小说；100～1000 次的短语有 31 个；100 次以下的短语有 16 个。

2. “写 N”在科技语体中的高频动宾短语

写人（2991）、写诗（2154）、写论文（1674）、写作文（1214）、写人物（1093）、写教材（893）、写小说（824）、写对象（679）、写历史（650）、写日记（589）、写书（556）、写话（530）、写词（501）、写教案（475）、写议

论文（426）、写材料（416）、写规则（414）、写程序（378）、写情（352）、写报告（341）、写记叙文（334）、写文章（332）、写景物（324）、写时间（319）、写语言（293）、写自然（270）、写人生（266）、写句子（266）、写数据（249）、写散文（238）、写故事（229）、写读后感（228）、写爱情（222）、写个人（220）、写社会（217）、写评语（201）、写毕业论文（198）、写心得（196）、写序（191）、写事物（189）、写作业（188）、写提纲（184）、写女性（178）、写山水（176）、写东西（175）、写新闻（175）、写课文（171）、写问卷（165）、写山（165）、写事（164）。

总频次为 23 873 次，平均频次约为 477 次。科技语体中最高频次的短语是“写人”，2991 次，第二是“写诗”，2154 次，第三是“写论文”，1674 次；最低频次的短语是“写事”，164 次。1000 次以上的短语有 5 个，即写人、写诗、写论文、写作文、写人物，其他都是 100～1000 次的短语。

3. “写 N”在文学和科技语体中的高频动宾短语呈现比较

通过前面的统计，我们来比较“写 N”在文学和科技语体中的高频动宾短语呈现特点，具体如下。

第一，“写 N”在科技语体中的使用频次比在文学语体中的高，文学语体中的总频次为 11 894 次，平均频次约为 238 次，科技语体中的总频次为 23 873 次，平均频次约为 477 次。文学和科技语体中的总频次差为 11 979，科技语体中的频次更高。

第二，文学语体中频次最高的前 3 个短语是写诗（1778）、写书（1549）、写小说（1310），科技语体中是写人（2991）、写诗（2154）、写论文（1674），两类语体中频次最高的前三个短语不完全相同，科技语体中的频次总体上比文学语体中的高。文学语体中频次最低的三个短语是写诗作（72）、写情（71）、写遗书（70），科技语体中是写问卷（165）、写山（165）、写事（164），两类语体中频次最低的三个短语不一样。

第三，有的“写 N”短语同时出现在文学和科技语体中，科技语体中的频次总体上比文学语体中的高，例如写人物、写历史、写日记、写词、写报告等。有的“写 N”短语只出现在其中一类语体中，例如，写剧本、写情书、写奏折、写奏章、写戏等只出现在文学语体，而写教材、写对象、写话、写教案、写规则、写记叙文等只出现在科技语体。

五、“拉 N”在不同语体中的高频动宾短语考察

1. “拉 N”在文学语体中的高频动宾短语

拉人（1338）、拉弓（1039）、拉马（814）、拉老夫（471）、拉弦（372）、

拉缰绳（358）、拉风箱（285）、拉枪栓（269）、拉壮丁（167）、拉兄弟（146）、拉货（139）、拉小提琴（128）、拉琴（126）、拉绳子（123）、拉板车（123）、拉杆子（122）、拉炮（116）、拉选票（114）、拉歌（112）、拉家常（102）、拉手（102）、拉二胡（100）、拉操纵杆（96）、拉队伍（96）、拉胡琴（95）、拉被子（91）、拉船（85）、拉姐姐（83）、拉煤（79）、拉骆驼（68）、拉水（66）、拉牛（66）、拉衣襟（66）、拉椅子（65）、拉灯（65）、拉雪橇（64）、拉犁（64）、拉家伙（63）、拉刀（62）、拉砖（62）、拉箭（61）、拉沙（60）、拉衣服（59）、拉东西（56）、拉弓弦（56）、拉绳索（54）、拉粪（54）、拉广告（53）、拉窗帘（52）、拉警报（52）。

总频次为8559次，平均频次约为171次。文学语体中频次最高的短语是“拉人”，1338次，第二是“拉弓”，1039次，第三是“拉马”，814次；频次最低的短语是“拉警报”，52次。1000次以上的短语有2个，100～1000次的短语有20个，100次以下的短语有28个。总体上文学语体中出现的动宾短语的频次不太高。

2. “拉N”在科技语体中的高频动宾短语

拉人（343）、拉沙（315）、拉存款（264）、拉选票（171）、拉客户（146）、拉小车（137）、拉大车（134）、拉货（114）、拉手（114）、拉电（94）、拉琴（91）、拉煤（84）、拉马（83）、拉广告（80）、拉水（79）、拉弓（77）、拉小提琴（73）、拉镜头（58）、拉二胡（48）、拉胡琴（47）、拉幕（43）、拉油（41）、拉电线（41）、拉弦（39）、拉山头（39）、拉犁（37）、拉料（37）、拉业务（36）、拉土（34）、拉钢丝（29）、拉雪橇（27）、拉船（24）、拉板车（23）、拉水牛（23）、拉黄包车（23）、拉绳子（22）、拉锚（20）、拉灯（20）、拉项目（20）、拉粪（19）、拉京胡（18）、拉牛（17）、拉风箱（17）、拉水泥（17）、拉洋车（16）、拉袖子（14）、拉人力车（14）、拉歌（13）、拉领导（13）、拉砖（12）。

总频次为3300次，平均频次为66次。科技语体中频次最高的短语是“拉人”，343次，第二是“拉沙”，315次，第三是“拉存款”，264次；频次最低的短语是“拉砖”，仅12次。科技语体中100～1000次的短语有9个，其他都是100次以下的短语，50次以下的短语有32个。总体上看，“拉N”在科技语体中出现的频次不高。

3. “拉N”在文学和科技语体中的高频动宾短语呈现比较

通过前面的统计，我们来比较“拉N”在文学和科技语体中的高频动宾短语呈现特点，具体如下。

第一，“拉 N”在文学语体中的使用频次比在科技语体中的高，文学语体中的总频次为 8559 次，平均频次约为 171 次，科技语体中的总频次为 3300 次，平均频次约为 66 次。文学和科技语体中的总频次差为 5259，文学语体中的频次更高。

第二，文学语体中频次最高的三个短语是拉人（1338）、拉弓（1039）、拉马（814），科技语体中是拉人（343）、拉沙（315）、拉存款（264），其中短语“拉人”在两类语体中都出现了，但文学语体中的频次明显比科技语体中的高。两类语体中频次最高的三个短语不完全相同，文学语体中的频次总体上比科技语体中的高。文学语体中频次最低的三个短语是拉广告（53）、拉窗帘（52）、拉警报（52），科技语体中是拉歌（13）、拉领导（13）、拉砖（12），两类语体中频次最低的三个短语不一样。

第三，有的“拉 N”短语同时出现在文学和科技语体中，科技语体中的频次总体上比文学语体中的低，例如拉人、拉马、拉弓、拉弦等。有的短语只出现在其中一类语体中，例如，拉存款、拉客户、拉小车、拉存款等只出现在科技语体。

六、“穿 N”在不同语体中的高频动宾短语考察

1. “穿 N”在文学语体中的高频动宾短语

穿衣服（3510）、穿云（2652）、穿心（2518）、穿鞋（1000）、穿白衣（934）、穿军装（858）、穿山（813）、穿肠（643）、穿墙（509）、穿长袍（503）、穿西装（487）、穿长衫（437）、穿城（418）、穿甲（399）、穿盔甲（387）、穿官服（383）、穿街（378）、穿铠甲（378）、穿道袍（367）、穿裤子（351）、穿军服（340）、穿门（318）、穿青衣（314）、穿洞（274）、穿便服（256）、穿龙袍（254）、穿皮袄（246）、穿西服（236）、穿房（229）、穿铁甲（217）、穿裙子（217）、穿上衣（213）、穿衣裳（203）、穿便衣（200）、穿白大褂（199）、穿男装（198）、穿袜子（191）、穿黄袍（190）、穿青衫（187）、穿草鞋（180）、穿旗袍（171）、穿和服（169）、穿内裤（169）、穿开裆裤（162）、穿警服（157）、穿丧服（149）、穿马路（148）、穿便装（147）、穿金甲（146）、穿睡衣（145）。

总频次为 24150 次，平均频次约为 483 次。“穿 N”在文学语体中最高频次的短语是“穿衣服”，3510 次，第二是“穿云”，2652 次，第三是“穿心”，2518 次；频次最低的短语是“穿睡衣”，145 次。1000 次以上的短语有 4 个，其他 46 个短语在 100～1000 次。

2. “穿 N”在科技语体中的高频动宾短语

穿衣服（470）、穿鞋（422）、穿墙（307）、穿城（226）、穿纱（221）、

穿山（157）、穿马路（150）、穿长衫（135）、穿心（127）、穿西装（121）、穿工作服（114）、穿军装（92）、穿高跟鞋（88）、穿校服（81）、穿裙子（80）、穿白大褂（77）、穿井（77）、穿街（75）、穿西服（75）、穿堤（73）、穿洞（72）、穿皮鞋（71）、穿云（67）、穿钢丝（62）、穿新衣（62）、穿拖鞋（59）、穿草鞋（59）、穿裤子（53）、穿村（50）、穿肠（50）、穿牛仔裤（50）、穿长袍（49）、穿旗袍（45）、穿白衣（42）、穿公路（42）、穿金甲（41）、穿制服（40）、穿楼板（38）、穿长袖（35）、穿丝（34）、穿棉衣（33）、穿上衣（33）、穿警服（33）、穿鞋子（32）、穿袜子（30）、穿短裤（29）、穿棉袄（28）、穿坝（27）、穿大衣（27）、穿运动鞋（27）。

总频次为4488次，平均频次约为90次。科技语体中频次最高的短语是“穿衣服”，470次，第二是“穿鞋”，422次，第三是“穿墙”，307次；频次最低的短语是“穿运动鞋”，27次。100～1000次的短语有11个，其他都是100次以下的短语。相比而言，“穿N”短语在科技语体中的频次都不高。

3. “穿N”在文学和科技语体中的高频动宾短语呈现比较

通过前面的统计，我们来比较“穿N”在文学和科技语体中的高频动宾短语呈现特点，具体如下。

第一，“穿N”在文学语体中的使用频次比在科技语体中的高，文学语体中的总频次为24 150次，平均频次约为483次，科技语体中的总频次为4488次，平均频次约为90次，文学和科技语体中的总频次差为19 662，文学语体中的频次更高。

第二，文学语体中频次最高的前3个短语是穿衣服（3510）、穿云（2652）、穿心（2518），科技语体中是穿衣服（470）、穿鞋（422）、穿墙（307），两类语体中频次最高的短语都是“穿衣服”，但文学语体中的频次明显比科技语体中的高。文学语体中频次最低的三个短语是穿便装（147）、穿金甲（146）、穿睡衣（145），科技语体中是穿坝（27）、穿大衣（27）、穿运动鞋（27），两类语体中频次最低的三个短语不一样，文学语体中的频次比科技语体中的高。

第三，有的“穿N”短语同时出现在文学和科技语体中，文学语体中的频次总体上比科技语体中的高，如穿衣服、穿鞋、穿裙子、穿心等；有的短语只出现在其中一类语体中，例如，穿甲、穿盔甲、穿官服、穿道袍等只出现在文学语体，而穿纱、穿工作服、穿高跟鞋、穿校服、穿井、穿堤等只出现在科技语体。

七、“跑N”在不同语体中的高频动宾短语考察

1. “跑N”在文学语体中的高频动宾短语

跑路（3050）、跑船（186）、跑官（176）、跑路线（152）、跑圈（127）、

跑人（104）、跑火车（98）、跑业务（68）、跑项目（59）、跑山路（55）、跑冤枉路（54）、跑马拉松（53）、跑计划（49）、跑关系（45）、跑神（44）、跑风（41）、跑远路（39）、跑商（39）、跑茅房（31）、跑狗（31）、跑厕所（29）、跑马灯（29）、跑舌头（28）、跑老鼠（28）、跑电（24）、跑医院（23）、跑市场（21）、跑直线（20）、跑图书馆（19）、跑百米（19）、跑新闻（19）、跑野马（18）、跑银行（18）、跑月票（16）、跑货（16）、跑网吧（14）、跑马戏（14）、跑小买卖（13）、跑气（13）、跑省城（13）、跑天下（12）、跑火（12）、跑门路（12）、跑邮局（12）、跑工地（11）、跑健身房（10）、跑书店（10）、跑厨房（10）、跑资金（10）、跑汽车（9）。

总频次为5003次，平均频次约为100次。“跑N”在文学语体中频次最高的短语是“跑路”，3050次，第二是“跑船”，186次，第三是“跑官”，176次，最高频次和第二频次相差很大；频次最低的是“跑汽车”，只有9次。文学语体中1000次以上的短语只有1个，100～1000次的短语有5个，有44个短语频次都在100以下，短语总体上频次较低。

2.“跑N”在科技语体中的高频动宾短语

跑官（881）、跑项目（325）、跑市场（277）、跑水（181）、跑资金（96）、跑银行（85）、跑料（84）、跑风（80）、跑浆（74）、跑业务（70）、跑关系（56）、跑贷款（51）、跑煤（39）、跑医院（39）、跑企业（35）、跑冤枉路（34）、跑图书馆（33）、跑火（31）、跑班（28）、跑供销（27）、跑土（27）、跑门子（25）、跑指标（24）、跑信息（24）、跑订单（22）、跑气（21）、跑工地（19）、跑书店（19）、跑客户（19）、跑楼梯（18）、跑马拉松（17）、跑客运（17）、跑机关（17）、跑销路（16）、跑部门（16）、跑政府（16）、跑肥（16）、跑手续（14）、跑材料（13）、跑圈（13）、跑计划（13）、跑野马（12）、跑远路（12）、跑船（11）、跑汽车（11）、跑油（11）、跑基层（11）、跑省城（11）、跑邮局（10）、跑外勤（10）。

总频次为3011次，平均频次约为60次。“跑N”在科技语体中频次最高的短语是“跑官”，881次，第二是“跑项目”，第三是“跑市场”，频次最低的短语是“跑外勤”、“跑邮局”，只有10次。总体上看，“跑N”在科技语体中的频次不高：100～1000次的短语有4个，50～100次的短语有8个，其他短语频次都在50次以下。

3.“跑N”在文学和科技语体中的高频动宾短语呈现比较

通过前面的统计，我们来比较“跑N”在文学和科技语体中的高频动宾短语呈现特点，具体如下：

第一，“跑 N”在文学语体中的使用频次比在科技语体中的高，文学语体中的总频次为 5003 次，平均频次约为 100 次，科技语体中的总频次为 3011 次，平均频次约为 60 次，文学和科技语体中的总频次差为 1992，文学语体中的频次更高。

第二，文学语体中频次最高的三个短语是跑路（3050）、跑船（186）、跑官（176），科技语体中是跑官（881）、跑项目（325）、跑市场（277），两类语体中都有短语“跑官”，科技语体中的频次明显比文学语体中的高。文学语体中频次最低或较低的短语有跑健身房（10）、跑书店（10）、跑厨房（10）、跑资金（10）、跑汽车（9），科技语体中是跑船（11）、跑汽车（11）、跑油（11）、跑基层（11）、跑省城（11）、跑邮局（10）、跑外勤（10），两类语体中频次最低的三个短语不一样，但频次都不高，而且两类语体的频次比较接近。

第三，有的“跑 N”短语同时出现在文学和科技语体中，文学语体中的频次总体上比科技语体中的高，如跑船、跑圈、跑冤枉路、跑马拉松、跑计划等；有的短语只出现在其中一类语体中，例如，跑路、跑人、跑火车、跑山路、跑神等只出现在了文学语体中，而跑水、跑料、跑浆、跑贷款、跑企业等只出现在了科技语体中。

八、“打 N”在不同语体中的高频动宾短语考察

1. “打 N”在文学语体中的高频动宾短语

打人（7107）、打马（4985）、打狗（4786）、打水（2163）、打麻将（1268）、打虎（1140）、打鬼子（1100）、打蛇（947）、打眼色（908）、打话（815）、打诳语（775）、打车（728）、打柴（629）、打篮球（576）、打洞（572）、打饭（546）、打笑脸（470）、打土豪（448）、打手势（445）、打屁（441）、打脸（426）、打扑克（384）、打敌人（384）、打粮（361）、打保票（345）、打报告（342）、打前锋（334）、打伞（305）、打女人（275）、打对方（274）、打持久战（274）、打暗器（273）、打孩子（264）、打桩（255）、打日本人（243）、打盹儿（240）、打广告（237）、打锣（233）、打歪主意（227）、打老虎（219）、打酱油（217）、打兔子（213）、打老子（209）、打高尔夫球（207）、打铜（205）、打老婆（204）、打游戏（198）、打灯笼（194）、打蚊子（192）、打巷战（191）。

总频次为 38 774 次，平均频次约为 775 次。“打 N”在文学语体中频次最高的短语是“打人”，7107 次，第二是“打马”，4985 次，第三是“打狗”，4786 次；频次最低的短语是“打巷战”，191 次。1000 次以上的短语有 7 个，其他短语都在 100～1000 次。

2. “打 N”在科技语体中的高频动宾短语

打孔（2075）、打桩（1725）、打人（1583）、打麻将（595）、打水（486）、打虎（477）、打广告（457）、打洞（411）、打白条（338）、打篮球（308）、打市场（295）、打品牌（291）、打报告（265）、打扑克（233）、打歼灭战（219）、打擦边球（202）、打车（195）、打持久战（184）、打乒乓球（183）、打狗（170）、打伞（164）、打土豪（142）、打羽毛球（136）、打游戏（132）、打柴（127）、打孩子（119）、打高尔夫球（117）、打饭（115）、打表（109）、打力（90）、打赤字（89）、打零工（88）、打圈（88）、打粉（88）、打号（86）、打防疫针（81）、打时间差（75）、打学生（72）、打款（71）、打齿（72）、打妻子（61）、打保龄球（61）、打蛋（59）、打排球（59）、打开水（58）、打腹稿（57）、打攻坚战（56）、打胶（55）、打老虎（55）、打高压（55）。

总频次为 13 329 次，平均频次约为 267 次。“打 N”在科技语体中频次最高的短语是“打孔”，2075 次，第二是“打桩”，1725 次，第三是“打人”，1583 次；频次最低的短语是“打老虎”、“打胶”、“打高压”，频次都为 55 次。1000 次以上的短语有 3 个，100～1000 次的短语有 26 个，其他都是 100 次以下的短语。

3. “打 N”在文学和科技语体中的高频动宾短语呈现比较

通过前面的统计，我们来比较“打 N”在文学和科技语体中的高频动宾短语呈现特点，具体如下。

第一，“打 N”在文学语体中的使用频次比在科技语体中的高，文学语体中的总频次为 38 774 次，平均频次约为 775 次，科技语体中的总频次为 13 329 次，平均频次约为 267 次，文学和科技语体中的总频次差为 25 445，文学语体中的频次更高。

第二，文学语体中频次最高的前三个短语是打人（7107）、打马（4985）、打狗（4786），科技语体中是打孔（2075）、打桩（1725）、打人（1583），两类语体中都有短语“打人”，其在文学语体中是最高频次，频次明显比科技语体中的高。文学语体中频次最低的三个短语是打灯笼（194）、打蚊子（192）、打巷战（191），科技语体中是打胶（55）、打老虎（55）、打高压（55），两类语体中频次最低的三个短语不一样，文学语体中的频次比科技语体中的高。

第三，有的“打 N”短语同时出现在文学和科技语体中，文学语体中的频次总体上比科技语体中的高，例如打人、打狗、打水、打麻将、打虎、打洞、打车等；有的短语只出现在其中一类语体中，例如，打马、打鬼子、打蛇、打眼色、打话、打诳语、打笑脸等只出现在文学语体，而打孔、打白条、打市场、打品牌、打歼灭战、打羽毛球等只出现在科技语体。

九、分析与总结

1. *动宾短语在两类语体中分布的总体情况*

通过对 8 个动词带光杆名词宾语的高频动宾短语考察，我们发现以下一些特点或规律。高频动宾短语在两类语体中的使用情况统计如表 4.1 所示。

表 4.1　高频动宾短语在两类语体中的使用频次统计　　单位：次

语体类型	听 N	看 N	吃 N	写 N	拉 N	穿 N	跑 N	打 N
文学语体	17 456	55 024	35 439	11 894	8 559	24 150	5 003	38 774
科技语体	13 355	22 408	10 724	23 873	3 300	4 488	3 011	13 329
两类总计	30 811	77 432	46 163	35 767	11 859	28 638	8 014	52 103
两类相差	4 101	32 616	24 715	–11 979	5 259	19 662	1 992	25 445

从以上统计可以看出：

其一，就文学和科技语体总的频次数来看，频次由高到低排序如下。

两类总计：看 N＞打 N＞吃 N＞写 N＞听 N＞穿 N＞拉 N＞跑 N

文学语体：看 N＞打 N＞吃 N＞穿 N＞听 N＞写 N＞拉 N＞跑 N

科技语体：写 N＞看 N＞听 N＞打 N＞吃 N＞穿 N＞拉 N＞跑 N

总体上，出现频次最高的是“看 N”，第二是“打 N”，第三是“吃 N”，“跑 N”的频次最低；文学语体中最高频次是“看 N”，科技语体中最高频次是“写 N”，“拉 N”和“跑 N”在文学和科技语体中都分别是次低和最低的排序；“写 N”在科技语体中的频次比文学语体中的高，其他短语都是文学语体频次高于科技语体频次。

其二，就文学和科技语体中频次差别来看，频次差最大的是“看 N”，两者相差 32 616 次；第二是“打 N”，相差 25 445 次；第三是“吃 N”，相差 24 715 次；第四是“穿 N”，相差 19 662 次；第五是“写 N”，科技语体中的频次比文学语体中高出 11 979 次，科技语体的倾向性特点明显。总体上，频次高的短语，在文学和科技语体中出现的频次差别也大，在两类语体中具有突出的语体特征。

其三，8 个动词带光杆名词宾语的短语在文学和科技语体中的呈现表现出一定的共性和差异。相同的特点主要表现在，一些频次比较高的短语在两类语体中都同时出现，总体上文学语体中的频次更高；有的高频短语只是出现在了文学语体或者科技语体一类语体中，这些短语的语义范围以及语用一定程度上体现出了不同的语体特点。

2. *动宾短语在不同语体中分布情况的语体解释*

通过对 8 个高频动词带光杆名词宾语在不同语体中的考察，我们发现：

第一，高频动作动词所构成的动宾短语总体上在文学语体中的使用频次比在科技语体中的高，包括同时出现在文学和科技语体中的同一个短语，文学语体中的使用频次一般都明显高于科技语体，可见常用动作动词所要表达的行为、动作以及方式跟文学语言材料联系更为密切，相关度比科技语体大。

第二，8 个动词带光杆名词宾语短语的使用频次排序体现出语体对于短语的使用频次有一定影响。我们通过北京语言大学现代汉语词频统计语料库检索了 8 个动词的使用频次，排序和频次情况如下：

看——排序 60，出现次数 13 755；

吃——排序 164，出现次数 5893；

听——排序 208，出现次数 5009；

打——排序 226，出现次数 4680；

写——排序 303，出现次数 3738；

跑——排序 678，出现次数 1954；

穿——排序 820，出现次数 1640；

拉——排序 905，出现次数 1470。

以上 8 个动词的出现次数由高到低排序如下：看＞吃＞听＞打＞写＞跑＞穿＞拉。

我们把以上排序跟 8 个动词带光杆名词宾语短语的使用频次排序进行比较：

文学语体：看 N＞打 N＞吃 N＞穿 N＞听 N＞写 N＞拉 N＞跑 N

科技语体：写 N＞看 N＞听 N＞打 N＞吃 N＞穿 N＞拉 N＞跑 N

比较发现：单个动词和动词带光杆名词宾语的短语使用频次排序中，文学语体中"看"和"看 N"一样，其他动词都不一样；科技语体中，"听"和"听 N"一样，"打"和"打 N"一样，其他动词都不一样。单个动词"看"及其带光杆名词宾语的"看 N"，在现代汉语词频统计语料库和文学语体语料库中的使用频次都是最高的，在科技语体语料中排第二，可以说，语体的差别对其在具体使用中的出现频次的排序影响不是太大。但是"看 N"在文学和科技语体语料中的频次相差达到 3 万多以上，语体差别对其出现的频次影响比较大。除了"拉 N"和"跑 N"，其他动词带光杆名词宾语的短语在文学和科技语体中的排序不同，同一个动宾短语在文学和科技语体中的频次差别较大，可见语体对动作动词带宾呈现有明显影响。

第三，为了进一步考察语体对动词带宾短语呈现的影响，我们比较 8 个高频动词带光杆名词宾语短语同时出现在等量的文学、科技两类语体中的短语频次，频次排序情况如下。

文学语体：吃 N＞打 N＞看 N＞穿 N＞听 N＞写 N＞拉 N＞跑 N

科技语体：看 N＞写 N＞吃 N＞打 N＞听 N＞穿 N＞跑 N＞拉 N

同时出现在两类语体中的动宾短语常用度比较高，一般都是该类短语中比较常见或使用频率比较高的短语。从以上排序情况看，“吃 N”在文学语体中频次最高，在科技语体中排第三；“打 N”在文学语体中排第二，但在科技语体中排第四；“看 N”在文学语体中排第三，但在科技语体中排第一；“写 N”在科技语体中排第二，但在文学语体中排第六。可见，同一个动宾短语在不同语体中的使用频次不同，语体因素对于动宾短语的出现情况具有一定的影响。

第四节　语体因素对“VN”高频动宾短语呈现的影响

通过前面的考察我们知道，8 个多义动词带光杆名词宾语的 50 个高频动宾短语[①]中，有的短语同时出现在文学和科技语体语料中，有的只在文学语体语料中出现，有的只在科技语体语料中出现，根据这一倾向性特点，下面我们将对这些高频动宾短语的呈现情况及其频次进行分析。

一、语体因素对于“听 N”动宾短语呈现情况的影响分析

1. 文学和科技语体中的“听 N”高频动宾短语考察

我们对同时出现在两类语体中频次排序前 50 的“听 N”动宾短语进行分类统计，其高频动宾短语及频次统计如表 4.2 所示。

表 4.2　“听 N”同时出现在两类语体中的高频动宾短语及频次统计　单位：次

序号[②]	短语	“听 N”在两类语体中的出现频次			
		文学	科技	总计	频次差[③]
1	听消息	2 575	146	2 721	2 429
2	听声音	2 630	69	2 699	2 561
3	听音乐	673	1 364	2 037	–691
4	听音	543	1 080	1 623	–537
5	听雨	903	272	1175	631

① 高频动宾短语是指 8 个多义动词带光杆名词宾语在语料中的具体用例。根据研究需要，我们选取文学和科技语体语料中出现频次由高到低排序的前 50 个动宾短语。

② 排序按照短语在两类语料中的总频次由高到低排序。

③ 频次差：指短语在文学语体语料中的出现频次减去在科技语体语料中的出现频次得到的数字。正数表示在文学语体语料中使用的倾向性较大，数字越大，倾向性就越大；负数表示在科技语体语料中使用的倾向性较大，数字越大，倾向性就越大。

续表

序号	短语	"听N"在两类语体中的出现频次			
		文学	科技	总计	频次差
6	听故事	701	409	1 110	292
7	听电话	489	249	738	240
8	听天命	646	23	669	623
9	听琴	428	183	611	245
10	听歌	391	184	575	207
11	听口音	494	21	515	473
12	听命令	467	21	488	446
13	听风声	362	16	378	346
14	听报告	112	221	333	–109
15	听虚实	252	21	273	231
16	听真话	204	48	252	156
17	听收音机	158	80	238	78
18	听好话	180	34	214	146
19	听音乐会	106	74	180	32
20	听新闻	80	97	177	–17
21	听天书	117	34	151	83
22	听雨声	59	51	110	8
23	听口令	83	23	106	60
24	听电台	59	28	87	31
	总频次	12 712	4 748	17 460	7 974
	平均频次	530	198		

根据以上统计我们可以总结出两个方面的特点：

第一，"听 N"在文学和科技两类语体中同时出现的高频动宾短语有 24 个，文学和科技语体的差异对这些短语在两类语料中的出现影响不大，这 24 个动宾短语对于语料语体的选择性倾向不明显。可以说，24 个动宾短语的文学和科技语体区别性特征不是很强。24 个高频动宾短语在文学语体中的总频次是 12 712 次，平均频次约为 530 次，科技语体中是 4748 次，平均频次约为 198 次，文学语体中的使用频次明显比科技语体中的高，总体上这些短语的文学语体特征比科技语体特征要强。

第二，对于具体的短语来说，等量的文学和科技语体语料中出现的频次，有的相差很大，有的相差不大。因此就同一个短语来说对于语体的选择还是有一定的倾向性。根据语言频率的相关理论，我们可以依据短语出现频率的高低来判定其对语体选择的倾向性，以此观测到语体因素对于短语出现频率的影响大小。例如，短语“听声音”在文学语体中的使用频次为2630次，在科技语体中的使用频次是69次，频次差为2561，在24个短语的频次差中最高。可以说，“听声音”对文学语体的选择倾向性比对科技语体的选择倾向性要大，我们认为语体因素对该短语使用的影响最大。以此类推，按照频次差由高到低排序，在文学语体中使用倾向性由高到低排序的前10个短语分别是：

听声音＞听消息＞听雨＞听天命＞听口音＞听命令＞听风声＞听故事＞听琴＞听电话

倾向于在科技语体中使用的短语有4个，倾向性由高到低排序分别是：

听音乐＞听音＞听报告＞听新闻

2. 文学语体中的“听N”高频动宾短语考察

两类语料中出现频次排序前50的“听N”高频动宾短语中，有的短语只出现在了文学语体语料中，其高频短语及频次情况统计如表4.3所示。

表4.3　“听N”只在文学语体中出现的高频短语及频次统计　　单位：次

序号	短语	频次	序号	短语	频次
1	听风	1334	14	听曲子	102
2	听口气	1124	15	听情报	100
3	听脚步	448	16	听枪声	95
4	听号令	421	17	听传闻	92
5	听动静	326	18	听回声	89
6	听下文	268	19	听鼓声	77
7	听语气	221	20	听忠言	71
8	听良言	221	21	听假话	69
9	听话	179	22	听钟声	68
10	听实话	148	23	听叫声	67
11	听军令	134	24	听笑话	59
12	听传说	106	25	听谣言	53
13	听传言	103	26	听圣旨	53
	总频次	6028		平均频次	232

从表 4.3 可以看出：

第一，"听 N"只出现在文学语体中的高频短语一共有 26 个。总频次为 6028 次，平均频次约为 232 次。其中 2 个 1000 以上频次的，其他都在 500 次以下。总体上，只在文学语体中出现的短语对于文学语体的选择性最强，文学语体特征的倾向性也最强。表中按照出现频次由高到低的排序也是文学语体特征倾向性由高到低的排序。频次最高的是短语"听风"，其次是"听口气"，最低的是短语"听谣言"和"听圣旨"，只有 53 次。

第二，无论是频次高的短语还是频次低的短语，总体上短语的文学语体特征都比较突出。"听风"、"听口气"两个短语的文学语体特征最强。短语"听风"集中出现在武打类小说中，指一种"暗器听风"之类的功夫，还有就是指"听风赏月"的行为等；短语"听口气"大多出自小说作品对话中的用句，意思是从说话的语气猜测对方的意图或想法。频次较低的几个短语，如听笑话、听谣言、听圣旨等短语的语义跟文学作品的故事性、情景性比较贴近，同样表现出较强的文学语体特征。其他短语如听动静、听枪声、听情报、听鼓声等的语义，往往在文学故事中才会有此情景，听良言、听话、听传言、听忠言、听假话、听实话等短语跟文学作品中人物故事叙述联系紧密。

3. 科技语体中的"听 N"高频动宾短语考察

两类语料中出现频次排序前 50 的"听 N"高频动宾短语中，有的短语只出现在了科技语体语料中，其高频短语及频次情况统计如表 4.4 所示。

表 4.4 "听 N"只在科技语体中出现的高频短语及频次统计 单位：次

序号	短语	频次	序号	短语	频次
1	听证	7510	10	听音响	42
2	听讲座	153	11	听课	42
3	听意见	128	12	听春雨	40
4	听句子	90	13	听节目	34
5	听磁带	72	14	听短文	33
6	听天气预报	49	15	听民意	31
7	听歌曲	46	16	听海	29
8	听感言	45	17	听 MP3	29
9	听京剧	43	18	听呼声	28

续表

序号	短语	频次	序号	短语	频次
19	听耳机	27	23	听名曲	23
20	听录音机	25	24	听录音带	22
21	听流行音乐	23	25	听外语	22
22	听乐曲	23	26	听唱片	20
	总频次	8629		平均频次	331

从表 4.4 中可以看出：

第一，“听 N”仅出现在科技语体中的高频短语共有 26 个。短语总频次为 8629 次，平均频次约为 331 次。在只出现在科技语体中的 8 组高频短语中，“听 N”的出现总频次排在第一。总体上看，只在科技语体中出现的短语对于科技语体的选择性最强，科技语体特征的倾向性也最强。表 4.4 中按照出现频次由高到低的排序也是科技语体特征倾向性由高到低的排序。频次最高的是短语“听证”，频次高达 7510 次，属于高频次短语，其他短语频次总体上都不高，大部分短语频次都在 50 次以下。最低频次的短语是“听唱片”，只有 20 次。最高频次和最低频次的数量相差较大，但是除了个别短语频次高以外，总体上仅在科技语体中出现的短语频次都不高。

第二，无论是频次高的短语还是频次低的短语，总体上仅在科技语体中出现的短语跟相关社会活动或事务联系比较紧密。短语“听证”频次高达 7510 次，出自科技文献的语料中出现了大量使用“听证”的用例，如用例“法律只规定了对部分行政处罚可以举行听证，主要是‘行政主体作出责令停止生产经营、吊销许可证照、较大数额罚款等可以举行听证’”。又如“听意见、听民意、听呼声”等短语也比较常见。另外，跟学术活动、课堂教学等活动情景有关的短语也有不少，如听讲座、听短文、听磁带、听句子等；还有一些跟文艺节目或演出有关的短语，如听节目、听歌曲、听乐曲、听京剧等。

二、语体因素对于“看 N”动宾短语呈现情况的影响分析

1. 文学和科技语体中的“看 N”高频动宾短语考察

我们对同时出现在两类语体中频次排序前 50 的“看 N”动宾短语进行了分类统计，其高频动宾短语及频次统计如表 4.5 所示。

表 4.5 "看 N"同时出现在两类语体中的高频动宾短语及频次统计 单位：次

序号	短语	"看 N"在两类语体中的出现频次			
		文学	科技	总计	频次差
1	看电视	2 877	3 521	6 398	–644
2	看人	5 117	802	5 919	4 315
3	看问题	1 497	3 950	5 447	–2 453
4	看电影	2 655	1 445	4 100	1 210
5	看情况	3 056	162	3 218	2 894
6	看天	2 529	196	2 725	2 333
7	看表	2 306	378	2 684	1 928
8	看世界	588	1 184	1 772	–596
9	看小说	1 325	231	1 556	1 094
10	看报纸	922	323	1 245	599
11	看风景	928	194	1 120	734
12	看山	637	390	1 020	247
13	看孩子	677	302	979	375
14	看水	605	182	787	423
15	看结果	535	143	678	392
16	看书	496	146	642	350
17	看图片	463	134	597	329
18	看东西	443	143	586	300
19	看球	188	168	356	20
	总频次	27 844	13 994	41 838	13 850
	平均频次	1 465	737		

从以上统计可以看出：

第一，在两类语体中同时出现的高频动宾短语有 19 个，文学和科技语体的差异没有影响这些高频短语的出现，总体上这 19 个动宾短语的文学和科技语体区别性特征不是很强。但是从两类语体中出现的频次高低比较看，"看 N"出现在文学语体中的倾向性明显大于科技语体。可以说，这些短语对这两类语体都有一定的选择倾向性。

第二，19 个高频动宾短语在文学语体中的总频次为 27 844 次，平均频次约为 1465 次；科技语体中总频次为 13 994 次，平均频次约为 737 次。在同时出现在文学和科技语体中的 8 组高频短语中，“看 N”的出现总频次排在第一。文学语体中的频次明显比科技语体中的高。可以说，同时出现在两类语体中的短语总体上文学语体特征比科技语体特征强。

第三，从同一个动宾短语在两类语体中出现的频次来看，有的频次相差较大，有的频次相差不大。短语“看人”在文学语体和科技语体中的出现频次分别是 5117 次和 802 次，文学和科技语体中的频次差是 4315，频次差最大，该短语在文学语体中出现的倾向性远远比在科技语体中出现的倾向性大，表现出较强的文学语体特征。根据文学和科技语体之间的频次差的大小确定倾向性的大小程度，按照短语在文学语体中出现的倾向性由大到小排序如下：看人>看情况>看天>看表>看电影>看小说>看风景>看报纸>看水>看结果>看孩子>看书>看图片>看东西>看山>看球。

短语“看人”的文学语体特征最强，第二是“看情况”，第三是“看天”，相对来说文学语体特征最弱的是“看球”。

有的短语在科技语体中出现的频次比在文学语体中高，对科技语体的选择性大于对文学语体的选择性。高频短语在科技语体中出现的倾向性由高到低排序如下：看问题>看电视>看世界。短语“看问题”的科技语体特征最强，其次是“看电视”，科技语体特征相对较弱的是短语“看世界”。

2. 文学语体中的“看 N”高频动宾短语考察

两类语料中出现频次排序前 50 的“看 N”高频动宾短语中，有的短语只出现在了文学语体语料中，其高频动宾短语及频次情况统计如表 4.6 所示。

表 4.6　“看 N”只在文学语体中出现的高频动宾短语及频次统计　单位：次

序号	短语	频次	序号	短语	频次
1	看天色	3 902	8	看事情	944
2	看剑	1 844	9	看形势	878
3	看时间	1 716	10	看天空	859
4	看好戏	1 290	11	看信	771
5	看手表	1 140	12	看皇上	756
6	看地图	1 024	13	看年纪	752
7	看究竟	962	14	看儿子	724

续表

序号	短语	频次	序号	短语	频次
15	看刀	680	24	看动静	517
16	看女人	665	25	看事	515
17	看情势	655	26	看怪物	507
18	看父亲	629	27	看雪	492
19	看主人	609	28	看母亲	472
20	看掌	590	29	看女儿	470
21	看唱本	556	30	看太阳	452
22	看模样	538	31	看白痴	450
23	看地形	521			
	总频次	26 880		平均频次	867

从表 4.6 统计可以看出：

第一，“看 N”只在文学语体中出现的高频动宾短语一共有 31 个，总频次达到 26 880 次，平均频次约为 867 次。在只出现在文学语体中的 8 组高频动宾短语中，“看 N”的出现总频次排在第一。其中 1 个 3000 以上频次的，其他都在 2000 次以下。总体上看，只在文学语体中出现的动宾短语对于文学语体的选择性最强，文学语体特征的倾向性也最强。表 4.6 中按照出现频次由高到低的排序也是文学语体特征倾向性由高到低的排序。“看 N”只出现在文学语体中的动宾短语频次总体上都比较高，频次在 1000 次以上的短语有 6 个，其中“看天色”频次最高，文学语体特征最强，第二是“看剑”，第三是“看时间”，其他短语文学语体特征由强到弱依次是：看好戏、看手表、看地图。

第二，文学语体中短语的文学色彩比较浓，表现出较强的文学语体特征。例如，出现了武打类小说的相关短语，如“看剑、看刀、看掌”，也出现了古代君王传奇类的小说短语，如“看皇上”；还有一些表示日常生活中看望家人、朋友的短语，如“看儿子、看女人、看父亲、看主人、看母亲、看女儿”等；其他短语更多出自现当代小说类作品，短语语义表现出较强的文学语体色彩，如“看天色、看好戏、看信、看究竟、看形势、看雪、看动静”等；短语“看怪物”在文学语体中的情景都不是真正的看什么“怪物”，而是指用“看怪物”心理、神态看待人，如简瓔《降爱密令》中的句子“‘你再说一遍！’倪海锋瞪着女儿，看她的眼神如看怪物。”因此，总体上只在文学语体中出现的短语表现出较强的文学语体特征。

3. 科技语体中的“看 N”高频动宾短语考察

两类语料中出现频次排序前 50 的“看 N”高频动宾短语中，有的短语只出现在了科技语体语料中，其高频动宾短语及频次情况统计如表 4.7 所示。

表 4.7　“看 N”只在科技语体中出现的高频动宾短语及频次统计　　单位：次

序号	短语	频次	序号	短语	频次
1	看图	2155	17	看材料	165
2	看录像	606	18	看京剧	164
3	看本质	575	19	看对象	164
4	看市场	485	20	看文件	138
5	看房	468	21	看价格	131
6	看新闻	269	22	看货	127
7	看历史	241	23	看资料	125
8	看苗	213	24	看文献	119
9	看楼	209	25	看动画片	114
10	看车	209	26	看例句	112
11	看事物	200	27	看题目	111
12	看主流	185	28	看质量	109
13	看文章	181	29	看能力	108
14	看花	175	30	看节目	107
15	看广告	175	31	看照片	105
16	看课文	169			
	总频次	8414		平均频次	271

从表 4.7 统计可以看出：

第一，“看 N”只出现在科技语体中的高频动宾短语一共有 31 个，总频次达到 8414 次，平均频次约为 271 次。在只出现在科技语体中的 8 组高频动宾短语中，“看 N”的出现总频次排在第三。其中 1 个 2000 以上频次的短语，其他短语都在 700 次以下。总体上看，31 个仅在科技语体中出现的短语对于科技语体的选择性最强，科技语体特征的倾向性也最强。表 4.7 中按照出现频次由高到低的排序也是科技语体特征倾向性由高到低的排序。短语“看图”的频次最高，有 2155 次，而且频次远远高于其他短语，该短语对于科技语体的选择具有较强的倾向性；短语“看照片”的频次最低，为 105 次，相比其他 30 个短语，该短语的科技语体特征最弱。

第二，“看 N”只出现在科技语体中的 31 个短语表现出较强的科技语体特征。例如，有的短语跟相关专业技术领域联系紧密，如看历史、看文章、看材料、看文件、看资料、看文献等；有的跟学校教育教学联系紧密，如看图、看课文、看例句、看题目等；有的跟电视、演出观看或者相关日常生活联系紧密，如看录像、看新闻、看京剧、看动画片、看节目、看照片、看苗、看花等；有的跟老百姓关注的热点问题有关，如看楼、看房、看车、看广告、看货等；有的短语中的“看”表示抽象义，指的是探究、研究或依据、凭借等意思，如看本质、看事物、看主流、看对象、看质量、看能力等。可见，从短语涉及的语体范围、内容以及语义等方面来看，这些短语具有较强的科技语体的特征，科技语体特征直接关系或影响到这些短语的出现及其频次。

三、语体因素对于“吃 N”动宾短语呈现情况的影响分析

1. 文学和科技语体中的“吃 N”高频动宾短语考察

我们对同时出现在两类语体中频次排序前 50 的“吃 N”动宾短语进行了分类统计，其高频动宾短语及频次统计如表 4.8 所示。

表 4.8 “吃 N”同时出现在两类语体中的高频动宾短语及频次统计 单位：次

序号	短语	“吃 N”在两类语体中的出现频次			
		文学	科技	总计	频次差
1	吃肉	5 373	795	6 168	4 578
2	吃晚饭	3 813	290	4 103	3 523
3	吃酒	3 270	232	3 502	3 038
4	吃午饭	2 068	303	2 371	1 765
5	吃草	1 631	559	2 190	1 072
6	吃早饭	1 852	236	2 088	1 616
7	吃菜	1 628	310	1 938	1 318
8	吃鱼	1 106	581	1 687	525
9	吃早餐	981	452	1 433	529
10	吃粮	823	206	1 029	617

续表

序号	短语	“吃 N”在两类语体中的出现频次			
		文学	科技	总计	频次差
11	吃螃蟹	293	552	845	–259
12	吃糖	469	376	845	93
13	吃蔬菜	241	547	788	–306
14	吃水果	353	386	739	–33
15	吃早点	472	81	553	391
16	吃点心	448	82	530	366
17	吃盐	253	253	506	0
18	吃鸡	367	120	487	247
19	吃饺子	337	143	480	194
20	吃西瓜	266	122	388	144
21	吃火锅	295	89	384	206
22	吃鸡蛋	215	148	363	67
23	吃猪肉	248	104	352	144
24	吃西餐	267	77	344	190
25	吃面条	216	86	302	130
26	吃夜宵	183	92	275	91
	总频次	27 468	7 222	34 690	20 246
	平均频次	1 056	278		

从以上统计可以看出：

第一，在两类语体中同时出现的高频动宾短语有 26 个，文学和科技语体的差异因素对于这些高频短语的出现影响不大，总体上这 26 个动宾短语的文学和科技语体的区别性特征不是很强。但是 26 个短语在文学和科技语体中出现的频次相差较大，“吃 N”出现在文学语体中的倾向性明显比科技语体中的大。

第二，26 个高频动宾短语在文学语体中的总频次是 27 468 次，平均频次约为 1056 次；科技语体中总频次是 7222 次，平均频次约为 278 次。在同时出现在文学和科技语体中的 8 组高频动宾短语中，“吃 N”的出现总频次排在第二。文学语体中的频次明显比科技语体高。可以说，同时出现在两类语体中的短语总体上文学语体特征比科技语体特征强。

第三，从同一个动宾短语在两类语体中出现的频次来看，有的频次相差较大，有的频次相差不大。短语“吃肉”在文学语体和科技语体中的出现频次分别是 5373 次和 795 次，两类语体的频次差为 4578，频次差最大，该短语在文学语体中出现的倾向性远远比在科技语体中出现的倾向性大，表现出较强的文学语体特征。文学语体中出现频次在 1000 次以上的短语有 8 个，而且跟科技语体之间的频次差也大，其文学语体特征的倾向性由高到低排序如下：

吃肉＞吃晚饭＞吃酒＞吃午饭＞吃早饭＞吃菜＞吃草＞吃鱼

从以上排序看，一日三餐中的相关短语都是人们在实际生活中使用频率特别高的短语词汇，“吃肉”、“吃酒”、“吃菜”、“吃鱼”更是人们饮食文化中不可少的内容，“吃肉”不仅在文学语体中频次高，在科技语体中频次也是最高的。但其他几个短语在科技语体中的频次都不是很高。

第四，有的短语在科技语体中出现的频次比在文学语体中高，科技语体特征较文学语体特征强，这样的短语一共有 3 个：吃螃蟹、吃蔬菜、吃水果。“吃螃蟹”在科技语体中几乎都是用于社会、企业改革和创新中的实例分析，其意思是指敢于冒险、有勇气的人。例如出自科技文献的用例“在市场竞争日趋激烈的现实条件下，冯军这位黄土高坡养育的年轻汉子，以坚韧不拔的毅（意）志决心下海‘吃螃蟹’”。文学语体中除了具有该意义外，更多使用是指真正的螃蟹。科技语体中的“吃蔬菜”和“吃水果”一般都是在健康、养生以及保健等方面谈及。可见，同时出现在两类语体中的短语，不仅出现频次差异较大，使用范围、语境上也有较大区别，体现出文学和科技语体的特点。

2. 文学语体中的“吃 N”高频动宾短语考察

两类语料中出现频次排序前 50 的“吃 N”高频动宾短语中，有的短语只出现在了文学语体语料中，其高频动宾短语及频次情况统计如表 4.9 所示。

表 4.9 “吃 N”只出现在文学语体中的高频动宾短语及频次统计 单位：次

序号	短语	频次	序号	短语	频次
1	吃屎	736	8	吃白食	379
2	吃老虎	687	9	吃干粮	323
3	吃罪	513	10	吃糠	306
4	吃干饭	477	11	吃晚餐	296
5	吃中饭	475	12	吃羊肉	293
6	吃狗肉	473	13	吃烟	275
7	吃罚酒	418	14	吃午餐	262

续表

序号	短语	频次	序号	短语	频次
15	吃粥	220	20	吃包子	206
16	吃对方	219	21	吃宵夜	203
17	吃牛肉	218	22	吃馒头	193
18	吃喜酒	216	23	吃大餐	191
19	吃鳖	206	24	吃五谷	186
	总频次	7971		平均频次	332

从表 4.9 统计可以看出：

第一，“吃 N”只出现在文学语体中的高频动宾短语一共有 24 个，总频次为 7971 次，平均频次约为 332 次。在只出现在文学语体中的 8 组高频动宾短语中，“吃 N”的出现总频次排在第三。最高频次短语是“吃屎”，736 次，最低频次短语是“吃五谷”，186 次。总体上看，文学语体中出现的短语频次不太高，相对来说最高频次和最低频次之间相差也不是太大，短语的频次分布比较均衡。这 24 个短语只在文学语体中出现，在使用范围、语境以及语义等方面对于文学语体的选择性最强，可以说文学语体特征的倾向性也最强。表 4.9 中按照出现频次由高到低的排序也是文学语体特征倾向性由高到低的排序。

第二，文学语体中有的高频短语更多使用抽象义，语义表现出较浓的文学色彩，而且短语在古代和现当代文学作品中都有出现，所选择的语体范围较广，总体上表现出较强的文学语体特征。例如，最高频次的短语“吃屎”在古代小说和现当代小说中都有出现，大部分指一个人本性难改，例句如“马远真是太失败了。没想到竟然会选择这样的方式来报复。真是狗改不了吃屎”（随着风启航《重生之仙欲》）；也有表示骂人的话，例句如“‘你们不在郑州呆（待）着，怎么跑到这来吃屎？’‘他妈的，你才吃屎’”（小桥老树《黄沙百战穿金甲》）；也有表示直接义的，例句如“十三娘稍微动了点手脚，便把你那同党浸在茅厕里吃屎”（还珠楼主《北海屠龙记》）。另一个高频短语“吃老虎”出现的文学语体范围也比较广，语义更多的是抽象义，例句如“在商场上与人交锋，谁会胜得了她呵？扮猪吃老虎的哲学怕是没有人比她更能掌握其中精髓了！”（席绢《歪点擒郎》）。语体使用中表示抽象义的短语还有吃罪、吃白食、吃对方、吃鳖等。

3. 科技语体中的“吃 N”高频动宾短语考察

两类语料中出现的频次排序前 50 的“吃 N”高频动宾短语中，有的短语只出现在了科技语体语料中，其高频动宾短语及频次情况统计如表 4.10 所示。

表 4.10 “吃 N”只出现在科技语体中的高频动宾短语及频次统计 单位：次

序号	短语	频次	序号	短语	频次
1	吃料	535	13	吃海鲜	104
2	吃国家	357	14	吃冷饮	98
3	吃小鱼	243	15	吃动物	96
4	吃甜食	207	16	吃肥肉	93
5	吃财政	206	17	吃工作餐	90
6	吃苹果	174	18	吃香蕉	86
7	吃银行	138	19	吃蛋	82
8	吃野生动物	132	20	吃月饼	79
9	吃快餐	124	21	吃粗粮	79
10	吃食堂	123	22	吃饲料	78
11	吃食物	121	23	吃方便面	74
12	吃萝卜	110	24	吃葡萄	73
	总频次	3502		平均频次	146

从表 4.10 统计可以看出：

第一，“吃 N”出现在科技语体中的高频动宾短语一共有 24 个，总频次为 3502 次，平均频次约为 146 次。在只出现在科技语体中的 8 组高频动宾短语中，“吃 N”的出现总频次排在第五。最高频次的短语是“吃料”，有 535 次，最低频次的短语是“吃葡萄”，73 次。总体上看，科技语体中出现的短语频次不高，相对来说最高频次和最低频次之间相差也不是太大，短语的频次分布比较均衡。这 24 个短语只在科技语体中出现，在使用范围、语境以及语义等方面对于科技语体的选择性最强，可以说科技语体特征的倾向性也最强。表 4.10 中按照出现频次由高到低的排序也是科技语体特征倾向性由高到低的排序。

第二，“吃 N”只出现在科技语体中的 24 个高频短语跟出现在文学语体中的相比，短语的适用范围体现出一定差异，动词“吃”所带的宾语成分几乎都是跟饮食有关，类似文学语体中出现的“吃罚酒”、“吃屎”、“吃白食”、“吃罪”、“吃干饭”等表示引申义或抽象义的短语用例没有出现。科技语体中出现频次最高的短语“吃料”主要出现在牲畜的饲养方面，如用例“公母分饲的方法是在料槽上面扣上用粗钢丝做的隔罩（防栖栅），隔罩上钢丝之间的格孔只能让母鸡的头伸入，公鸡因头较宽而不能伸进槽吃料”，还有的出现在工厂机器生产方面，如科技文献中的用例："舍内保持适宜的温度、湿度、密度、通风等条件，并创造一套稳定的管理程序，饮水、吃料、下水游泳，上、入圈歇息等，都要定时、定点，形成习惯后，不轻易改变。"出现频次排第二的短语"吃国家"的用例大多跟企业改革有关，如用例"我国国有企业普遍存在的问题是没有危机感，企业吃国家'大锅饭'、职工吃企业'大锅饭'"。类似的短语还有"吃银行"等。短语"吃野生动物"的用例主要跟动物保护或立法方面有关。

四、语体因素对于"写 N"动宾短语呈现情况的影响分析

1. 文学和科技语体中的"写 N"高频动宾短语考察

我们对同时出现在两类语体中频次排序前 50 的"写 N"动宾短语进行了分类统计，其高频动宾短语及频次统计如表 4.11 所示。

表 4.11 "写 N"同时出现在两类语体中的高频动宾短语及频次统计 单位：次

序号	短语	"写 N"在两类语体中的出现频次			
		文学	科技	总计	频次差
1	写诗	1 778	2 154	3 932	−376
2	写人	232	2 991	3 223	−2 759
3	写小说	1 310	824	2 134	486
4	写书	1 549	556	2 105	993
5	写论文	227	1 674	1 901	−1 447
6	写作文	141	1 214	1 355	−1 073
7	写人物	122	1 093	1 215	−971
8	写历史	352	650	1 002	−298
9	写日记	358	589	947	−231
10	写东西	609	175	784	434
11	写报告	285	341	626	−56
12	写词	123	501	624	−378
13	写材料	181	416	597	−235
14	写文章	162	332	494	−170
15	写程序	89	378	467	−289
16	写情	71	352	423	−281

续表

序号	短语	“写 N”在两类语体中的出现频次			
		文学	科技	总计	频次差
17	写作业	197	188	385	9
18	写散文	113	238	351	–125
19	写爱情	113	222	335	–109
20	写序	140	191	331	–51
21	写故事	87	229	316	–142
	总频次	8 239	15 308	23 547	–7 069
	平均频次	392	729		

从以上统计可以看出：

第一，在两类语体中同时出现的高频动宾短语有 21 个，体现出对文学和科技语体的选择倾向性，文学和科技语体的差异性没有影响这些高频短语的出现，总体上这 21 个动宾短语的文学和科技语体的区别性特征都不是很强。

第二，21 个高频动宾短语在文学语体中的总频次是 8239 次，平均频次约为 392 次；科技语体中总频次是 15 308 次，平均频次约为 729 次。在同时出现在文学和科技语体中的 8 组高频动宾短语中，“写 N”的出现总频次排在第四。总体上“写 N”动宾短语在科技语体中的频次明显比文学语体中的高，在两类语体中出现的这 21 个动宾短语总体上科技语体特征比文学语体特征强。

第三，在两类语体中同时出现的短语中，有的频次相差非常大，有的频次相差不大，多个短语的科技语体频次明显高于文学语体。短语“写诗”在文学语体中是最高频次，但其在科技语体中的频次更高，可以说该短语在文学语体和科技语体中的出现频次都比较高，与此相反，其文学或科技语体特征反而比较弱。短语“写人”在科技语体中频次有 2991 次，是“写 N”短语中的最高频次，但其在文学语体中的频次只有 232 次，两者相差 2759 次，科技语体中的频次远远高于文学语体中的，因此，尽管该短语同时出现在两类语体中，但是其在科技语体中的高频次充分显示出其对科技语体选择的显著倾向性，也可以说短语“写人”跟其他同时出现在两类语体中的短语相比，“写人”的科技语体特征最强；第二是“写论文”，第三是“写作文”，第四是“写人物”。其他科技语体特征强的短语还有：

写词>写诗>写历史>写程序>写情>写材料>写日记

文学语体中频次比科技语体中高的短语只有 4 个，分别是：写书、写小说、写东西、写作业。其中“写作业”在两类语体中的频次十分接近，语体特征最弱。

2. 文学语体中的“写 N”高频动宾短语考察

两类语料中出现频次排序前 50 的“写 N”高频动宾短语中，有的短语只出现在了文学语体语料中，其高频动宾短语及频次情况统计如表 4.12 所示。

表 4.12 “写 N”只出现在文学语体中的高频动宾短语及频次统计 单位：次

序号	短语	频次	序号	短语	频次
1	写剧本	274	16	写大字	102
2	写情书	257	17	写传记	97
3	写奏折	225	18	写名字	92
4	写奏章	185	19	写战争	92
5	写折子	178	20	写毛笔	90
6	写书信	173	21	写文字	87
7	写戏	163	22	写歌	87
8	写回忆录	145	23	写标语	87
9	写大字报	139	24	写武侠小说	84
10	写稿子	135	25	写状子	84
11	写回信	127	26	写血书	84
12	写字	120	27	写休书	77
13	写自传	114	28	写诗作	72
14	写对联	108	29	写遗书	70
15	写诏书	107			
	总频次	3655		平均频次	126

从表 4.12 统计可以看出：

第一，“写 N”只出现在文学语体中的高频动宾短语一共有 29 个，总频次为 3655 次，平均频次约为 126 次。在只出现在文学语体中的 8 组高频动宾短语中，“写 N”的出现总频次排在第七。最高频次短语是“写剧本”，274 次，最低频次短语是“写遗书”，仅 70 次。总体上看，文学语体中出现的动宾短语频次都不高，最高频次和最低频次之间相差也不大，短语的频次分布在 70 至 300 之间。“写 N”在文学语体中的短语频次虽然不高，但还是表现出对文学语体选择性的倾向，可以说这 29 个短语是“写 N”短语中文学语体特征最强的短语。表 4.12 中按照出现频次由高到低的排序也是文学语体特征倾向性由高到低的排序。

第二，文学语体中出现的短语表现出较浓的文学色彩，而且短语反映出一定社会时代的特点。例如出自古代小说中的短语“写奏折”、“写奏章”、“写折子”、“写诏书”，具有较为浓郁的古代帝王宫廷朝代特色；反映古代社会官府衙门的短语“写状子”，反映古代家庭婚姻生活的短语“写休书”，反映“文革”时期的专门短语“写大字报”等。其他短语大都出自现当代小说。

3. 科技语体中的“写 N”高频动宾短语考察

在两类语料中出现频次排序前 50 的“写 N”高频动宾短语中，有的短语只出现在了科技语体语料中，其高频动宾短语及频次情况统计如表 4.13 所示。

表 4.13 “写 N”只出现在科技语体中的高频动宾短语及频次统计 单位：次

序号	短语	频次	序号	短语	频次
1	写教材	893	16	写个人	220
2	写对象	679	17	写社会	217
3	写话	530	18	写评语	201
4	写教案	475	19	写毕业论文	198
5	写议论文	426	20	写心得	196
6	写规则	414	21	写事物	189
7	写记叙文	334	22	写提纲	184
8	写景物	324	23	写女性	178
9	写时间	319	24	写山水	176
10	写语言	293	25	写新闻	175
11	写自然	270	26	写课文	171
12	写人生	266	27	写问卷	165
13	写句子	266	28	写山	165
14	写数据	249	29	写事	164
15	写读后感	228			
	总频次	8565		平均频次	295

从表 4.13 统计可以看出：

第一，“写 N”只出现在科技语体中的高频动宾短语一共有 29 个，总频次为

8565 次，平均频次约为 295 次。在只在科技语体中出现的 8 组高频动宾短语中，“写 N”的出现总频次排在第二。最高频次短语是“写教材”，893 次，最低频次短语是“写事”，164 次。总体上看，只在科技语体中出现的短语频次也不高，相对来说最高频次和最低频次之间相差也不是太大，短语的频次分布比较均衡。这 29 个短语只在科技语体中出现，对于科技语体的选择性最强，可以说科技语体特征的倾向性也最强。表 4.13 中按照出现频次由高到低的排序也是科技语体特征倾向性由高到低的排序。

第二，“写 N”出现在科技语体中的短语跟动词“写”的语义和语境联系很紧密，大量的短语都是反映学校教育教学方面的内容，例如“写教材、写教案、写评语、写毕业论文、写课文、写问卷”等，有的直接跟语文写作有关系，例如短语“写对象、写议论文、写记叙文、写景物、写句子、写提纲、写山水、写新闻、写山、写事”等；短语“写语言”和“写数据”使用范围相对广泛。“写语言”的用例如：“难怪中国作家汪曾棋（祺）要说：‘写小说就是写语言’，因为小说的世界毕竟是通过小说家的技巧构成的艺术品。”又如用例：“《左传》的历史文学成就极高，在写战争、写人物、写语言方面都首开中国史学之先河，达到了很高的水平。”“写数据”的用例如：“属性设置可以覆盖已经指定的任何受托者指派和有效权限。属性往往能控制以下几个方面的权限：向某个文件写数据、拷贝一个文件、删除目录或文件、查看目录和文件、执行文件、隐含文件、共享、系统属性等。”

五、语体因素对于“拉 N”动宾短语呈现情况的影响分析

1. 文学和科技语体中的“拉 N”高频动宾短语考察

我们对同时出现在两类语体中频次排序前 50 的“拉 N”动宾短语进行了分类统计，其高频动宾短语及频次统计如表 4.14 所示。

表 4.14　“拉 N”同时出现在两类语体中的高频动宾短语及频次统计　单位：次

序号	短语	“拉 N”在两类语体中的出现频次			
		文学	科技	总计	频次差
1	拉人	1338	343	1681	995
2	拉弓	1039	77	1116	962
3	拉马	814	83	897	731
4	拉弦	372	39	411	333
5	拉沙	60	315	375	–255

续表

序号	短语	"拉N"在两类语体中的出现频次			
		文学	科技	总计	频次差
6	拉风箱	285	17	302	268
7	拉选票	114	171	285	–57
8	拉货	139	114	253	25
9	拉琴	126	91	217	35
10	拉手	102	114	216	–12
11	拉小提琴	128	73	201	55
12	拉水	66	79	145	–13
13	拉煤	79	84	163	–5
14	拉二胡	100	48	148	52
15	拉板车	123	23	146	100
16	拉绳子	123	22	145	101
17	拉胡琴	95	47	142	48
18	拉广告	53	80	133	–27
19	拉歌	112	13	125	99
20	拉船	85	24	109	61
21	拉犁	64	37	101	27
22	拉雪橇	64	27	91	37
23	拉灯	65	20	85	45
24	拉牛	66	17	83	49
25	拉砖	62	12	74	50
26	拉粪	54	19	73	35
	总频次	5728	1989	7717	3739
	平均频次	220	76.5		

从表 4.14 统计可以看出：

第一，在两类语体中同时出现的高频动宾短语有 26 个，同时出现在两类语体中的短语对文学和科技语体都有一定的选择倾向性，总体上这 26 个动宾短语的文学和科技语体的区别性特征不是很强。

第二，“拉 N”高频动宾短语在文学语体中的总频次为 5728 次，平均频次约为 220 次；科技语体中总频次为 1989 次，平均频次约为 76.5 次。在同时出现在文学和科技语体中的 8 组高频动宾短语中，“拉 N”的出现总频次排在第七。总体上，“拉 N”动宾短语在文学语体中的频次比科技语体中的高，文学语体的倾向性特征较科技语体的倾向性特征要强。

第三，两类语体中同时出现的动宾短语中有的频次相差非常大，有的频次相差不大，很多短语的文学语体频次高于科技语体。短语“拉人”在文学和科技语体中都是最高频次，频次差为 995，但其在文学语体中的频次远远高出科技语体中的，可以说该短语文学语体的倾向性最强，第二是短语“拉弓”，频次差为 962，第三是短语“拉马”，频次差为 731。此外，文学语体倾向性相对较强的短语还有以下几个：

拉弦＞拉风箱＞拉绳子＞拉板车＞拉歌

除了以上短语倾向性特征相对较强外，“拉 N”的其他短语不管在文学语体中还是在科技语体中的频次总体上都不高，有的文学语体中的频次略高，有的科技语体中的频次略高，但频次差都不大。例如文学语体中频次略高的短语还有（按照频次差由高到低排序）：拉船、拉小提琴、拉二胡、拉砖、拉牛、拉胡琴、拉灯、拉雪橇、拉粪、拉琴、拉犁、拉货。

短语“拉沙”在科技语体中频次为 315 次，文学语体中为 60 次，频次差为 255，是其中科技语体倾向性最强的短语。其他科技语体中频次略高的短语有拉选票、拉广告、拉水、拉手、拉煤，这些短语总体频次不高，频次差不大，语体特征的倾向性不是太突出。

2. 文学语体中的“拉 N”高频动宾短语考察

两类语料中出现频次排序前 50 的“拉 N”高频动宾短语中，有的短语只出现在了文学语体语料中，其高频动宾短语及频次情况统计如表 4.15 所示。

表 4.15 “拉 N”只出现在文学语体中的高频动宾短语及频次统计 单位：次

序号	短语	频次	序号	短语	频次
1	拉老夫	471	5	拉兄弟	146
2	拉缰绳	358	6	拉杆子	122
3	拉枪栓	269	7	拉炮	116
4	拉壮丁	167	8	拉家常	102

续表

序号	短语	频次	序号	短语	频次
9	拉操纵杆	96	17	拉刀	62
10	拉队伍	96	18	拉箭	61
11	拉被子	91	19	拉衣服	59
12	拉姐姐	83	20	拉东西	56
13	拉骆驼	68	21	拉弓弦	56
14	拉衣襟	66	22	拉绳索	54
15	拉椅子	65	23	拉窗帘	52
16	拉家伙	63	24	拉警报	52
	总频次	2831		平均频次	118

从表 4.15 统计可以看出：

第一，“拉 N”出现在文学语体中的高频动宾短语一共有 24 个，总频次为 2831 次，平均频次约为 118 次。在只出现在文学语体中的 8 组高频动宾短语中，“拉 N”的出现总频次最低。文学语体中最高频次短语是“拉老夫”，471 次，文学语体特征最强，最低频次短语是“拉窗帘”和“拉警报”，仅 52 次，文学语体特征是其中最弱的。总体上看，文学语体中出现的短语频次都不高，最高频次和最低频次之间相差不大。“拉 N”在文学语体中的短语频次虽然不高，但还是表现出对文学语体选择的倾向性，可以说这 24 个短语是“拉 N”短语中文学语体特征最强的短语。表 4.15 中按照出现频次由高到低的排序也是文学语体特征倾向性由高到低的排序。

第二，“拉 N”在文学语体中出现频次较高的几个短语语义比较丰富，有的是常用直接义，有的是抽象义，文学语体倾向性较强。例如，短语“拉老夫、拉壮丁、拉兄弟、拉家常”等带有较浓的文学色彩，“拉”更多是指“拉扯、拉拢、联络”等；此外短语“拉缰绳、拉枪栓、拉杆子、拉炮、拉操纵杆”等表达文学故事情景的色彩也较浓，“拉”的意思是直接义或常用义，表示“用力朝自己的方向移动”；频次在 90 以下的短语语义几乎都是常用义，例如“拉骆驼、拉衣襟、拉家伙、拉箭、拉窗帘、拉警报”等，表示“用力拉”的意思。

3. 科技语体中的“拉 N”高频动宾短语考察

两类语料中出现频次排序前 50 的“拉 N”高频动宾短语中，有的短语只出现在了科技语体语料中，其高频动宾短语及频次情况统计如表 4.16 所示。

表 4.16　“拉 N”只出现在科技语体中的高频动宾短语及频次统计　单位：次

序号	短语	频次	序号	短语	频次
1	拉存款	264	13	拉土	34
2	拉客户	146	14	拉钢丝	29
3	拉小车	137	15	拉黄包车	23
4	拉大车	134	16	拉水牛	23
5	拉电	94	17	拉锚	20
6	拉镜头	58	18	拉项目	20
7	拉幕	43	19	拉京胡	18
8	拉电线	41	20	拉水泥	17
9	拉油	41	21	拉洋车	16
10	拉山头	39	22	拉袖子	14
11	拉料	37	23	拉人力车	14
12	拉业务	36	24	拉领导	13
	总频次	1311		平均频次	55

从表 4.16 统计可以看出：

第一，“拉 N”只出现在科技语体中的高频动宾短语一共有 24 个，总频次为 1311 次，平均频次约为 55 次。在只出现在科技语体中的 8 组高频动宾短语中，“拉 N”的出现总频次排在第七。最高频次短语是“拉存款”，264 次，最低频次短语是“拉领导”，仅 13 次。总体上看，科技语体中出现的短语频次不高，尤其是低频次的数值很小。但是这 24 个短语只在科技语体中出现，对于科技语体的选择性最强，可以说科技语体特征的倾向性也最强。表 4.16 中按照出现频次由高到低的排序也是科技语体特征倾向性由高到低的排序。

第二，“拉 N”只在科技语体中出现的短语跟日常工作、生活联系比较紧密，例如短语“拉存款、拉客户、拉业务、拉项目”等跟商业贸易有关，短语“拉小车、拉大车、拉黄包车、拉洋车”跟车行公司服务有关，短语“拉油、拉料、拉土、拉钢丝、拉水牛、拉水泥”等跟用车做商业生意有关，短语“拉电、拉镜头、拉幕、拉电线、拉锚、拉京胡、拉袖子”等跟用手用力做某事有关。

六、语体因素对于“穿N”动宾短语呈现情况的影响分析

1. 文学和科技语体中的“穿N”高频动宾短语考察

我们对同时出现在两类语体中频次排序前50的“穿N”动宾短语进行了分类统计，其高频动宾短语及频次统计如表4.17所示。

表4.17 “穿N”同时出现在两类语体中的高频动宾短语及频次统计 单位：次

序号	短语	“穿N”在两类语体中的出现频次			
		文学	科技	总计	频次差
1	穿衣服	3 510	470	3 980	3 040
2	穿云	2 652	67	2 719	2 585
3	穿心	2 518	127	2 645	2 391
4	穿鞋	1 000	422	1 422	578
5	穿白衣	934	42	976	892
6	穿山	813	157	970	656
7	穿军装	858	92	950	766
8	穿墙	509	307	816	202
9	穿肠	643	50	693	593
10	穿城	418	226	644	192
11	穿西装	487	121	608	366
12	穿长衫	437	135	572	302
13	穿长袍	503	49	552	454
14	穿街	378	75	453	303
15	穿裤子	351	53	404	298
16	穿洞	274	72	346	202
17	穿西服	236	75	311	161
18	穿裙子	217	80	297	137
19	穿马路	148	150	298	–2
20	穿白大褂	199	77	276	122
21	穿上衣	213	33	246	180
22	穿草鞋	180	59	239	121

续表

序号	短语	“穿 N”在两类语体中的出现频次			
		文学	科技	总计	频次差
23	穿袜子	191	30	221	161
24	穿旗袍	171	45	216	126
25	穿警服	157	33	190	124
26	穿金甲	146	41	187	105
	总频次	18 143	3 088	21 231	15 055
	平均频次	698	119		

从表 4.17 统计可以看出：

第一，在两类语体中出现频次排序前 50 的高频动宾短语有 26 个，文学语体中短语的总频次为 18 143 次，平均频次约为 698 次；科技语体中短语的总频次为 3088 次，平均频次约为 119 次。在同时出现在文学和科技语体中的 8 组高频动宾短语中，“穿 N”的出现总频次排在第五。总体上看，同时在两类语体中出现的动宾短语总频次相差较大，文学语体中出现的总频次远远高于科技语体中的，总体上文学语体特征的倾向性较强。这 26 个短语同时在文学和科技语体中出现，短语对于两类语体都有一定的选择性，文学语体和科技语体的倾向性特征不是很强。但每个短语在不同语体中出现的频次不同，对于有的频次相差较大的短语来说，不同语体的倾向性特征还是有一定差别的。

第二，除了短语“穿马路”，其他同一个短语在文学语体中的频次比在科技语体中的频次高，而且频次差都在 100 以上，有的短语两类语体的频次差非常高。短语“穿衣服”在文学和科技语体中的频次都是最高频次，文学和科技语体中的频次分别是 3510 次和 470 次，频次差为 3040，文学语体中的频次远远高出科技语体中的，可以说该短语文学语体特征的倾向性最强；其次是短语“穿云”，文学和科技语体中的频次差为 2585；再次是短语“穿心”，频次差为 2391。此外，文学语体倾向性相对较强的短语还有以下几个：

穿白衣＞穿军装＞穿山＞穿肠＞穿鞋＞穿长袍＞穿西装＞穿街＞穿长衫

以上短语在文学和科技语体中的频次差都在 300 以上。短语“穿马路”在文学和科技语体中的频次十分接近，分别是 148 次和 150 次，频次差仅为 2，该短语在两类语体中选择的倾向性不明显，说明其文学和科技语体特征的倾向性都不强。

第三，高频短语在文学语体和科技语体中使用的范围、语境具有较大差异，体现出不同的语体特征。例如，短语“穿衣服”在文学语体中主要用在日常生活、故事情景中，而在科技语体中主要应用在学校日常生活教育活动中；短语“穿云”在科技语体中更多指高空中的“飞机能够穿云”，或是自然景观中的“高峰穿云”，或是形容科技产品的“雷达穿云透雾”，或是指声音“穿云裂帛”的现象，等等，文学语体中出现的短语“穿云”除了具有以上使用意义外，更多出自武打小说中的功夫绝技，例如：

（189）蘅春自元儿一走，心灵上不免略起紧张，立即纳剑还鞘，双掌一合，“燕子穿云”，身子如排云御气，离地两三丈，猛朝正西直跃。

——续紫龙佩 A：墨余生 Y：1990

（190）辣手云英有了上次的经验，此刻早已有备，身形纵起，使了一招“穿云 射日”剑化一圈银虹，护住全身，朝前冲去。

——引剑珠 A：东方玉 Y：1996

2. 文学语体中的“穿 N”高频动宾短语考察

两类语料中出现频次排序前 50 的“穿 N”高频动宾短语中，有的短语只出现在了文学语体语料中，其高频动宾短语及频次情况统计如表 4.18 所示。

表 4.18 “穿 N”只出现在文学语体中的高频动宾短语及频次统计 单位：次

序号	短语	频次	序号	短语	频次
1	穿甲	399	13	穿铁甲	217
2	穿盔甲	387	14	穿衣裳	203
3	穿官服	383	15	穿便衣	200
4	穿铠甲	378	16	穿男装	198
5	穿道袍	367	17	穿黄袍	190
6	穿军服	340	18	穿青衫	187
7	穿门	318	19	穿内裤	169
8	穿青衣	314	20	穿和服	169
9	穿便服	256	21	穿开裆裤	162
10	穿龙袍	254	22	穿丧服	149
11	穿皮袄	246	23	穿便装	147
12	穿房	229	24	穿睡衣	145
	总频次	6007		平均频次	250

从表 4.18 统计可以看出：

第一，“穿 N”只出现在文学语体中的高频动宾短语一共有 24 个，总频次为 6007 次，平均频次约为 250 次。在只出现在文学语体中的 8 组高频动宾短语中，“穿 N” 的出现总频次排在第五。文学语体中最高频次短语是“穿甲”，399 次，文学语体特征最强，最低频次短语是“穿睡衣”，145 次，文学语体特征相对较弱。总体上看，文学语体中的“穿 N” 动宾短语的频次都不高，但 24 个短语频次都在 100 以上，整体频次不低，体现出“穿 N” 高频动宾短语文学语体特征的倾向性，可以说这些短语是“穿 N”文学语体特征最强的短语。表 4.18 中按照出现频次由高到低的排序也是文学语体特征倾向性由高到低的排序。

第二，“穿 N” 在文学语体中出现的高频动宾短语表现出较为浓厚的文学语体特征。例如，短语“穿甲、穿军服、穿盔甲、穿铠甲、穿铁甲”等大多出自古代和现代战争题材的小说；短语“穿官服、穿道袍、穿青衣、穿龙袍、穿黄袍”等出自古代社会帝王小说；短语“穿便服、穿皮袄、穿衣裳、穿便衣、穿男装、穿内裤、穿和服、穿开裆裤、穿丧服、穿便装、穿睡衣”等都是反映人类日常生活着装的短语，出自现当代题材广泛的各类小说。

3. 科技语体中的“穿 N” 高频动宾短语考察

两类语料中出现频次排序前 50 的“穿 N”高频动宾短语中，有的短语只出现在了科技语体语料中，其高频动宾短语及频次情况统计如表 4.19 所示。

表 4.19 “穿 N”只出现在科技语体中的高频动宾短语及频次统计 单位：次

序号	短语	频次	序号	短语	频次
1	穿纱	221	13	穿公路	42
2	穿工作服	114	14	穿制服	40
3	穿高跟鞋	88	15	穿楼板	38
4	穿校服	81	16	穿长袖	35
5	穿井	77	17	穿丝	34
6	穿堤	73	18	穿棉衣	33
7	穿皮鞋	71	19	穿鞋子	32
8	穿钢丝	62	20	穿短裤	29
9	穿新衣	62	21	穿棉袄	28
10	穿拖鞋	59	22	穿大衣	27
11	穿牛仔裤	50	23	穿坝	27
12	穿衬	50	24	穿运动鞋	27
	总频次	1400		平均频次	58

从表 4.19 统计可以看出：

第一，“穿 N”出现在科技语体中的高频动宾短语一共有 24 个，总频次为 1400 次，平均频次约为 58 次。在只出现在科技语体中的 8 组高频动宾短语中，“穿 N”的出现总频次排在第六。最高频次短语是“穿纱”，221 次，最低频次短语是“穿大衣”、“穿坝”和“穿运动鞋”，仅 27 次。总体上看，科技语体中出现的“穿 N”短语频次比较低，除了“穿纱”和“穿工作服”两个短语频次在 100 以上，其他 22 个短语频次都在 100 以内。尽管如此，就文学和科技语体来说，这 24 个只在科技语体中出现的短语对于科技语体的选择性最强，可以说科技语体特征的倾向性也最强。表 4.19 中按照出现频次由高到低的排序也是科技语体特征倾向性由高到低的排序。

第二，“穿 N”在科技语体中出现的短语少部分跟相关专业技术工作有关，大部分用于生活保健知识等领域。例如，短语“穿纱”大量出自纺织工业题材的科技文献，短语“穿井”出自反映古代城池生活设施方面的科技文献，短语“穿堤”则出自大量反映长江、黄河以及相关河流治理方面的科技文献，“穿钢丝、穿丝”跟现代工业技术与生产有关。可见，仅在科技语体中出现的高频动宾短语使用的范围、内容以及题材等跟科技语体联系紧密，体现出科技语体的特点。

七、语体因素对于“跑 N”动宾短语呈现情况的影响分析

1. 文学和科技语体中的“跑 N”高频动宾短语考察

我们对同时出现在两类语体中频次排序前 50 的“跑 N”动宾短语进行了分类统计，其高频动宾短语及频次统计如表 4.20 所示。

表 4.20 “跑 N”同时出现在两类语体中的高频动宾短语及频次统计 单位：次

序号	短语	“跑 N”在两类语体中的出现频次			
		文学	科技	总计	频次差
1	跑官	176	881	1057	–705
2	跑项目	59	325	384	–266
3	跑市场	21	277	298	–256
4	跑船	186	11	197	175
5	跑圈	127	13	140	114
6	跑业务	68	70	138	–2
7	跑风	41	80	121	–39
8	跑关系	45	56	101	–11

续表

序号	短语	"跑 N"在两类语体中的出现频次			
		文学	科技	总计	频次差
9	跑资金	10	96	106	–86
10	跑银行	18	85	103	–67
11	跑冤枉路	54	34	88	20
12	跑计划	49	13	62	36
13	跑马拉松	53	17	70	36
14	跑医院	23	39	62	–16
15	跑图书馆	19	33	52	–14
16	跑远路	39	12	51	27
17	跑火	12	31	43	–19
18	跑气	13	21	34	–8
19	跑工地	11	19	30	–8
20	跑野马	18	12	30	6
21	跑书店	10	19	29	–9
22	跑省城	13	11	24	2
23	跑邮局	12	10	22	2
24	跑汽车	9	11	20	–2
	总频次	1086	2176	3262	–1090
	平均频次	45	91		

从表 4.20 统计可以看出：

第一，"跑 N"在两类语体中出现频次排序前 50 的高频动宾短语有 24 个，文学语体中短语的总频次为 1086 次，平均频次约为 45 次；科技语体中短语的总频次为 2176 次，平均频次约为 91 次。在同时出现在文学和科技语体中的 8 组高频动宾短语中，"跑 N"的出现总频次数量最低。文学语体中出现的总频次明显比科技语体中的少，总体上科技语体特征的倾向性较强。这 24 个短语同时在文学和科技语体中出现，短语对于两类语体都有一定的选择性，除了少量短语两类语体的频次相差较大以外，大部分短语的频次比较接近，文学语体和科技语体的区别性特征不突出。

第二，“跑N”高频动宾短语在文学和科技语体中的出现频次总体较低，科技语体中的频次总体上比文学语体中的高，两类语体的频次差小，且频次差的正负分布不均衡。频次最高的前三个短语都出自科技语体，频次最高的短语“跑官”，881次，其次是短语“跑项目”，325次，再次是短语“跑市场”，277次。相比较而言，这三个短语科技语体特征的倾向性较为显著。文学语体特征倾向性较为突出的短语有“跑船、跑圈”。除此之外，其他短语两类语体中的频次都不高，频次差小，可以说短语语体的倾向性特征也不明显。

第三，高频短语在文学语体和科技语体中使用的范围、语境具有较大差异，体现出不同的语体特征。例如，短语“跑官”在文学语体中大量出自小说故事情节中的描述，而在科技语体中更多出自政论性文章或有关政治经济社会改革方面的评论；短语“跑项目、跑市场、跑业务”在文学语体中出自小说中特定人物、事件的描述或对话，而在科技语体中大量出自反映公司、企业改革发展类的文献。

2. 文学语体中的“跑N”高频动宾短语考察

两类语料中出现频次排序前50的“跑N”高频动宾短语中，有的短语只出现在了文学语体语料中，其高频动宾短语及频次情况统计如表4.21所示。

表4.21 “跑N”只出现在文学语体中的高频动宾短语及频次统计 单位：次

序号	短语	频次	序号	短语	频次
1	跑路	3050	14	跑电	24
2	跑路线	152	15	跑直线	20
3	跑人	104	16	跑百米	19
4	跑火车	98	17	跑新闻	19
5	跑山路	55	18	跑月票	16
6	跑神	44	19	跑货	16
7	跑商	39	20	跑网吧	14
8	跑狗	31	21	跑马戏	14
9	跑茅房	31	22	跑小买卖	13
10	跑马灯	29	23	跑天下	12
11	跑厕所	29	24	跑门路	12
12	跑舌头	28	25	跑健身房	10
13	跑老鼠	28	26	跑厨房	10
	总频次	3917		平均频次	151

从表 4.21 统计可以看出：

第一，“跑 N”出现在文学语体中的高频动宾短语一共有 26 个，总频次为 3917 次，平均频次约为 151 次。在只出现在文学语体中的 8 组高频动宾短语中，“跑 N”的出现总频次排在第六。文学语体中最高频次短语是“跑路”，3050 次，频次远远高出其他短语，该短语对文学语体表现出较强的选择性，文学语体特征最强；最低频次短语是“跑健身房”和“跑厨房”，仅 10 次，文学语体特征最弱。总体上看，除了短语“跑路”外，文学语体中的“跑 N”短语的频次比较低，80%以上短语频次在 50 以下。尽管大部分短语频次比较低，但这些短语只在文学语体中出现，表现出对文学语体的倾向性特点，我们也可以说这些短语是“跑 N”在文学语体中语体特征最强的。表 4.21 中按照出现频次由高到低的排序也是文学语体特征倾向性由高到低的排序。

第二，“跑 N”在文学语体中出现的高频动宾短语表现出较为浓厚的文学语体特征。例如，短语“跑路”频次高达 3050 次，该短语频次占了“跑 N”总频次的 77.9%。该短语在文学语体中的频次如此之高，考察发现其适用的题材较广，有古代社会或武打类小说，有反映现代生活或战争类的小说，等等。“跑路”语义丰富，包括了“动身、奔走或者走路”等多个意思。其他短语频次虽然不高，但是宾语使用范围比较广泛，有表示处所的，如“跑山路、跑茅房、跑厕所、跑网吧、跑厨房、跑健身房、跑天下”等；有表示施事成分的，如“跑人、跑火车、跑狗、跑老鼠、跑电”等；有表示目的成分的，如“跑商、跑新闻、跑月票、跑货、跑小买卖”等；有表示方式成分的，如“跑路线、跑直线”，有表示结果成分的，如“跑百米”；等等。

3. 科技语体中的“跑 N”高频动宾短语考察

两类语料中出现频次排序前 50 的“跑 N”高频动宾短语中，有的短语只出现在了科技语体语料中，其高频动宾短语及频次情况统计如表 4.22 所示。

表 4.22　“跑 N”只出现在科技语体中的高频动宾短语及频次统计　单位：次

序号	短语	频次	序号	短语	频次
1	跑水	181	7	跑班	28
2	跑料	84	8	跑土	27
3	跑浆	74	9	跑供销	27
4	跑贷款	51	10	跑门子	25
5	跑煤	39	11	跑指标	24
6	跑企业	35	12	跑信息	24

续表

序号	短语	频次	序号	短语	频次
13	跑订单	22	20	跑部门	16
14	跑客户	19	21	跑政府	16
15	跑楼梯	18	22	跑手续	14
16	跑机关	17	23	跑材料	13
17	跑客运	17	24	跑油	11
18	跑肥	16	25	跑基层	11
19	跑销路	16	26	跑外勤	10
	总频次	835		平均频次	32

从表 4.22 统计可以看出：

第一，“跑 N”出现在科技语体中的高频动宾短语一共有 26 个，总频次只有 835 次，平均频次约为 32 次。在只出现在科技语体中的 8 组高频动宾短语中，“跑 N”的出现总频次最低。最高频次短语是“跑水”，181 次，最低频次短语是“跑外勤”，仅 10 次。总体上看，科技语体中出现的短语频次都比较低，除了“跑水”外，其他短语频次都在 100 以下，50%的短语频次在 20 以内。尽管如此，就文学和科技类语体来说，这 26 个只在科技语体中出现的短语对于科技语体的选择性最强，可以说科技语体特征的倾向性也最强。表 4.22 中按照出现频次由高到低的排序也是科技语体特征倾向性由高到低的排序。

第二，“跑 N”在科技语体中出现的短语体现出较为突出的科技类语体特点。少部分跟相关专业技术工作有关，大部分用于生活保健知识等领域。例如，频次最高的短语“跑水”大量出自日常社区管道、工业、农业设备等方面科技文献题材，例如社区用句“月坛街道的居委会干部就是从给居民解决水管跑水了、房门忘关了、老人需要照顾了等一些小问题来体现他们的服务意识”；又如“跑水”在农业方面的用例“荒山面积达 80 万亩，水土流失面积达 102 万亩，有 24%的坡耕地严重跑土、跑肥、跑水，粮食单产下降，群众生活贫困。”短语“跑料、跑浆、跑土、跑肥、跑油”大都出自工业、农业专门设备使用、维修等方面的文献语料，例如“跑料”在工业方面的用例“但一般的叶轮给料结构设计不够合理，侧向和径向间隙较大，往往不能稳定地控制料流，甚至漏料、跑料。”“跑浆”的用例“用堵漏剂将注浆嘴稳于注浆孔内，埋设后，除注浆嘴内漏水外，对其它（他）漏水或可能漏水的部位均采取封堵措施，以免出现漏浆、跑浆现象”；农业方面“跑土、跑肥”的用例“水土流失使坡耕地成为跑水、跑土、跑肥的‘三跑田’，致使土地日益瘠薄，而且使土壤理化性状恶化”。另外一些短语跟商业、贸易等事务有关，如“跑贷款、跑煤、跑企业、跑班、跑供销、跑指标、跑订单、跑客户、跑客运、跑销路、跑材料”等；有的短语跟政府事务办理有关，如“跑机关、跑部门、跑政府、跑手续、跑基层、跑外勤”。可见，在科技语体中出现的高频动宾短语使用的范围、内容以及题材等跟科技类语体联系紧密，体现出科技类语体的特点。

八、语体因素对于“打 N”动宾短语呈现情况的影响分析

1. 文学和科技语体中的“打 N”高频动宾短语考察

我们对同时出现在两类语体中频次排序前 50 的“打 N”动宾短语进行了分类统计，其高频动宾短语及频次统计如表 4.23 所示。

表 4.23　“打 N”同时出现在两类语体中的高频动宾短语及频次统计　单位：次

序号	短语	“打 N”在两类语体中的出现频次			
		文学	科技	总计	频次差
1	打人	7 107	1 583	8 690	5 524
2	打狗	4 786	170	4 956	4 616
3	打水	2 163	486	2 649	1 677
4	打桩	255	1 725	1 980	−1 470
5	打麻将	1 268	595	1 863	673
6	打虎	1 140	477	1 617	663
7	打洞	572	411	983	161
8	打车	728	195	923	533
9	打篮球	576	308	884	268
10	打柴	629	127	756	502
11	打广告	237	457	694	−220
12	打饭	546	115	661	431
13	打扑克	384	233	617	151
14	打报告	342	265	607	77
15	打土豪	448	142	590	306
16	打伞	305	164	469	141

续表

序号	短语	"打 N"在两类语体中的出现频次			
		文学	科技	总计	频次差
17	打持久战	274	184	458	90
18	打孩子	264	119	383	145
19	打游戏	198	132	330	66
20	打高尔夫球	207	117	324	90
21	打老虎	219	55	274	164
	总频次	22 648	8 060	30 708	14 588
	平均频次	1 078	384		

从表 4.23 统计可以看出：

第一，"打 N"在两类语体中出现频次排序前 50 的高频动宾短语有 21 个，文学语体中短语的总频次为 22 648 次，平均频次约为 1078 次；科技语体中短语的总频次为 8060 次，平均频次约为 384 次。同时在两类语体中出现的短语总频次相差较大，文学语体中出现的总频次远远高于科技语体中的，总体上文学语体特征的倾向性较强。这 21 个短语同时在文学和科技语体中出现，短语对于两类语体都有一定的选择性，文学语体和科技语体的倾向性特征不是很强。但每个短语在不同语体中出现的频次不同，对于有的两类语体中的频次相差较大的短语来说，不同语体的倾向性特征有一定差别。

第二，总体上"打 N"在文学语体中出现的频次比科技语体中的高，频次差达到 14 588。但两类语体中频次差由高到低的分布不均衡。频次最高的短语"打人"，文学语体中频次高达 7107 次，科技语体中达 1583 次，频次差为 5524，该短语文学语体特征的倾向性比科技语体强；其次是短语"打狗"，文学语体和科技语体频次分别为 4786 次和 170 次，频次差为 4616；短语"打桩"和"打广告"科技语体中频次比文学语体高，尤其是"打桩"，频次差达到 1470，两个短语的科技语体特征的倾向性比文学语体特征强。此外，文学语体特征倾向性相对较强的短语还有以下几个：

打水＞打麻将＞打虎＞打车＞打柴

以上短语文学和科技语体中的频次差都在 500 以上。短语"打饭、打土豪、打篮球"频次差都在 200 以上。这些短语尽管在两类语体中都有出现，但还是对文学语体的选择性或倾向性更强。

第三，高频短语在文学语体和科技语体中使用的范围、语境具有较大差异，体现出不同的语体特征。例如，最高频次短语“打人”在文学语体中主要用在日常生活、小说故事情景中，而科技语体中有的出自汉语语法文献资料，如“如‘打架’中的‘架’是黏着语素，所以‘打架’是离合词，而‘打人’中的‘打’和‘人’都是自由语素”；有的出自政治历史文献，如“在两面受敌的险恶形势下，中国实行了‘两个拳头打人’的政策”；有的出自教育类文献，如“还可以请小朋友一起来讨论‘不小心碰了别人’和‘成心打人’的区别，以提高幼儿的认识水平”。

2. 文学语体中的“打N”高频动宾短语考察

两类语料中出现频次排序前50的“打N”高频动宾短语中，有的短语只出现在了文学语体语料中，其高频动宾短语及频次情况统计如表4.24所示。

表4.24　“打N”只出现在文学语体中的高频动宾短语及频次统计　　单位：次

序号	短语	频次	序号	短语	频次
1	打马	4 985	16	打对方	274
2	打鬼子	1 100	17	打暗器	273
3	打蛇	947	18	打日本人	243
4	打眼色	908	19	打盹儿	240
5	打话	815	20	打锣	233
6	打诳语	775	21	打歪主意	227
7	打笑脸	470	22	打酱油	217
8	打手势	445	23	打兔子	213
9	打屁	441	24	打老子	209
10	打脸	426	25	打铜	205
11	打敌人	384	26	打老婆	204
12	打粮	361	27	打灯笼	194
13	打保票	345	28	打蚊子	192
14	打前锋	334	29	打巷战	191
15	打女人	275			
	总频次	16 126		平均频次	556

从表4.24统计可以看出：

第一，“打N”出现在文学语体中的高频动宾短语一共有29个，总频次为

16 126 次，平均频次约为 556 次。在只出现在文学语体中的 8 组高频动宾短语中，“打 N”的出现总频次排在第二。文学语体中最高频次短语是“打马”，4985 次，频次远远高出其他短语，该短语对文学语体表现出较强的选择性，文学语体特征最强；最低频次短语是“打巷战”，191 次，文学语体特征相对最弱。总体上看，文学语体中的“打 N”短语的频次都在 190 以上，表现出对文学语体选择的倾向性特点，我们也可以说这些短语是“打 N”文学语体特征最强的短语。表 4.24 中按照出现频次由高到低的排序也是文学语体特征倾向性由高到低的排序。

第二，“打 N”在文学语体中出现的高频动宾短语表现出较为浓厚的文学语体特征。例如短语“打马”频次高达 4985 次，该短语频次占了“打 N”总频次的 31%。

文学语体中短语“打马”大多出自古代、现代小说跟战争、战术、马术等有关的题材，大部分意思是指“扬鞭策马；骑马”，还有少数用例是指“古代博戏名”。该短语在文学语体中的频次如此之高，考察发现跟其适用的题材广泛有关。

（191）行列整齐的队伍，忽然间就已变得鸡飞蛋打，人仰马翻。邓定侯翻身勒缰，正想打马冲过去，护镖夺旗，树丛后已有三点寒星飞过来，打在马股上。

——七种武器之霸王枪 A: 古龙 Y: 1975

（192）玉娇龙一横心，腾出手来，用力一连打马几鞭，马不再泼野纵跳了，却放开四蹄，像箭一般地向草原中驰去。

——玉娇龙 A: 聂云岚 Y: 1982

（193）她晚年在金华，喜欢玩一种“打马”之戏，类似于我们今天的下棋，古代称“博奕（弈）”。

——读书指津（青年版 · 文学卷） A: 佘瑾

短语“打鬼子、打敌人、打日本人、打巷战”主要跟抗日题材的小说有关，短语“打眼色、打话、打诳语、打笑脸、打手势、打屁、打脸、打保票、打歪主意”出自古代、现当代小说中有关日常人际交往方面的情景、题材；其他短语“打蛇、打蚊子、打兔子”，短语“打粮、打酱油”，短语“打老子、打女人、打老婆”，以及短语“打锣、打铜、打灯笼”等都出自文学小说的相关题材中。

3. 科技语体中的“打 N”高频动宾短语考察

两类语料中出现频次排序前 50 的“打 N”高频动宾短语中，有的短语只出现在了科技语体语料中，其高频动宾短语及频次情况统计如表 4.25 所示。

表 4.25 “打 N”只出现在科技语体中的高频动宾短语及频次统计 单位：次

序号	短语	频次	序号	短语	频次
1	打孔	2075	3	打市场	295
2	打白条	338	4	打品牌	291

续表

序号	短语	频次	序号	短语	频次
5	打歼灭战	219	18	打齿	72
6	打擦边球	202	19	打学生	72
7	打乒乓球	183	20	打款	71
8	打羽毛球	136	21	打妻子	61
9	打表	109	22	打保龄球	61
10	打力	90	23	打排球	59
11	打赤字	89	24	打蛋	59
12	打粉	88	25	打开水	58
13	打零工	88	26	打腹稿	57
14	打圈	88	27	打攻坚战	56
15	打号	86	28	打胶	55
16	打防疫针	81	29	打高压	55
17	打时间差	75			
	总频次	5269		平均频次	182

从表 4.25 统计可以看出：

第一，“打 N”出现在科技语体中的高频动宾短语一共有 29 个，总频次有 5269 次，平均频次约为 182 次。在只出现在科技语体中的 8 组高频动宾短语中，“打 N”的出现总频次排在第四。最高频次短语是“打孔”，2075 次，最低频次短语是“打胶”和“打高压”，仅 55 次。总体上看，除了短语“打孔”外，科技语体中出现的短语频次都不高，频次在 100 以下的占了 69%。但这 29 个只在科技语体中出现的短语对于科技语体的选择性最强，可以说科技语体特征的倾向性也最强。表 4.25 中按照出现频次由高到低的排序也是科技语体特征倾向性由高到低的排序。

第二，“打 N”只在科技语体中出现的短语体现出较为突出的科技语体特点。最高频次短语“打孔”大量出自工业、光电以及医学设备方面的文献资料，科技语体特征十分突出，例如医学上的用例：“这次网上直播，成功地将一台‘冠状动脉搭桥+激光心肌打孔’的心脏手术现场过程送上了互联网。”工业方面的用例“一类是利用材料吸收激光能量产生的快速热效应进行的加工过程，如切割、焊接、打孔、刻、划片、成型以及表面热处理等。”短语“打粉、打齿、打胶”

出自工业、建筑方面题材；科技语体中出现的短语“打擦边球”并不是指乒乓球打在球台的边缘的意思，而是比喻办事时为了躲避法规、政策等的要求，所采取的巧妙的模棱两可的做法，例如用句“有的稽核干部不是忠于职守，而是研究如何钻制度的空子，为领导打擦边球‘出谋划策’”；短语“打乒乓球、打羽毛球、打保龄球、打排球”大量用于健身、体育、娱乐等科技文献；短语“打学生”用于学校教育方面文献；“打妻子”用于社会问题家庭暴力等方面题材资料；短语“打圈、打号”等适用于广泛的科技文献资料。可见，科技语体中出现的高频动宾短语使用的范围、内容以及题材等方面跟科技语体联系紧密，体现出科技语体的特点。

九、分析与总结

1. 高频动宾短语语体特征的倾向性考察情况

前面逐一考察了 8 个多义动词带光杆名词宾语在两类语体语料中频次排序前 50 的高频动宾短语情况，出现的短语数量情况汇总统计如表 4.26 所示。

表 4.26　8 组动宾短语在两类语体中出现的短语数量统计

数量及比例	听 N	看 N	吃 N	写 N	拉 N	穿 N	跑 N	打 N	总计
同时出现在文学和科技语体语料的短语数量/个	24	19	26	21	26	26	24	21	187
占 50 个动宾短语总数的比例/%	48	38	52	42	52	52	48	42	47
只在文学或科技语体语料出现的短语数量/个	26	31	24	29	24	24	26	29	213
占 50 个动宾短语总数的比例/%	52	62	48	58	48	48	52	58	53

根据以上统计，我们从三个方面进行总结：

第一，语体因素影响最小的高频动宾短语考察情况。在所考察的 8 个多义动词带光杆名词宾语的 800 个动宾短语中，每个动词带宾短语都有同时出现在文学和科技语体语料中的情况，数量最多的是“吃 N”、“拉 N”、“穿 N”，都是 26 个，均占 50 个动宾短语总数的 52%；数量最少的是“看 N”短语，总计 19 个，占比为 38%。同时出现在两类语体语料中的高频动宾短语有 187 个，占比为 47%。基于语体因素对动宾短语呈现的影响情况分析，同时出现在两类语体中的短语受语体因素的影响最小，也可以说这些短语的语体倾向性特征相对最弱。这 187 个短语情况如下。

“听 N”（24 个）：听声音、听消息、听音乐、听音、听雨、听故事、听电话、听天命、听琴、听歌、听口音、听命令、听风声、听报告、听虚实、听真话、听收音机、听好话、听音乐会、听新闻、听天书、听口令、听雨声、听电台。

"看 N"（19 个）：看电视、看人、看问题、看电影、看情况、看天、看表、看世界、看小说、看报纸、看风景、看山、看孩子、看水、看结果、看书、看图片、看东西、看球。

"吃 N"（26 个）：吃肉、吃晚饭、吃酒、吃午饭、吃草、吃早饭、吃菜、吃鱼、吃早餐、吃粮、吃螃蟹、吃糖、吃蔬菜、吃水果、吃早点、吃点心、吃盐、吃鸡、吃饺子、吃西瓜、吃火锅、吃鸡蛋、吃猪肉、吃西餐、吃面条、吃夜宵。

"写 N"（21 个）：写诗、写人、写小说、写书、写论文、写作文、写人物、写历史、写日记、写东西、写报告、写词、写材料、写文章、写程序、写情、写作业、写散文、写爱情、写序、写故事。

"拉 N"（26 个）：拉人、拉弓、拉马、拉弦、拉沙、拉风箱、拉选票、拉货、拉琴、拉手、拉小提琴、拉水、拉煤、拉二胡、拉板车、拉绳子、拉胡琴、拉广告、拉歌、拉船、拉犁、拉雪橇、拉灯、拉牛、拉砖、拉粪。

"穿 N"（26 个）：穿衣服、穿云、穿心、穿鞋、穿白衣、穿山、穿军装、穿墙、穿肠、穿城、穿西装、穿长衫、穿长袍、穿街、穿裤子、穿洞、穿西服、穿裙子、穿马路、穿白大褂、穿上衣、穿草鞋、穿袜子、穿旗袍、穿警服、穿金甲。

"跑 N"（24 个）：跑官、跑项目、跑市场、跑船、跑圈、跑业务、跑风、跑关系、跑资金、跑银行、跑冤枉路、跑计划、跑马拉松、跑医院、跑图书馆、跑远路、跑火、跑气、跑工地、跑野马、跑书店、跑省城、跑邮局、跑汽车。

"打 N"（21 个）：打人、打狗、打水、打桩、打麻将、打虎、打洞、打车、打篮球、打柴、打广告、打饭、打扑克、打报告、打土豪、打伞、打持久战、打孩子、打游戏、打高尔夫球、打老虎。

第二，文学语体特征最强的高频动宾短语考察。我们在等量的语料范围内开展语料语体对于高频动宾短语分布的影响考察，每个多义动词带光杆名词宾语在文学语体语料中频次排序前 50 的动宾短语中，除去同时出现在文学和科技语体语料中的高频动宾短语，就是只在文学语体语料中出现的高频动宾短语。通过统计可知，该部分短语数量为 213 个，占比为 53%。这 213 个动宾短语对于文学语体选择具有较强的倾向性，也就是说它们的文学语体特征的倾向性最强。下面分别列出每组的具体短语，短语排序按照文学语体特征倾向性由强到弱排列。

"听 N"（26 个）：听风、听口气、听脚步、听号令、听动静、听下文、听语气、听良言、听话、听实话、听军令、听传说、听传言、听曲子、听情报、听枪声、听传闻、听回声、听鼓声、听忠言、听假话、听钟声、听叫声、听笑话、听谣言、听圣旨。

"看 N"（31 个）：看天色、看剑、看时间、看好戏、看手表、看地图、看究竟、看事情、看形势、看天空、看信、看皇上、看年纪、看儿子、看刀、看女人、看情势、看父亲、看主人、看掌、看唱本、看模样、看地形、看动静、看事、看怪物、看雪、看母亲、看女儿、看太阳、看白痴。

“吃 N”（24 个）：吃屎、吃老虎、吃罪、吃干饭、吃中饭、吃狗肉、吃罚酒、吃白食、吃干粮、吃糠、吃晚餐、吃羊肉、吃烟、吃午餐、吃粥、吃对方、吃牛肉、吃喜酒、吃鳖、吃包子、吃宵夜、吃馒头、吃大餐、吃五谷。

“写 N”（29 个）：写剧本、写情书、写奏折、写奏章、写折子、写书信、写戏、写回忆录、写大字报、写稿子、写回信、写字、写自传、写对联、写诏书、写大字、写传记、写名字、写战争、写毛笔、写文字、写歌、写标语、写武侠小说、写状子、写血书、写休书、写诗作、写遗书。

“拉 N”（24 个）：拉老夫、拉缰绳、拉枪栓、拉壮丁、拉兄弟、拉杆子、拉炮、拉家常、拉操纵杆、拉队伍、拉被子、拉姐姐、拉骆驼、拉衣襟、拉椅子、拉家伙、拉刀、拉箭、拉衣服、拉东西、拉弓弦、拉绳索、拉窗帘、拉警报。

“穿 N”（24 个）：穿甲、穿盔甲、穿官服、穿铠甲、穿道袍、穿军服、穿门、穿青衣、穿便服、穿龙袍、穿皮袄、穿房、穿铁甲、穿衣裳、穿便衣、穿男装、穿黄袍、穿青衫、穿内裤、穿和服、穿开裆裤、穿丧服、穿便装、穿睡衣。

“跑 N”（26 个）：跑路、跑路线、跑人、跑火车、跑山路、跑神、跑商、跑狗、跑茅房、跑马灯、跑厕所、跑舌头、跑老鼠、跑电、跑直线、跑百米、跑新闻、跑月票、跑货、跑网吧、跑马戏、跑小买卖、跑天下、跑门路、跑健身房、跑厨房。

“打 N”（29 个）：打马、打鬼子、打蛇、打眼色、打话、打诳语、打笑脸、打手势、打屁、打脸、打敌人、打粮、打保票、打前锋、打女人、打对方、打暗器、打日本人、打盹儿、打锣、打歪主意、打酱油、打兔子、打老子、打铜、打老婆、打灯笼、打蚊子、打巷战。

第三，科技语体特征最强的高频动宾短语考察。我们在等量的语料范围内开展高频动宾短语分布受语体因素的影响情况考察，科技语体语料中考察的高频动宾短语数量跟文学语体语料中数量是一致的，同样都是 213 个，占比为 53%。这 213 个动宾短语对于科技语体选择具有较强的倾向性，也就是说科技语体特征的倾向性最强。下面分别列出每组的具体短语，短语排序按照科技语体特征倾向性由强到弱排列。

“听 N”（26 个）：听证、听讲座、听意见、听句子、听磁带、听天气预报、听歌曲、听感言、听京剧、听音响、听课、听春雨、听节目、听短文、听民意、听海、听 MP3、听呼声、听耳机、听录音机、听流行音乐、听乐曲、听名曲、听录音带、听外语、听唱片。

“看 N”（31 个）：看图、看录像、看本质、看市场、看房、看新闻、看历史、看苗、看楼、看车、看事物、看主流、看文章、看花、看广告、看课文、看材料、看京剧、看对象、看文件、看价格、看货、看资料、看文献、看动画片、看例句、看题目、看质量、看能力、看节目、看照片。

"吃 N"（24 个）：吃料、吃国家、吃小鱼、吃甜食、吃财政、吃苹果、吃银行、吃野生动物、吃快餐、吃食堂、吃食物、吃萝卜、吃海鲜、吃冷饮、吃动物、吃肥肉、吃工作餐、吃香蕉、吃蛋、吃月饼、吃粗粮、吃饲料、吃方便面、吃葡萄。

"写 N"（29 个）：写教材、写对象、写话、写教案、写议论文、写规则、写记叙文、写景物、写时间、写语言、写自然、写人生、写句子、写数据、写读后感、写个人、写社会、写评语、写毕业论文、写心得、写事物、写提纲、写女性、写山水、写新闻、写课文、写问卷、写山、写事。

"拉 N"（24 个）：拉存款、拉客户、拉小车、拉大车、拉电、拉镜头、拉幕、拉电线、拉油、拉山头、拉料、拉业务、拉土、拉钢丝、拉黄包车、拉水牛、拉锚、拉项目、拉京胡、拉水泥、拉洋车、拉袖子、拉人力车、拉领导。

"穿 N"（24 个）：穿纱、穿工作服、穿高跟鞋、穿校服、穿井、穿堤、穿皮鞋、穿钢丝、穿新衣、穿拖鞋、穿牛仔裤、穿村、穿公路、穿制服、穿楼板、穿长袖、穿丝、穿棉衣、穿鞋子、穿短裤、穿棉袄、穿大衣、穿坝、穿运动鞋。

"跑 N"（26 个）：跑水、跑料、跑浆、跑贷款、跑煤、跑企业、跑班、跑土、跑供销、跑门子、跑指标、跑信息、跑订单、跑客户、跑楼梯、跑机关、跑客运、跑肥、跑销路、跑部门、跑政府、跑手续、跑材料、跑油、跑基层、跑外勤。

"打 N"（29 个）：打孔、打白条、打市场、打品牌、打歼灭战、打擦边球、打乒乓球、打羽毛球、打表、打力、打赤字、打粉、打零工、打圈、打号、打防疫针、打时间差、打齿、打学生、打款、打妻子、打保龄球、打排球、打蛋、打开水、打腹稿、打攻坚战、打胶、打高压。

2. 不同语体中高频动宾短语的使用频次比较

前面我们对 8 个动作动词带光杆名词宾语的高频动宾短语的语体特征的倾向性进行了考察。这里我们来对短语出现的频次情况进行比较。8 组动宾短语在不同语体出现的短语频次数量情况统计如表 4.27 所示。

表 4.27　8 组动宾短语在不同语体出现的短语频次数量统计　　单位：次

语体	听N	看N	吃N	写N	拉N	穿N	跑N	打N	总计
两类	17 460	41 838	34 690	23 547	7 717	21 231	3 273	30 708	180 464
文学	6 028	26 880	7 971	3 655	2 831	6 007	3 917	16 126	73 415
科技	8 629	8 414	3 502	8 565	1 311	1 400	835	5 269	37 662
总计	32 117	77 132	46 163	35 767	11 859	28 638	8 025	52 103	291 541

按照表 4.27 统计的频次情况，我们对三种情况的频次进行排序。

同时出现在文学和科技语体中的短语频次排序如下：

看 N＞吃 N＞打 N＞写 N＞穿 N＞听 N＞拉 N＞跑 N

“看 N”短语的频次总数最高，第二是“吃 N”，第三是“打 N”，频次最低的是“跑 N”。

只出现在文学语体中的高频动宾短语总频次排序：

看 N＞打 N＞吃 N＞听 N＞穿 N＞跑 N＞写 N＞拉 N

可见，“看 N”短语的频次总数最高，第二是“打 N”，第三是“吃 N”，频次最低的是“拉 N”。

只出现在科技语体中的高频动宾短语总频次排序：

听 N＞写 N＞看 N＞打 N＞吃 N＞穿 N＞拉 N＞跑 N

“听 N”短语的频次总数最高，第二是“写 N”，第三是“看 N”，频次最低的是“跑 N”。

通过比较我们还可以看出，同时出现在两类语体中的短语的总频次最高，总数达到了 180 464 次；其次是出现在文学语体中的短语，总频次是 73 415 次；出现在科技语体中的短语总频次为 37 662 次，相比较总频次最低。因此，语体类型不同，动宾短语出现的频次有所不同。总体来看，同时出现在两类语体中的短语，语体对其出现的影响不大，短语不受语体的限制或影响，出现率就比较高。这些短语应该属于使用频次或重现率高的短语，也是母语者使用中最常用的短语。

我们再对同时出现在文学和科技语体中的短语分类进行统计，统计情况如表 4.28 所示。

表 4.28　同时出现在文学和科技语体中的短语频次分类统计

语体	听 N	看 N	吃 N	写 N	拉 N	穿 N	跑 N	打 N	总计
文学	12 712	27 844	27 468	8 239	5 728	18 143	1 086	22 648	123 868
科技	4 748	13 994	7 222	15 308	1 989	3 088	2 176	8 060	56 585
总计	17 460	41 838	34 690	23 547	7 717	21 231	3 262	30 708	180 453

由表 4.28“听 N”同时出现在两类语体中的频次比较看出，文学语体中的短语总频次是 12 712 次，科技语体中的短语总频次是 4748 次，文学语体中的总频次明显高出科技语体中的总频次。其他短语以此类推。

从以上不同角度的统计，我们可以看出：

第一，总体上看，动词不同，动词带光杆名词宾语的短语频次也不同。“听 N”、“看 N”、“吃 N”、“拉 N”、“穿 N”、“打 N”出现在文学语体中的频次比科技语体中的高，“写 N”和“跑 N”出现在科技语体中的频次比文学语体中的高。

第二，语体不同，同一组高频动宾短语的出现频次不同。可见，语体风格不同，高频动宾短语的呈现情况也不同，一定程度上反映出语体风格特征对于短语呈现的影响。文学语体中的小说语体风格更多倾向于跟日常生活比较密切的话题内容，动作动词反映的就是跟动作和行为比较紧密的内容，所以动宾短语的出现频次普遍较高。与此相反，科技语体特征偏知识性、理据性，尽管跟实际日常生活有一定结合度，但结合得不是那么紧密，整体上的科技类语体风格比较严谨，动作动词在其中的呈现不占据主要位置。可见，语体因素对于高频动宾短语的呈现有影响。

第三，动词语义跟日常生活联系的紧密程度对高频动宾短语出现频次有影响。从动词本身的语义来看，动作动词“看”、“吃”跟人类每天的生活内容相关度更高，“看 N”和“吃 N”的短语不同语体中的出现频次都比较高。跟“看”和“吃”相比较，动词“拉”、“跑”跟人类日常生活的紧密度要低一些，从语料统计数据可以看出，“拉 N”和“跑 N”的高频动宾短语出现的频次跟“看 N”和“吃 N”相比要低一些。此外，动词的多义性对于动宾短语的呈现也有一定影响。如动词“打”与人类日常生活的紧密度尽管没有“看”、“吃”高，但是动词“打”有 23 个义项，其多义性尤其突出，从统计情况来看，“打 N”短语总体出现频次仅低于“看 N”、“吃 N”，远远高于其他动宾短语的频次。

3. 语体倾向性特征较强的动宾短语考察

我们在前面考察了不同动词带光杆名词宾语的短语的语体倾向性特征强弱情况。由于动词本身的语义和使用频率不同，动词带光杆名词宾语的短语在不同语体中呈现的频次也不同。有的动作动词带光杆名词宾语的短语频次无论在文学语体还是在科技语体中普遍都高或都低，有的短语在文学语体中频次高，有的短语在科技语体中频次高。在此，我们以短语本身的频次高低作为依据，凡是只能在一类语体中出现的短语，频次越高，其语体特征越强。我们区分文学和科技语体，分别对语体倾向性特征较强的短语做一个基本排序。

第一，文学语体倾向性特征较强的短语考察。

打马（4985）、看天色（3902）、跑路（3050）、看剑（1844）、看时间（1716）、看好戏（1290）、看手表（1140）、听口气（1124）、打鬼子（1100）、看地图（1024）、看究竟（962）、打蛇（947）、看事情（944）、打眼色（908）、看形势（878）、看天空（859）、打话（815）、打诳语（775）、看信（771）、看皇上（756）、看年纪（752）、吃屎（736）、看儿子（724）、吃老虎（687）、看刀（680）、看女人（665）、看情势（655）、看父亲（629）、看主人（609）、看掌（590）、看唱本（556）、看模样（538）、看地形（521）、看动静（517）、

看事（515）、吃罪（513）、看怪物（507）、看雪（492）、吃干饭（477）、吃中饭（475）、吃狗肉（473）、看母亲（472）、拉老夫（471）、看女儿（470）、打笑脸（470）、看太阳（452）、看白痴（450）、听脚步（448）、打手势（445）、打屁（441）、打脸（426）、听号令（421）、吃罚酒（418）、穿甲（399）、穿盔甲（387）、打敌人（384）、穿官服（383）、吃白食（379）、穿铠甲（378）、穿道袍（367）、听风声（362）、打粮（361）、拉缰绳（358）、打保票（345）、穿军服（340）、打前锋（334）、听动静（326）、吃干粮（323）、穿门（318）、穿青衣（314）、吃糠（306）

第二，科技语体倾向性特征较强的短语考察。

听证（7510）、看图（2155）、打孔（2075）、写教材（893）、写对象（679）、看录像（606）、看本质（575）、写话（530）、吃料（535）、看市场（485）、写教案（475）、看房（468）、写议论文（426）、写规则（414）、吃国家（357）、打白条（338）、写景物（324）、写时间（319）

以上文学语体和科技语体倾向性较强的高频动宾短语考察，分别在文学语体语料和科技语体语料中选取，主要列举了 8 个动词所带的高频动宾短语中出现频次在 300 次以上的用例。总体上，只在文学语料中出现的动宾短语具有较强的文学语体倾向性特征，只在科技语料中出现的动宾短语具有较强的科技语体倾向性特征。

第五节 语体因素对“VN”高频动宾短语义项及宾语类型的影响

本节考察语体对于高频动宾短语的义项和宾语类型呈现的影响情况。同样选取 8 个常用动作动词出现在三类语体中的前 50 个高频动宾短语作为考察对象，进一步分析不同语体中高频动宾短语的义项和宾语类型情况。在上一节考察的基础上，本节仍然从三个角度进行考察，主要观测高频动宾短语义项及其带宾类型的呈现：一是同时出现在文学和科技语体中的义项及其带宾情况；二是只出现在文学语体中的义项及其带宾情况；三是只出现在科技语体中的义项及其带宾情况。语体因素对于宾语类型影响的强弱排序如下：

一类语体中出现的宾语类型＞两类语体中同时出现的宾语类型

语体因素对于同一类语体中出现的宾语类型的影响强弱排序如下：

数量比例高的宾语类型＞数量比例低的宾语类型

在考察义项及其带宾类型情况的同时，我们主要区分受事宾语与非受事宾语两个大类进行分析，其中尤其关注非受事宾语类型及其数量情况。

一、“听 N”在不同语体中的义项及其宾语呈现情况

动词“听”有 2 个义项，听 1 可以带受事、工具、处所宾语，听 2 可以带受事宾语。

1. 文学和科技语体中的高频动宾短语义项及其宾语考察

同时出现在两类语体中的“听 N”短语一共有 24 个，其宾语类型数量情况统计如表 4.29 所示。

表 4.29　文学和科技语体中“听 N”短语的宾语类型及数量统计

宾语类型	听 1N			听 2N
	受事宾语	工具宾语	处所宾语	受事宾语
宾语数量/个	15	4	0	5
宾语所占比例/%	62.5	16.7	0	20.8

从以上统计可以看出以下特点和规律：同时出现在两类语体中的“听 N”高频动宾短语中，“听”的 2 个义项都出现了，3 个宾语类型出现了 2 类。其中“听 1N”的比例达到 79.2%，远远高出“听 2N”的比例，充分体现出“听 1”常用义在文学和科技语体中的高频使用率。总体上，“听 N”的受事宾语比例为 83.3%，非受事宾语比例为 16.7%，受事宾语是“听 N”短语在文学和科技语体中的高频宾语类型。总体上，这 24 个短语的出现受语体因素影响不大，但是语体对其出现频次有一定影响，在文学语体中出现的倾向性更大。

2. 文学语体中的高频动宾短语义项及其宾语考察

仅出现在文学语体中的“听 N”短语一共有 26 个，其宾语类型数量情况统计如表 4.30 所示。

表 4.30　文学语体中“听 N”短语的宾语类型及数量统计

宾语类型	听 1N			听 2N
	受事宾语	工具宾语	处所宾语	受事宾语
宾语数量/个	15	0	0	11
宾语所占比例/%	57.7	0	0	42.3

从以上统计可以看出，仅在文学语体中出现的“听 N”高频动宾短语中，“听 1”和“听 2”两个义项都出现了，但是三类宾语只出现了受事宾语，没有处所和工具宾语；“听 1N[+受事]”的比例达到 57.7%，这些短语的出现受语体的影响

较大，倾向于在文学语体中出现；文学语体中的“听N”短语受事宾语比例达到了100%，受事宾语是文学语体中的“听N”的高频宾语类型。

3. 科技语体中的高频动宾短语义项及其宾语考察

仅出现在科技语体中的“听N”短语一共有26个义项，其宾语类型及其数量情况统计如表4.31所示。

表4.31 科技语体中“听N”短语的宾语类型及数量统计

宾语类型	听1N			听2N
	受事宾语	工具宾语	处所宾语	受事宾语
宾语数量/个	16	7	1	2
宾语所占比例/%	61.5	26.9	3.8	7.7

“听”的2个义项所带的光杆宾语用例都出现了，受事、处所以及工具三类宾语中受事宾语数量最多，第二是工具宾语，第三是处所宾语。其中，“听1N”的短语数量占了92.3%，可见“听1”常用义在科技语体中使用频率非常高；科技语体中的受事宾语所占比例有69.2%，非受事宾语占比30.8%；仅出现在科技语体的短语受语体的影响较大，倾向于在科技语体中出现。

4. 分析与总结

通过考察“听N”在文学和科技语体中的义项和宾语类型的呈现情况，我们发现：

第一，同时出现在两类语体中的“听N”高频动宾短语中，“听1”和“听2”两个义项及其相关宾语都出现了，是比较常用的义项，其呈现受语体的影响不大；但是“听1N”是最常见和使用频率最高的短语。总体上，“听N”在文学语体中出现的倾向性更大。

第二，“听N[+受事]”的高频短语是出现频次最高的短语类型，也是最常见的短语，该类短语受语体因素的影响不大。但是两个义项所带受事宾语的比例在两类语体中有所不同，“听2N[+受事]”在文学语体中所占的比例远远高于其在科技语体中的比例，倾向于出现在文学语体语料。“听1N[+处所]”只有科技语体中出现了一个短语“听海”，其出现频次为29次，尽管使用频率不高，但是语体对其出现有一定影响，倾向于只在科技语体中出现。

第三，“听1N[+工具]”高频短语同时出现在文学和科技语体中的有4个短语，分别是“听电话”、“听琴”、“听收音机”、“听电台”，这4个工具宾语短语的出现几乎不受语体的影响，可以说是“听N”中比较常见的非受事宾语短语；另外在科技语体中还出现了 7 个工具宾语短语，分别是“听磁带”、“听音响”、“听 MP3”、“听耳机”、“听录音机”、“听录音带”、“听唱片”，这 7 个短语仅在科技语体中出现，可以说它们的出现受语体的影响较大，是科技语体中比较常见的非受事宾语短语。

第四，“听 2N[+受事]”同时出现在文学和科技语体的短语有 5 个，分别是“听天命”、“听命令”、“听好话”、“听天书”、“听口令”，可以说这 5 个短语是该类型短语中比较常见的，语体因素对它们的出现影响不太大，但是对其出现的频次有影响，总体上文学语体中的频次明显比科技语体中的频次高。如“听命令”在文学语体中有 467 次，在科技语体中只有 21 次。与此同时，我们发现有 11 个“听 2N[+受事]”高频短语只出现在了文学语体中，分别是“听号令”、“听良言”、“听话”、“听实话”、“听军令”、“听忠言”、“听传言”、“听传闻”、“听假话”、“听谣言”、“听圣旨”，这 11 个短语应该是文学语体中比较常见的用例，其出现受语体的影响较大。因此，“听 2N[+受事]”更倾向于在文学语体中出现，有的高频短语的出现受语体的影响大，有的影响不大。

第五，文学语体中出现了 2 个义项、1 类宾语（受事宾语），科技语体中出现了 2 个义项，受事、处所、工具 3 类宾语，可以说，语体因素对于高频动词“听”的义项呈现影响不大，但是对于宾语类型的出现有一定影响。科技语体中出现的宾语类型比文学语体中出现的宾语类型丰富。

二、“看 N”在不同语体中的义项及其宾语呈现情况

动词“看”一共有 7 个义项，其中“看 4”不能带名词性宾语。其他 6 个带名词性宾语的义项一共可以带 4 类宾语：受事、处所、工具、施事。下面分语体进行考察。

1. 文学和科技语体中的高频动宾短语义项及其宾语考察

“看 N”在文学和科技语体中出现的宾语类型及其数量情况统计如表 4.32 所示。

表 4.32　文学和科技语体中的“看 N”短语的宾语类型及数量统计

宾语类型	看 1N	看 2N	看 3N	看 6N
	受事	受事	受事	受事
宾语数量/个	8	4	6	1
宾语所占比例/%	42.1	21.1	31.6	5.3

从以上统计可以看出，“看 1”、“看 2”、“看 3”、“看 6”4 个义项同

时出现在文学和科技语体中，其出现总体上受语体影响不大，但文学和科技语体中同一个短语的出现频次有差异；4 个义项带受事宾语的用例都出现了，义项中，“看 1N[+受事]”占了 42.1%，是出现频次最高的短语类型，其次是“看 3N[+受事]”，占比 31.6%。可以说，受事宾语是“看 N”在不同语体中最常见的宾语类型，受语体因素的影响不大。

2. 文学语体中的高频动宾短语义项及其宾语考察

“看 N”仅在文学语体中出现的宾语类型及其数量情况统计如表 4.33 所示。

表 4.33　文学语体中的“看 N”短语的宾语类型及数量统计

宾语类型	看 1N	看 2N	看 3N	看 5N	看 6N	看 7N
	受事	受事	受事	受事	受事	受事
宾语数量/个	8	6	6	1	7	3
宾语所占比例/%	25.8	19.4	19.4	3.2	22.6	9.7

从以上统计可以看出，仅出现在文学语体中的“看 N”有 6 个义项，语体因素对其义项的出现影响较大；宾语类型只有受事，受事宾语是文学语体中最常见的短语宾语类型，没有非受事宾语短语出现。

6 个出现的义项使用频次由高到低的排序如下：

看 1N>看 6N>看 2N/看 3N>看 7N>看 5N

“看 1N[+受事]”是文学语体中最常见的短语类型，其次是“看 6N”，相比较“看 5N”的使用频次最低。

3. 科技语体中的高频动宾短语义项及其宾语考察

“看 N”仅在科技语体中出现的宾语类型及数量情况统计如表 4.34 所示。

表 4.34　科技语体中的“看 N”短语的宾语类型及数量统计

宾语类型	看 1N	看 3N	看 6N
	受事	受事	受事
宾语数量/个	21	1	9
宾语所占比例/%	67.8	3.2	29.0

通过分析可以看出，仅出现在科技语体中的“看 N”有“看 1”、“看 3”、“看 6”3 个义项，宾语类型只有受事；“看 1N[+受事]”的数量比例达到 67.8%，是科技语体中使用频次最高的短语类型；受事宾语是科技语体中“看 N”短语最

常见的宾语类型。

4. 分析与总结

比较以上三种情况的考察，总结如下：

第一，同时出现在两类语体中的“看 N”高频动宾短语中，出现了“看 1”、“看 2”、“看 3”、“看 6”4 个义项，其中“看 1”、“看 3”和“看 6”3 个义项分别在文学和科技语体中也都有出现，也就是说这 3 个义项的出现受语体的影响不大，是不同语体中比较常用的义项。

第二，“看 1N[+受事]”和“看 6N[+受事]”短语在文学和科技语体中都出现了，而且数量比例都分别是第一和第二，可以说语体不同并没有影响这两类短语的出现，它们是文学和科技语体中最常见的短语类型。但是“看 1N[+受事]”短语在科技语体中所占的比例达到 67.8%，远远高出文学语体中的 25.8%，可以说，语体不同对于“看 1N[+受事]”短语类型的出现频次有一定影响，在科技语体中出现的倾向性远比文学语体中要高。

第三，总体上，文学语体中出现了 6 个义项，科技语体中出现了 3 个义项，语体对义项的出现有一定影响，文学语体中的义项数比科技语体中的多；在文学和科技语体中同时出现的只有受事宾语一类宾语，应有的处所、工具以及施事宾语三类宾语都没有出现，也就是说同时出现在文学和科技语体中的前 50 个高频动宾短语中几乎没有非受事宾语短语出现。受事宾语是“看 N”最常见和使用频次最高的宾语类型。

三、“吃 N”在不同语体中的义项及其宾语呈现情况

动词“吃”有 5 个义项，分别可以带受事、工具、方式、处所以及杂类宾语共 5 类宾语。下面我们考察不同语体中“吃 N”的义项和宾语类型的呈现情况。

1. 文学和科技语体中的高频动宾短语义项及其宾语考察

“吃 N”同时出现在文学和科技语体中的宾语类型及数量情况统计如表 4.35 所示。

表 4.35　文学和科技语体中的“吃 N”短语的宾语类型及数量统计

宾语类型	吃 1N	
	受事	方式
宾语数量/个	24	2
宾语所占比例/%	92.3	7.7

“吃 N”同时出现在文学和科技语体中的短语只有“吃 1N[+受事]”和“吃 1N[+方式]”，这两类短语的出现总体上受语体因素的影响不大，也是“吃 N”中最常见的两类短语；受事宾语所占比例为 92.3%，是出现频次最高的宾语类型；方式宾语是两类语体中唯一出现的非受事宾语，尽管数量较少，但也可以说是“吃 N”高频短语中最常见的非受事宾语类型。两类语体中出现的两个方式宾语短语分别是“吃火锅”和“吃西餐”。

2. 文学语体中的高频动宾短语义项及其宾语考察

“吃 N”仅在文学语体中出现的宾语类型及数量情况统计如表 4.36 所示。

表 4.36　文学语体中的“吃 N”短语的宾语类型及数量统计

宾语类型	吃 1N		吃 2N	吃 3N	吃 5N
	受事	方式	杂类	受事	受事
宾语数量/个	17	2	2	2	1
宾语所占比例/%	70.8	8.3	8.3	8.3	4.2

只出现在文学语体中的“吃 N”有 4 个义项、3 类宾语，其中短语“吃 1N[+受事]”所占比例达到了 70.8%，是使用频次最高的短语类型；总体上受事宾语数量比例达到了 83.3%，非受事宾语出现了方式和杂类，所占比例为 16.7%；所出现的方式宾语短语为“吃罚酒”和“吃大餐”，杂类宾语短语为“吃干饭”和“吃白食”，这四个非受事宾语的出现受语体的影响较大，倾向于在文学语体中出现。

3. 科技语体中的高频动宾短语义项及其宾语考察

“吃 N”仅在科技语体中出现的宾语类型及数量情况统计如表 4.37 所示。

表 4.37　科技语体中的“吃 N”短语的宾语类型及数量统计

宾语类型	吃 1N		吃 2N	吃 3N	吃 4N
	受事	处所	受事	受事	受事
宾语数量/个	18	1	3	1	1
宾语所占比例/%	75	4.2	12.5	4.2	4.2

只在科技语体中出现的“吃 N”有 4 个义项、2 类宾语，其中短语“吃 1N[+受事]”所占比例达到了 75%，是使用频次最高的短语类型；总体上受事宾语数量比例达到了 95.8%，非受事宾语出现了处所宾语，所占比例仅为 4.2%。所出现的处所宾语短语是“吃食堂”，该短语的出现受语体影响较大，倾向于在科技语体中出现。

4. 分析与总结

比较以上三种情况的考察，总结如下：

第一，同时出现在两类语体中的“吃 N”高频动宾短语有“吃 1N[+受事]”和“吃 1N[+方式]”，其出现受语体的影响最小；其中“吃 1N[+受事]”是最常见和使用频率最高的短语类型。总体上，“吃 N”短语在文学语体中出现的倾向性更大。

第二，文学语体和科技语体中都出现了吃 1、吃 2、吃 3 三个义项，这三个义项的出现受语体的影响较小；吃 5 只在文学语体中出现，短语只有“吃罪”一个，频次为 513 次，吃 4 只在科技语体中出现，短语也只有“吃料”一个，频次有 535 次，因此，语体因素对于这两个义项及其短语的出现有一定影响。

第三，文学语体中出现了受事、方式、杂类三类宾语，科技语体中出现了受事、处所两类宾语，总体上，非受事宾语的出现受语体的影响比受事宾语大。

四、“写 N”在不同语体中的义项及其宾语呈现情况

动词“写”有 2 个义项，可以带结果、工具、方式、处所、杂类、受事共 6 类宾语，义项数不多，但是带宾类型比较丰富。下面我们分语体考察前 50 个高频动宾短语的义项和宾语的呈现情况。

1. 文学和科技语体中的高频动宾短语义项及其宾语考察

“写 N”同时出现在文学和科技语体中的宾语类型及其数量情况统计如表 4.38 所示。

表 4.38　文学和科技语体中的“写 N”短语的宾语类型及数量统计

宾语类型	写 1N	写 2N	
	杂类	受事	结果
宾语数量/个	1	6	14
宾语所占比例/%	4.8	28.6	66.7

“写 N”同时出现在文学和科技语体中的短语有杂类、受事、结果三种类型，这三类短语的出现总体上受语体的影响不大，也是“写 N”中比较常见的短语类型；受事宾语所占比例为 28.6%，非受事宾语所占比例为 71.4%，其中结果宾语数量比例最高，该类宾语受语体因素的影响最小，其次是受事宾语。“写 2N[+受事]”短语主要有写人、写人物、写历史、写程序、写情、写爱情等；“写 2N[+结果]”短语主要有写诗、写小说、写书、写论文、写作文、写日记等；杂类宾语短语只有“写作业”一个。

2. 文学语体中的高频动宾短语义项及其宾语考察

“写 N”仅在文学语体中出现的宾语类型及其数量情况统计如表 4.39 所示。

表 4.39 文学语体中的“写 N”短语的宾语类型及数量统计

宾语类型	写 1N			写 2N
	结果	方式	工具	结果
宾语数量/个	14	1	1	13
宾语所占比例/%	48.3	3.4	3.4	44.8

“写 N”的两个义项都出现在了文学语体，其中短语“写 1N”所占比例为 55.2%，“写 2N”所占比例为 44.8%，两个义项的带宾短语数量比例较接近，语体因素对两个义项及其短语数量的影响不太大。文学语体中出现了三类宾语，处所、杂类以及受事宾语没有出现，非受事宾语的比例占了 100%，可见仅在文学语体中出现的宾语类型倾向于都是非受事宾语；非受事宾语出现了结果、方式、工具三类宾语。“写 1N[+结果]”短语主要有写奏折、写奏章、写折子、写大字报、写字等；“写 1N[+方式]”短语只有“写大字”一个；“写 1N[+工具]”短语也只有“写毛笔”一个；“写 2N[+结果]”短语主要有写剧本、写情书、写书信、写戏、写回忆录、写稿子、写回信、写自传等。以上这些非受事宾语短语的出现受语体的影响较大，倾向于在文学语体中出现。

3. 科技语体中的高频动宾短语义项及其宾语考察

“写 N”仅在科技语体中出现的宾语类型及其数量情况统计如表 4.40 所示。

表 4.40 科技语体中的“写 N”短语的宾语类型及数量统计

宾语类型	写 1N	写 2N	
	结果	受事	结果
宾语数量/个	3	13	13
宾语所占比例/%	10.3	44.8	44.8

“写 N”的两个义项都出现在了科技语体中，其中短语“写 1N”所占比例为 10.3%，“写 2N”所占比例为 89.7%，两个义项及其带宾短语数量比例相差较大，语体因素对义项的出现影响不大，但是对其带宾短语的数量影响较大；科技语体中出现了结果和受事两类宾语，其他四类宾语都没有出现。受事宾语所占比例为 44.8%，结果宾语所占比例为 55.2%，可见仅在科技语体中出现的宾语类型中受事宾语和非受事宾语比例大致各占一半，非受事宾语数量略多。“写 1N[+结果]”

短语有 3 个：写话、写句子、写数据。“写 2N[+受事]”短语主要有写对象、写景物、写时间、写语言、写自然、写人生、写个人等；“写 2N[+结果]”短语主要有写教材、写教案、写议论文、写规则、写记叙文、写读后感、写评语、写毕业论文、写心得等。以上短语的出现受语体的影响较大，倾向于在科技语体中出现。

4. 分析与总结

比较以上三种情况的考察，总结如下：

第一，同时出现在两类语体中的“写 N”高频动宾短语中的“写 1N[+杂类]”、“写 2N[+受事]”、“写 2N[+结果]”高频短语的出现受语体的影响最小；非受事宾语所占比例明显比受事宾语所占比例高，非受事宾语类型有结果和杂类，其中结果宾语的比例最高，结果宾语是“写 N”短语最常见的宾语类型，其在文学语体中出现的倾向性更大。

第二，文学语体和科技语体中都出现了写 1 和写 2 两个义项，义项的出现受语体的影响较小；“写 1N”在文学语体中一共出现了四类宾语，即杂类、结果、方式、工具，但在科技语体中只出现了杂类和结果两类宾语，可见语体因素对该义项带宾短语的宾语类型数有影响，文学语体中出现的宾语类型比科技语体中的丰富；“写 2N”在文学和科技语体中的宾语类型都是受事和结果，语体因素对于该义项带宾短语的宾语类型影响不大。

第三，文学语体中出现了杂类、受事、结果、方式、工具五类宾语，科技语体中出现了结果、受事、杂类三类宾语。工具和方式宾语的出现受语体的影响比杂类、受事、结果宾语所受的影响大。

五、“拉 N”在不同语体中的义项及其宾语呈现情况

动词“拉”共有 6 个义项，可以带受事、处所、结果、方式、目的共 5 类宾语。下面分语体考察 50 个高频动宾短语中义项和宾语类型呈现情况。

1. 文学和科技语体中的高频动宾短语义项及其宾语考察

“拉 N”同时出现在文学和科技语体中的宾语类型及数量情况统计如表 4.41 所示。

表 4.41 文学和科技语体中的“拉 N”短语的宾语类型及数量统计

宾语类型	拉 1N	拉 2N	拉 3N	拉 4N	拉 6N
	受事	受事	受事	受事	目的
宾语数量/个	8	8	6	2	2
宾语所占比例/%	30.8	30.8	23.1	7.7	7.7

“拉 N”同时出现在文学和科技语体中的短语出现了 5 个义项，其带宾类型短语有“拉 1N[+受事]”、“拉 2N[+受事]”、“拉 3N[+受事]”、“拉 4N[+受事]”、“拉 6N[+目的]”五种类型，这五个义项和五类短语的出现总体上受语体因素的影响不大，也是“拉 N”中比较常见的短语类型。受事宾语所占比例为 92.3%，非受事宾语所占比例为 7.7%。受事宾语是“拉 N”短语最常见的宾语类型，该类宾语受语体因素的影响最小；其次是“拉 6N[+目的]”短语，一共有 2 个：拉选票、拉广告。以上这些短语的出现受语体的影响不大，但在文学语体中出现的倾向性更大。

2. 文学语体中的高频动宾短语义项及其宾语考察

“拉 N”仅在文学语体中出现的宾语类型及数量情况统计如表 4.42 所示。

表 4.42　文学语体中的“拉 N”短语的宾语类型及数量统计

宾语类型	拉 1N	拉 2N	拉 3N	拉 6N	
	受事	受事	受事	受事	目的
宾语数量/个	17	1	1	4	1
宾语所占比例/%	70.8	4.2	4.2	16.7	4.2

只在文学语体中出现的“拉 N”有 4 个义项，即拉 1、拉 2、拉 3、拉 6，这四个义项也是“拉 N”在文学语体中比较常见的义项。“拉 1N[+受事]”短语数量所占比例为 70.8%，是最常见的短语类型；其次是“拉 6N[+受事]”。文学语体中出现了 2 类宾语，即受事和目的，受事宾语的比例占了 95.8%，可见文学语体中出现的宾语类型倾向于为受事宾语；非受事宾语只出现了目的宾语，仅有“拉家常”一个短语。

3. 科技语体中的高频动宾短语义项及其宾语考察

“拉 N”仅在科技语体中出现的宾语类型及数量情况统计如表 4.43 所示。

表 4.43　科技语体中的“拉 N”短语的宾语类型及数量统计

宾语类型	拉 1N	拉 2N	拉 3N	拉 4N	拉 6N	
	受事	受事	受事	受事	受事	目的
宾语数量/个	8	6	1	3	3	3
宾语所占比例/%	33.3	25	4.2	12.5	12.5	12.5

“拉 N”只在科技语体中出现的义项有 5 个，即拉 1、拉 2、拉 3、拉 4、拉 6，它们应该是科技语体中最常见的义项。宾语类型有受事和目的，受事宾语比例达到 87.5%，非受事宾语出现了目的宾语，一共有 3 个短语，即拉存款、拉客户、

拉领导，受事宾语仍然是科技语体中最常见宾语类型。

4. 分析与总结

比较以上三种情况的考察，总结如下：

第一，总体上看，文学语体和科技语体中都出现了拉 1、拉 2、拉 3、拉 4、拉 6 共 5 个义项，语体的变化并没有影响这五个义项的出现，可以判定这五个义项是动词“拉”比较常见的义项。

第二，文学和科技语体中出现的短语类型有“拉 1N[+受事]”、“拉 2N[+受事]”、“拉 3N[+受事]”、“拉 4N[+受事]”、“拉 6N[+受事]”、“拉 6N[+目的]”，其中“拉 1N[+受事]”是使用频次最高的短语类型，文学语体中出现的倾向性比科技语体中高；科技语体中“拉 2N[+受事]”数量比例要比文学语体中的高，而文学语体中“拉 6N[+受事]”的比例比科技语体中的高。可见，同一义项带宾的短语在不同语体中出现的频次有差异，也就是说语体因素一定程度上影响了短语的出现频次。

第三，文学和科技语体中都只出现了受事和目的两类宾语，这两类宾语是“拉 N”高频短语中常见的宾语类型，其中受事宾语的数量在 80%以上，远远高出目的宾语；这两类短语在文学语体中的比例比科技语体中的高。

六、“穿 N”在不同语体中的义项及其宾语呈现情况

动词“穿”有 4 个义项，可以带结果、处所、工具、受事等 4 类宾语，义项和宾语类型都比较丰富。下面分三种情况进行考察。

1. 文学和科技语体中的高频动宾短语义项及其宾语考察

“穿 N”同时出现在文学和科技语体中的宾语类型及数量情况统计如表 4.44 所示。

表 4.44　文学和科技语体中的“穿 N”短语的宾语类型及数量统计

宾语类型	穿 2N	穿 4N
	处所	受事
宾语数量/个	9	17
宾语所占比例/%	34.6	65.4

“穿 N”在文学和科技语体中同时出现了穿 2 和穿 4 两个义项，所带宾语短语类型有“穿 2N[+处所]”、“穿 4N[+受事]”两种，这两类短语的出现总体上受语体的影响不大，也是“穿 N”中比较常见的短语类型。受事宾语所占比例为 65.4%，

处所宾语所占比例为 34.6%，受事宾语受语体因素的影响最小，其次是处所宾语。“穿 2N[+处所]” 短语有 9 个：穿云、穿心、穿山、穿墙、穿肠、穿城、穿街、穿洞、穿马路。“穿 4N[+受事]” 短语主要有穿衣服、穿鞋、穿白衣、穿军装、穿西装、穿长衫、穿长袍等 17 个。

2. 文学语体中的高频动宾短语义项及其宾语考察

“穿 N” 仅在文学语体中出现的宾语类型及数量情况统计如表 4.45 所示。

表 4.45 文学语体中的“穿 N”短语的宾语类型及数量统计

宾语类型	穿 2N	穿 4N
	处所	受事
宾语数量/个	2	22
宾语所占比例/%	8.3	91.7

“穿 N” 只在文学语体中出现的动宾短语类型有 “穿 2N[+处所]” 和 “穿 4N[+受事]”，出现 2 个义项、2 类宾语。受事宾语所占比例为 91.7%，处所宾语所占比例为 8.3%，受事宾语数量远远高出处所宾语。“穿 2N[+处所]” 短语有 2 个：穿门、穿房。“穿 4N[+受事]” 短语主要有穿甲、穿盔甲、穿官服、穿铠甲、穿道袍、穿军服、穿青衣、穿便服等 22 个。

3. 科技语体中的高频动宾短语义项及其宾语考察

“穿 N” 仅在科技语体中出现的宾语类型及数量情况统计如表 4.46 所示。

表 4.46 科技语体中的“穿 N”短语的宾语类型及数量统计

宾语类型	穿 1N	穿 2N		穿 4N
	处所	处所	工具	受事
宾语数量/个	1	5	3	15
宾语所占比例/%	4.2	20.8	12.5	62.5

“穿 N” 只在科技语体中出现的动宾短语类型有 “穿 1N[+处所]”、“穿 2N[+处所]”、“穿 2N[+工具]”、“穿 4N[+受事]”，出现了 3 个义项、3 类宾语。受事宾语数量最多，所占比例为 62.5%，第二是处所宾语，所占比例为 25%，第三是工具宾语，所占比例为 12.5%。“穿 1N[+处所]” 短语是 “穿楼板”。“穿 2N[+处所]” 有 5 个短语：穿公路、穿井、穿堤、穿村、穿坝。“穿 2N[+工具]” 短语有 3 个：穿纱、穿丝、穿钢丝。“穿 4N[+受事]” 短语主要有穿工作服、穿高跟鞋、穿校服、穿制服、穿皮鞋、穿新衣、穿拖鞋、穿牛仔裤等 15 个。

4. 分析与总结

比较以上三种情况的考察，总结如下：

第一，文学语体中出现了穿 2 和穿 4 两个义项，科技语体中出现了穿 1、穿 2、穿 4 三个义项，穿 2 和穿 4 在两类语体中都有出现，语体的变化没有影响它们的出现，穿 2 和穿 4 应该是动词“穿”比较常见的义项；穿 1 只出现在了科技语体，而且数量很少，其高频动宾短语倾向于在科技语体中出现。

第二，文学和科技语体中都出现了受事和处所宾语，这两类宾语短语应该是“穿 N”比较常见的短语类型；“穿 4N[+受事]”短语的数量比例最高，该类短语的出现几乎不受语体的影响，是最常见短语类型。其在文学语体中出现的倾向性要比在科技语体中出现的倾向性大。非受事宾语出现了处所和工具，其中“穿 2N[+处所]”所占比例最高，是“穿 N”中非受事宾语的主要宾语类型。

第三，高频短语“穿 1N[+处所]”和“穿 2N[+工具]”只出现在了科技语体中，可见语体因素对它们的出现有一定影响；其中“穿 2N[+处所]”的比例比“穿 2N[+工具]”的比例高。

七、“跑 N”在不同语体中的义项及其宾语呈现情况

动词“跑”一共有 5 个义项，可以带结果、方式、处所、致使、施事、等同、目的共七类宾语，义项和宾语类型都比较丰富。

1. 文学和科技语体中的高频动宾短语义项及其宾语考察

“跑 N”同时出现在文学和科技语体中的宾语类型及数量情况统计如表 4.47 所示。

表 4.47　文学和科技语体中的“跑 N”短语的宾语类型及数量统计

宾语类型	跑 1N			跑 3N		跑 4N
	处所	方式	致使	处所	目的	施事
宾语数量/个	2	2	2	8	7	3
宾语所占比例/%	8.3	8.3	8.3	33.3	29.2	12.5

同时在文学和科技语体中出现了跑 1、跑 3、跑 4 三个义项，宾语类型有处所、方式、致使、目的以及施事共五类，这三个义项和五类宾语应该是“跑 N”中比较常见的义项和宾语类型，它们的出现受语体因素的影响不大。“跑 N”本身没有带受事宾语短语类型，所带的非受事宾语中处所宾语所占比例最高，有 41.6%；第二是目的宾语，占比 29.2%；第三是施事宾语，占比 12.5%；方式和致使宾语各占 8.3%。“跑 1N[+处所]”短语有 2 个：跑冤枉路、跑远路。“跑 1N[+方式]”

短语有 2 个：跑圈、跑马拉松。“跑 1N[+致使]”短语有 2 个：跑船、跑野马。“跑 3N[+处所]”短语有 8 个：跑市场、跑银行、跑医院、跑图书馆、跑工地、跑书店、跑省城、跑邮局。“跑 3N[+目的]”短语有 7 个：跑官、跑项目、跑业务、跑关系、跑资金、跑计划、跑汽车。“跑 4N[+施事]”短语有 3 个：跑风、跑火、跑气。以上这些短语应该是“跑 N”中比较常见的短语用例，总体上看，语体因素对这些短语的出现影响不大。

2. 文学语体中的高频动宾短语义项及其宾语考察

“跑 N”仅在文学语体中出现的宾语类型及数量情况统计如表 4.48 所示。

表 4.48　文学语体中的“跑 N”短语的宾语类型及数量统计

宾语类型	跑 1N			跑 2N	跑 3N		跑 4N
	处所	方式	致使	施事	处所	目的	施事
宾语数量/个	6	3	4	2	1	8	2
宾语所占比例/%	23.1	11.5	15.4	7.7	3.8	30.8	7.7

“跑 N”仅在文学语体中出现的义项有 4 个：跑 1、跑 2、跑 3、跑 4。宾语类型有 5 类：处所、方式、致使、施事、目的。其中“跑 1N”短语数量最多，所占比例为 50%。其次是“跑 3N”短语，所占比例为 34.6%。“跑 2N”和“跑 4N”数量比例一样，都是 7.7%。五类非受事宾语中目的宾语数量最多，所占比例为 30.8%，其次是处所宾语，占比 26.9%，数量居第三的宾语类型是施事和致使宾语，方式宾语数量最少。“跑 N[+处所]”短语有 7 个：跑路、跑山路、跑网吧、跑茅房、跑厕所、跑健身房、跑厨房。“跑 1N[+方式]”短语有 3 个：跑路线、跑直线、跑百米。“跑 1N[+致使]”短语有 4 个：跑火车、跑狗、跑马灯、跑舌头。“跑 N[+施事]”短语有 4 个：跑人、跑神、跑电、跑老鼠。“跑 3N[+目的]”短语有 8 个：跑商、跑新闻、跑月票、跑货、跑马戏、跑小买卖、跑天下、跑门路。语体因素对这些高频短语的出现有一定影响，其倾向于在文学语体中出现。

3. 科技语体中的高频动宾短语义项及其宾语考察

“跑 N”仅在科技语体中出现的宾语类型及数量情况统计如表 4.49 所示。

表 4.49　科技语体中的“跑 N”短语的宾语类型及数量统计

宾语类型	跑 1N	跑 3N		跑 4N
	处所	处所	目的	施事
宾语数量/个	1	6	13	6
宾语所占比例/%	3.8	23.1	50	23.1

“跑N”仅在科技语体中出现的义项有3个——跑1、跑3、跑4，宾语类型有3类：处所、目的和施事。其中“跑3N[+目的]”短语数量最多，所占比例为50%，其次是“跑N[+处所]”短语，所占比例为26.9%，“跑4N[+施事]”短语数量比例为23.1%。“跑1N[+处所]”有一个短语：跑楼梯。“跑3N[+处所]”有6个短语：跑企业、跑班、跑机关、跑部门、跑政府、跑基层。“跑3N[+目的]”有13个短语，即跑贷款、跑煤、跑供销、跑门子、跑指标、跑信息、跑订单、跑客户、跑客运、跑销路、跑手续、跑材料、跑外勤。语体因素对这些高频短语的出现有一定影响，其倾向于在科技语体中出现。

4. 分析与总结

比较以上三种情况的考察，总结如下：

第一，总体上，文学和科技语体中都出现了跑1、跑3、跑4三个义项，语体因素对这三个义项的影响不大，其应该是“跑N”比较常见的义项。“跑2N[+施事]”短语只在文学语体中出现，语体因素对其出现有一定影响，其在文学语体中出现的倾向性更大。

第二，文学和科技语体中都出现了处所、目的、施事、方式以及致使五类宾语，总体上看语体因素对其出现影响不大，这五类宾语应该是“跑N”比较常见的宾语类型。

第三，“跑3N[+目的]”、“跑4N[+施事]”出现在科技语体中的比例比文学语体中的高，应该是“跑N”比较常见的宾语类型，可见语体因素对它们的出现有一定影响，其在科技语体中出现的倾向性更大。

八、“打N”在不同语体中的义项及其宾语呈现情况

多义动词“打”有23个义项，是汉语动词义项数最多的一个动词，所带宾语类型有受事、工具、处所、结果、同源、杂类、方式、对象、施事、时间、等同等共11类宾语。

1. 文学和科技语体中的高频动宾短语义项及其宾语考察

打3N[受事]：打人、打狗、打土豪、打孩子
打5N[工具]：打桩
打11N[结果]：打洞
打12N[受事]：打广告、打伞
打14N[结果]：打报告
打16N[受事]：打水、打饭
打17N[受事]：打虎、打老虎

打 18N[受事]：打柴

打 20N[受事]：打车、打持久战

打 21N[受事]：打麻将、打篮球、打扑克、打游戏、打高尔夫球

21 个"打 N"短语同时出现在文学和科技语体中的宾语类型及数量情况统计如表 4.50 所示。

表 4.50 文学和科技语体中的"打 N"短语的宾语类型及数量统计

宾语类型	打 3N	打 5N	打 11N	打 12N	打 14N	打 16N	打 17N	打 18N	打 20N	打 21N
	受事	工具	结果	受事	结果	受事	受事	受事	受事	受事
宾语数量/个	4	1	1	2	1	2	2	1	2	5

"打 N"同时出现在文学和科技语体中的义项有 10 个，其中"打 21N[+受事]"数量比例最高，是其最常见的义项；每一个义项都只出现了一类宾语；同时出现在两类语体中的宾语类型有受事、结果、工具三类，这三类宾语是"打 N"最常见的宾语类型，其中"打 N[+受事]"的数量及比例远远高出其他两类宾语，应该是最常见的类型；受事宾语数量比例为 85.7%，非受事宾语数量比例为 14.3%。可以说，以上义项及其动宾短语的出现总体上受语体影响的程度比较小，但是不同语体中短语出现的频次还是体现出了语体影响的差异。例如，"打 5N[+工具]"短语类型出现了短语"打桩"，语体因素对其出现的影响不大，但是对其出现的频次影响较大，该短语文学语体中频次只有 255 次，但是科技语体中有 1725 次，在科技语体中出现的倾向性更大；又如"打人"，文学语体中有 7107 次，但在科技语体中只有 1583 次，两者相差较大；再如"打狗"，在文学语体中有 4786 次，科技语体中仅 170 次。

2. 文学语体中的高频动宾短语义项及其宾语考察

仅在文学语体中出现的 29 个高频动宾短语及其义项情况考察如下。

打 1N[受事]：打马、打锣

打 3N[受事]：打鬼子、打敌人、打日本人、打对方、打女人、打老子、打老婆

打 3N[处所]：打脸

打 4N[杂类]：打保票

打 6N[受事]：打铜

打 12N[受事]：打灯笼

打 13N[受事]：打话、打屁

打 13N[工具]：打暗器

打 15N[受事]：打蚊子

打 16N[受事]：打酱油

打 17N[受事]：打蛇、打兔子

打 18N[受事]：打粮

打 20N[受事]：打巷战

打 21N[等同]：打前锋

打 22N[结果]：打笑脸、打手势、打盹儿

打 23N[受事]：打眼色、打诳语、打歪主意

按照出现的宾语类型情况，“打 N”仅在文学语体中出现的宾语类型及数量情况统计如表 4.51 所示。

表 4.51　仅在文学语体中出现的“打 N”短语的宾语类型及数量统计

宾语类型	打 1N	打 3N		打 4N	打 6N	打 12N	打 13N		打 15N	打 16N	打 17N	打 18N	打 20N	打 21N	打 22N	打 23N
	受事	受事	处所	杂类	受事	受事	受事	工具	受事	受事	受事	受事	受事	等同	结果	受事
宾语数量/个	2	7	1	1	1	1	2	1	1	1	2	1	1	1	3	3

“打 N”只出现在文学语体中的义项有 14 个，宾语类型有受事、处所、结果、工具、等同、杂类共六类宾语，其中受事宾语数量最多，总计 22 个，占 29 个宾语总数的 75.9%，其次是结果宾语，有 3 个，其他四类宾语各有 1 个。受事宾语是文学语料中最常见的宾语类型，“打 3N[+受事]”数量最多，应该是文学语体中“打 N”最常见的义项及宾语搭配，其出现受语体影响的倾向性最大。非受事宾语出现了 7 个用例，比例为 24.1%。其中，“打 22”带结果宾语较常见，如“打笑脸、打手势、打盹儿”等；“打对方、打巷战”以及“打暗器”倾向于在文学语体中出现，常见于战争和古代武打类小说语料；“打 3N[+处所]”的用例是“打脸”；“打 21N[+等同]”的用例是“打前锋”。在文学语体中出现的这些受事和非受事宾语短语都受到了语体的影响，这些短语倾向于在文学语体中出现。

3. 科技语体中的高频动宾短语义项及其宾语考察

仅在科技语体中出现的 29 个高频动宾短语及其义项情况考察如下。

打 1N[受事]：打齿

打 1N[工具]：打防疫针

打 3N[受事]：打学生、打妻子

打 7N[受事]：打粉、打蛋

打 10N[结果]：打圈、打号、打胶

打 11N[结果]：打孔

打 12N[受事]：打品牌

打 13N[受事]：打高压、打力

打 14N[结果]：打款、打白条、打表

打 16N[受事]：打开水

打 19N[结果]：打赤字、打腹稿

打 20N[受事]：打市场、打歼灭战、打零工、打攻坚战

打 21N[受事]：打乒乓球、打羽毛球、打保龄球、打排球

打 21N[结果]：打擦边球

打 21N[方式]：打时间差

“打 N”仅在科技语体中出现的宾语类型及数量情况统计如表 4.52 所示。

表 4.52　科技语体中的“打 N”短语的宾语类型及数量统计

宾语类型	打 1N		打 3N	打 7N	打 10N	打 11N	打 12N	打 13N	打 14N	打 16N	打 19N	打 20N	打 21N		
	受事	工具	受事	受事	结果	结果	受事	受事	结果	受事	结果	受事	受事	结果	方式
数量/个	1	1	2	2	3	1	1	2	3	1	2	4	4	1	1

“打 N”只出现在科技语体中的义项有 12 个，宾语类型有受事、结果、工具、方式共四类，其中“打 21”带宾短语数量最多，有 6 个，第二是“打 20”的带宾短语，有 4 个，第三是“打 10”和“打 14”的带宾短语，这四类动宾短语都是科技语体中比较常见的，其出现的倾向性受科技语体影响较大。受事宾语数量有 17 个，数量比例为 58.6%，所占比例最高，应该是科技语体中“打 N”最常见的宾语类型。非受事宾语有 12 个，比例为 41.4%。语体因素对于只在科技语体中出现的非受事宾语短语影响较大，其出现在科技语体中的倾向性更大。

4. 分析与总结

比较以上三种情况的考察，总结如下：

第一，同时出现在文学和科技语体中的 10 个义项及其相关动宾短语受语体因素的影响最小，是“打 N”中比较常见的动宾短语类型，其中“打 3、打 12、打 16、打 20、打 21”五个义项在三种情况的考察中都出现了，其出现不受语体影响，应该是“打 N”较为常见的义项。其中“打 21”最为常见，语体对其出现的影响最小，其次是“打 3”，第三常见的义项是“打 12”。

第二，同时出现在文学和科技语体中的受事宾语数量比例为 85.7%，非受事

宾语数量比例为 14.3%；只出现在文学语体中的受事宾语数量比例为 75.9%，非受事宾语数量比例为 24.1%；只出现在科技语体中的受事宾语数量比例为 58.6%，非受事宾语数量比例为 41.4%。可见受事宾语出现数量及其比例一定程度上跟语料的语体因素有关系。

第三，动词“打”带宾的高频短语在文学语体语料中出现了 6 类宾语，在科技语体语料中出现了 4 类宾语，同时在文学和科技语料中出现的高频短语中只出现了 3 类宾语，可见语体因素对其出现的宾语类型数量有一定影响，文学语体中出现的宾语类型较为丰富；除了数量最多的受事宾语外，非受事宾语中的结果和工具两类宾语在三种考察中都出现了用例，可以说，语体因素对这两类宾语的出现影响不大，结果和工具宾语是动词“打”在两类语体中出现倾向性最大的非受事宾语类型。

第六节 不同语体中动词“吃”和“打”带宾结构形式及其句类语气的考察

一、报刊语体中动词带光杆和复杂宾语的句类语气分布考察

1. 报刊语体中多义动词“吃”带宾的句类语气情况

我们在 BCC 报刊语料库中检索动词“吃”，统计前 5000 条语料，其中动词“吃”带名词性宾语的句子有 1379 条，语料字数为 8.8 万字。1379 条语料按照陈述、疑问、感叹、祈使四种语气分类进行统计，报刊语料中动词“吃”带宾句类语气情况统计如表 4.53 所示。

表 4.53 报刊语料中动词“吃”带宾句类语气情况统计

语气	陈述	疑问	感叹	祈使	总计
吃+名宾/条	1266	21	20	72	1379
比例/%	91.81	1.52	1.45	5.22	100

报刊语料中“吃 N”的句类语气倾向性序列：陈述＞祈使＞疑问＞感叹。

可以看出，在报刊语体中，多义动词“吃”带宾短语的陈述语气的句子数量最多，为 1266 条，占句子总数的 91.81%；其次是祈使语气，有 72 条，占 5.22%，疑问和感叹语气分别为 21 条和 20 条，所占比例接近。

我们对动词“吃”带宾用例的结构形式按照光杆宾语和复杂宾语做进一步考察，四种语气的分布情况统计如表 4.54 所示。

表 4.54 报刊语料中动词“吃”带不同宾语结构形式的句类语气分布统计 单位：条

语气	陈述	疑问	感叹	祈使	总计
吃 N[+光杆]	844	14	17	21	896
吃 N[+复杂]	422	7	3	51	483

“吃 N[+光杆]”的句类语气倾向性序列：陈述>祈使>感叹>疑问。

“吃 N[+复杂]”的句类语气倾向性序列：陈述>祈使>疑问>感叹。

陈述语气中，动词“吃”带光杆宾语的用例数量远远超过带复杂宾语的用例数量，可见报刊陈述语气中，动词“吃”带光杆宾语的能力更强。同样的，疑问和感叹语气中动词“吃”带光杆宾语的倾向性也比带复杂宾语的强，而祈使语气中复杂宾语的出现倾向性比光杆宾语的强。

2. 报刊语体中多义动词“打”带宾句类语气情况

在 BCC 报刊语料库中检索动词“打”，我们统计前 5000 条语料，其中多义动词“打”带名词性宾语的句子有 1618 条，语料字数为 10.4 万字。将 1618 条语料按照陈述、疑问、感叹、祈使四种语气分类统计，报刊语料中动词“打”带宾句类语气情况统计如表 4.55 所示。

表 4.55 报刊语料中动词“打”带宾句类语气情况统计

语气	陈述	疑问	感叹	祈使	总计
打+名宾/条	1504	48	19	47	1618
比例/%	93.0	3.0	1.2	2.9	100

报刊语料中“打 N”的句类语气倾向性序列：陈述>疑问>祈使>感叹。

可以看出，在报刊语体中，多义动词“打”带宾短语陈述语气的句子数量最多，有 1504 条，占句子总数的 93.0%；疑问语气句子数量排在第二位，有 48 条，占 3.0%；祈使语气句子数量排第三，有 47 条，疑问和祈使语气的句子数量比较接近；感叹语气的句子最少，有 19 条。

按照宾语的结构形式分类，动词“打”带不同宾语结构形式的句类语气情况如表 4.56 所示。

表 4.56 报刊语料中动词“打”带不同宾语结构形式的句类语气分布统计 单位：条

语气	陈述	疑问	感叹	祈使	总计
打 N[+光杆]	687	33	8	32	760
打 N[+复杂]	817	15	11	15	858

"打 N[+光杆]"的句类语气倾向性序列：陈述＞疑问＞祈使＞感叹。

"打 N[+复杂]"的句类语气倾向性序列：陈述＞祈使/疑问＞感叹。

陈述语气中，动词"打"带复杂宾语的用例数量比带光杆宾语的用例多了 130 条，数量相差不是太大，可以说，报刊陈述语气中动词"打"带复杂宾语的能力比带光杆宾语强，但是总体上动词"打"带宾结构形式的差异性不是太大，感叹语气中光杆宾语和复杂宾语数量差异也不大，两者的倾向性大体一致；与此相反，疑问和祈使语气中动词"打"带光杆宾语的倾向性比带复杂宾语的强。

3. 报刊语体中动词"吃"和"打"带宾结构形式及其句类语气比较

前面分别考察了动词"吃"和"打"带宾的句类语气倾向性特点，就两个动词比较来看，相关共性和差异总结如下：

第一，总的来看，报刊语体中的"吃+名宾"和"打+名宾"的句类语气中都是陈述语气最多，所占比例都在 90%以上；陈述、疑问语气中动词"打"带宾句子数量比动词"吃"带宾句子数量多，带宾能力比"吃"强；动词"吃"带宾句子在祈使语气中的数量明显比"打"的要多，可以说祈使语气中动词"吃"的带宾能力比"打"强。

第二，就两个动词带宾结构形式来看，报刊语体陈述语气中，动词"吃"带光杆宾语数量明显比带复杂宾语的数量多，光杆宾语的倾向性特点较为突出；而动词"打"带宾的呈现情况正好与此相反，"打"带复杂宾语的倾向性略占优势。感叹语气中，同样是"吃"带光杆宾语的倾向性更强。疑问语气中，动词"吃"和"打"都具有带光杆宾语的倾向性特点。感叹和祈使语气中两个动词带宾结构形式的倾向性正好相反：感叹语气中动词"吃"带光杆宾语的倾向性更强，动词"打"带复杂宾语的倾向性更强；祈使语气中动词"吃"带复杂宾语的倾向性更强，动词"打"带光杆宾语的倾向性更强。

通过以上考察和总结可知，语体中动词"吃"和"打"带宾在不同语气中呈现情况既有共性，也有差异，总体上看差异比较突出。这一方面反映出两个动词语义属性的差异，另一方面反映出句法方面的不同，同时也发现语气对于两个动词带宾的句法呈现具有一定影响。

二、科技语体中多义动词带光杆和复杂宾语的句类语气分布考察

1. 科技语体中多义动词"吃"带宾的句类语气情况

我们在 BCC 科技语料库中检索动词"吃"，统计前 5000 条语料，其中多义动词"吃"带名词性宾语的句子有 1944 条，语料字数为 12.8 万字。1944 条语料按照陈述、疑问、感叹、祈使四种语气分类统计。科技语体中动词"吃"带宾句

类语气统计情况如表 4.57 所示。

表 4.57　科技语体中动词“吃”带宾句类语气统计

语气	陈述	疑问	感叹	祈使	总计
吃+名宾/条	1717	36	34	157	1944
比例/%	88.3	1.9	1.7	8.1	100

“吃+名宾”的句类语气倾向性序列：陈述＞祈使＞疑问＞感叹。

科技语体中动词“吃”带宾的句子用例在陈述语气中的数量最多，所占比例达到 88.3%，其次是祈使语气中的用例，所占比例为 8.1%，疑问和感叹语气数量比较接近，数量最少。与此同时，我们对两个动词带宾的结构形式做进一步考察，统计情况如表 4.58 所示。

表 4.58　科技语体中动词“吃”带不同宾语结构形式的句类语气统计　单位：条

语气	陈述	疑问	感叹	祈使	总计
吃 N[+光杆]	1312	25	31	77	1445
吃 N[+复杂]	405	11	3	80	499

科技语体中前 5000 条语料中，动词“吃”带光杆宾语的句子有 1445 条，带复杂宾语的句子有 499 条。陈述语气中动词“吃”带光杆宾语的数量远远比带复杂宾语的数量要多，其光杆宾语形式的倾向性特点比较突出；祈使语气下，动词“吃”带光杆宾语和复杂宾语的数量比较接近，其带宾形式的倾向性特点不突出，可以说，祈使语气对于“吃”带宾结构形式的影响不大。

2. 科技语体中多义动词“打”带宾的句类语气情况

在 BCC 科技语料库中检索动词“打”，我们统计前 5000 条语料，其中多义动词“打”带名词性宾语的句子有 1102 条，语料字数为 7.2 万字。将语料按照陈述、疑问、感叹、祈使四种语气分类统计，科技语体中动词“打”带宾句类语气情况统计如表 4.59 所示。

表 4.59　科技语体中动词“打”带宾句类语气统计

语气	陈述	疑问	感叹	祈使	总计
打+名宾/条	1056	19	5	22	1102
比例/%	95.8	1.7	0.5	2.0	100

“打 N”的句类语气倾向性序列：陈述＞祈使＞疑问＞感叹。

科技语体中动词“打”带宾的句子用例在陈述语气中的数量最多，所占比例达到95.8%，第二是祈使语气中的用例，所占比例为2.0%，第三是疑问语气中的用例，所占比例为1.7%；感叹语气中的用例非常少，只有5个用例。

下面我们对动词“打”带宾的结构形式做进一步考察，统计情况如表4.60所示。

表4.60 科技语体中动词“打”带不同宾语结构形式的句类语气统计 单位：条

语气	陈述	疑问	感叹	祈使	总计
打N[+光杆]	538	12	4	12	566
打N[+复杂]	518	7	1	10	536

“打N[+光杆]”的句类语气倾向性序列：陈述>疑问/祈使>感叹。

“打N[+复杂]”的句类语气倾向性序列：陈述>祈使>疑问>感叹。

科技语体的陈述语气中，动词“打”带光杆宾语和带复杂宾语的用例数量相差不大，倾向性特征不明显。动词“打”带宾的句子用例数量最少的是在感叹语气下，其在感叹语气中的带宾能力不强。

3. 科技语体中多义动词“吃”和“打”的带宾结构形式及其句类语气比较

基于以上的考察，科技语体中两个动词带宾的共性和差异总结如下：

第一，总的来看，科技语体中的“吃+名宾”和“打+名宾”的句类语气中都是陈述语气最多，陈述语气中“吃”带宾的数量明显比“打”带宾的数量多，带宾的能力更强。祈使语气中，动词“吃”带宾的句子数量比“打”带宾的句子数量多，可以说祈使语气中动词“吃”的带宾能力比“打”强。

第二，就两个动词带宾结构形式来看，科技语体的陈述语气中，动词“吃”带光杆宾语数量明显比带复杂宾语数量多，光杆宾语的倾向性特点较为突出；而动词“打”带光杆宾语和复杂宾语的倾向性差异不大。感叹语气中，动词“打”带宾数量很少，带宾的倾向性不够突出；动词“吃”和“打”都是带光杆宾语的倾向性更大，前者能力更强。

三、文学语体中多义动词带光杆和复杂宾语的句类语气分布考察

1. 文学语体中多义动词“吃”带宾的句类语气情况

在BCC文学语料库中检索动词“吃”的前5000条语料，多义动词“吃”带名词性宾语的句子有902条，语料字数为5.5万字。902条语料按照陈述、疑问、感叹、祈使四种语气分类统计，文学语料中动词“吃”带宾的句类语气统计如表4.61所示。

表 4.61 文学语料中动词“吃”带宾的句类语气统计

语气	陈述	疑问	感叹	祈使	总计
吃+名宾/条	728	76	51	47	902
比例/%	80.7	8.4	5.7	5.2	100

“吃 N”的句类语气倾向性序列：陈述>疑问>感叹>祈使。

文学语体中动词“吃”带宾的句子用例在陈述语气中的数量最多，所占比例达到 80.7%，其次是疑问语气中的用例，所占比例为 8.4%，祈使和感叹语气数量比较接近，数量最少。与此同时，我们对动词“吃”带宾句子的结构形式做进一步考察，其带不同宾语结构形式的句类语气情况统计如表 4.62 所示。

表 4.62 文学语体中动词“吃”带不同宾语结构形式的句类语气统计 单位：条

语气	陈述	疑问	感叹	祈使	总计
吃 N[+光杆]	277	50	24	21	372
吃 N[+复杂]	451	26	27	26	530

前 5000 条语料中有 902 条动词“吃”带宾的用例，我们按照光杆宾语和复杂宾语分类统计，收集到 372 例“吃 N[+光杆]”的句子，所占比例为 41.2%，530 例“吃 N[+复杂]”的句子，所占比例为 58.8%，可见文学语体中动词“吃”带宾结构形式更多以复杂宾语形式出现，带复杂宾语能力更强。光杆宾语和复杂宾语的用例中都是陈述语气的句子数量最多，复杂宾语的用例明显比光杆宾语的用例多。疑问语气中“吃 N[+光杆]”的用例比感叹和祈使语气多，感叹和祈使语气下的数量差异不大；“吃 N[+复杂]”在非陈述语气下的三种语气中用例数量都不多，而且数量差异不大，可以说带复杂宾语的倾向性十分接近。

2. 文学语体中多义动词“打”带宾的句类语气情况

我们在 BCC 文学语料库中检索动词“打”，统计前 5000 条语料，其中多义动词“打”带名词性宾语的句子有 759 条，语料字数为 4.9 万字。将语料中 759 条用例按照陈述、疑问、感叹、祈使四种语气分类统计，文学语体中动词“打”带宾的句类语气情况统计如表 4.63 所示。

表 4.63 文学语体中动词“打”带宾的句类语气统计

语气	陈述	疑问	感叹	祈使	总计
打+名宾/条	625	64	27	43	759
比例/%	82.3	8.4	3.6	5.7	100

“打 N”的句类语气倾向性序列：陈述＞疑问＞祈使＞感叹。

文学语体中动词“打”带宾的用例陈述语气中最多，所占比例为 82.3%；第二是疑问语气中的用例，所占比例为 8.4%；第三是祈使语气中的用例，占比 5.7%；感叹语气中的用例最少。我们对动词“打”带宾句子的结构形式做进一步考察，其在文学语体中带不同宾语结构形式的句类语气情况统计如表 4.64 所示。

表 4.64 文学语体中动词“打”带不同宾语结构形式的句类语气统计 单位：条

语气	陈述	疑问	感叹	祈使	总计
打 N[+光杆]	75	5	2	5	87
打 N[+复杂]	550	59	25	38	672

我们对 759 条用例的宾语结构形式做进一步考察发现，“打 N[+光杆]”的句子有 87 条，所占比例为 11.5%，“打 N[+复杂]”的句子有 672 条，所占比例为 88.5%，复杂宾语的用例数量及比例明显比光杆宾语的多，可以说文学语体中动词“打”带宾结构形式主要以复杂宾语形式出现，其带复杂宾语的能力更强。尽管光杆宾语用例和复杂宾语用例数量相差较大，但是两种情况下都仍然是陈述语气的句子数量最多。“打 N[+光杆]”在疑问、感叹以及祈使三种语气下的用例数量都非常少，三种语气下动词“打”带宾的倾向性比较接近。除了陈述语气，“打 N[+复杂]”的用例中疑问语气最多，其次是祈使语气，感叹语气中的数量最少。

3. 文学语体中多义动词“吃”和“打”的带宾结构形式及其句类语气比较

通过动词“吃”和“打”在文学语体中带宾句子的语气考察，我们可以总结出以下共性和差异：

第一，文学语体陈述语气中动词“吃”和“打”带宾的结构形式主要以复杂宾语形式出现，两个动词带复杂宾语的倾向性突出。其他三种语气总体上数量相差不是太大。

第二，疑问语气中，“吃 N[+光杆]”的数量比“吃 N[+复杂]”的多，“打 N[+光杆]”的数量比“打 N[+复杂]”的数量少，可见疑问语气中两个动词宾语结构形式的倾向性能力不同。

第三，感叹和祈使语气中，动词“吃”带光杆宾语和复杂宾语的倾向性差异不大，但是动词“打”带复杂宾语的倾向性明显比光杆宾语强。

四、三类语体中多义动词带光杆和复杂宾语句类语气分布的对比

1. 三类语体中动词“吃”和“打”带光杆宾语的句类语气比较

首先，我们对文学、报刊以及科技语体中动词“吃”带光杆宾语的句子进行

考察。三类语体中动词“吃”带光杆宾语的句类语气数量统计如表 4.65 所示。

表 4.65 三类语体中动词“吃”带光杆宾语的句类语气数量统计 单位：条

语体	陈述	疑问	感叹	祈使	总计
报刊	844	14	17	21	896
科技	1312	25	31	77	1445
文学	277	50	24	21	372

报刊语体中“吃 N[+光杆]”的句类语气倾向性序列：陈述＞祈使＞感叹＞疑问。

科技语体中“吃 N[+光杆]”的句类语气倾向性序列：陈述＞祈使＞感叹＞疑问。

文学语体中“吃 N[+光杆]”的句类语气倾向性序列：陈述＞疑问＞感叹＞祈使。

从以上三类语体语气的倾向性序列可以看出，不管在哪一类语体中，陈述语气的句子数量都是最多的，语体因素对陈述语气句子数量的排序几乎没有影响。但不同语体中“吃 N[+光杆]”的句子数量差异较大：科技语体中高达 1312 条，报刊语体中有 844 条，文学语体中只有 277 条。可见，“吃 N[+光杆]”在科技语体中出现的倾向性最强，在文学语体中出现的倾向性最弱。疑问语气下，文学语体中“吃 N[+光杆]”的用例数量最多，报刊语体中数量最少；感叹语气下，科技语体中“吃 N[+光杆]”的用例数量最多，报刊语体中数量最少；祈使语气下，科技语体中“吃 N[+光杆]”的用例数量最多，报刊和文学语体中的数量相同。

其次，我们对三类语体中动词“打”带光杆宾语的句类语气进行考察。三类语体中动词“打”带光杆宾语的句类语气数量统计如表 4.66 所示。

表 4.66 三类语体中动词“打”带光杆宾语的句类语气数量统计 单位：条

语体	陈述	疑问	感叹	祈使	总计
报刊	687	33	8	32	760
科技	538	12	4	12	566
文学	75	5	2	5	87

报刊语体中“打 N[+光杆]”的句类语气倾向性序列：陈述＞疑问＞祈使＞感叹。

科技语体中“打 N[+光杆]”的句类语气倾向性序列：陈述＞疑问/祈使＞感叹。

文学语体中“打 N[+光杆]”的句类语气倾向性序列：陈述＞疑问/祈使＞感叹。

从以上三类语体语气的倾向性序列可以看出，“打 N[+光杆]”陈述语气中的句子数量最多，感叹语气句子数量最少，疑问和祈使语气的句子数量几乎是一样的，仅有略微差别。可以说，语体不同，但“打 N[+光杆]”四种语气的句子数量排序大致相同，也就是说，语体因素对其语气的句子数量的排序影响不大。在陈述语气中，“打 N[+光杆]”在报刊语体中出现的倾向性最强，在文学语体中出现的倾向性最弱；在疑问和祈使语气中，文学语体中句子数量最少，报刊语体中最多。

2. 三类语体中动词“吃”和“打”带复杂宾语的句类语气比较

首先，动词“吃”带复杂宾语的句类语气考察。三类语体中动词“吃”带复杂宾语的句类语气数量统计如表 4.67 所示。

表 4.67　三类语体中动词“吃”带复杂宾语的句类语气数量统计　单位：条

语体	陈述	疑问	感叹	祈使	总计
报刊	422	7	3	51	483
科技	405	11	3	80	499
文学	451	26	27	26	530

报刊语体中“吃 N[+复杂]”的句类语气倾向性序列：陈述＞祈使＞疑问＞感叹。

科技语体中“吃 N[+复杂]”的句类语气倾向性序列：陈述＞祈使＞疑问＞感叹。

文学语体中“吃 N[+复杂]”的句类语气倾向性序列：陈述＞感叹＞疑问/祈使。

从以上统计可以看出，“吃 N[+复杂]”在三类语体中复杂宾语句子的总数量相差不大，文学语体中的数量略多；四类语气中仍然是陈述语气中的数量占了绝大多数，非陈述语气中的数量较少。可见，语体的差异对于动词“吃”带宾的句子数量的排序影响不突出，但是语气不同，动词“吃”带宾出现的句子数量有差异，除了陈述语气最多之外，祈使语气中的数量比其他两类语气中的数量要多一些，报刊和科技语体中的感叹语气句子数量非常少。

其次，三类语体中动词“打”带复杂宾语的句类语气考察。三类语体中动词“打”带复杂宾语的句类语气数量统计如表 4.68 所示。

表 4.68 三类语体中动词“打”带复杂宾语的句类语气数量统计

语体	陈述	疑问	感叹	祈使	总计
报刊	817	15	11	15	858
科技	518	7	1	10	536
文学	550	59	25	38	672

报刊语体中“打 N[+复杂]”的句类语气倾向性序列：陈述＞疑问/祈使＞感叹。

科技语体中“打 N[+复杂]”的句类语气倾向性序列：陈述＞祈使＞疑问＞感叹。

文学语体中“打 N[+复杂]”的句类语气倾向性序列：陈述＞疑问＞祈使＞感叹。

从以上统计可以看出，“打 N[+复杂]”在报刊语体中复杂宾语句子的总数量最多，第二是文学语体，第三是科技语体。在陈述语气下，同样是报刊语体中数量最多，科技语体中数量最少；在非陈述语气下，三类语体都是文学语体中句子数量最多，科技语体中句子数量最少。可见，语体的差异对于动词“打”带宾的句类语气的数量排序影响不突出，但是语气不同，动词“打”带宾的句子数量有差异，陈述语气中句子数量远远超过非陈述语气中的句子数量。

通过对多义动词“吃”和“打”带宾的句类语气呈现考察，发现了两个多义动词带宾短语在不同句类语气中的一些倾向性特点和规律。句类语气不同，两个动词带宾短语的数量不同，动词所带光杆宾语和复杂宾语的数量也有差异，这种差异尤其体现在不同语体中的呈现，句子在陈述和非陈述语气下，语体类型不同，动宾短语句子的数量及其不同结构形式宾语分布情况都表现出较为显著的差异。句类语气因素对于多义动词带宾短语的数量及其呈现形式有一定的影响作用。

本章小结

本章主要考察语体对于高频动宾短语呈现的影响情况。我们对 8 个动作动词带宾高频短语进行了考察，考察分三个层次进行：一是同时出现在文学和科技语体的高频动宾短语；二是只在文学语体中出现的高频动宾短语；三是只在科技语体中出现的高频动宾短语。同时出现在两类语体的动宾短语对于语体的选择性不强，同一个短语既可以出现在文学语体中，也可以出现在科技语体中，一定程度上反映出该短语使用频率比较高，语体的变化并没有对该短语的出现带来影响。同一个短语在文学和科技语体中的出现频次不同，一般来说频次越高，出现的倾向性越大，频次越低，出现的倾向性越小。对于只在文学语体或科技语体中出现的短语来说，一定程度上说明短语的出现对于语体具有一定的选择性，换句话说，语体因素对于动宾短语的出现有一定影响。通过比较不同语体中出现的短语及其频次，我们可以总结分析动宾短语的呈现特点和规律。

一、高频动宾短语呈现的总体倾向性比较

我们将 8 个动作动词所带的动宾短语按照出现频次由高到低排序，分别选择每组动词的前 50 个高频短语作为考察对象，通过比较我们发现其中一些倾向性的特点：8 组高频动宾短语中都有一定量的短语的出现不受语体的影响，但是其出现频次会因为语体的不同而产生差异，除了“跑 N”、“写 N”在科技语体中的平均频次比文学语体中的要高，动作动词所构成的动宾短语总体上在文学语体中的使用频次比在科技语体中的要高，包括同时出现在文学和科技语体中的同一个短语。可见常用动作动词所要表达的行为、动作以及方式跟文学语言材料联系更为密切，相关度比科技语体要大。一般不受语体因素影响的动宾短语都是使用频率较高的短语，也是比较常见的动宾组合。

二、语体倾向性特征较强的动宾短语及其语体特征分析

通过比较出现的高频短语，我们发现只能在一类语体中出现的短语，其对该语体的选择具有一定倾向性，在频次较高的动宾搭配中，出现的相关短语具有较为突出的语体特征。

第一，文学语体倾向性特征较强的动宾短语及其语体特征分析。

文学语体倾向性特征较强的前 30 个高频动宾短语按照频次由高到低排序分别为：

打马、看天色、跑路、看剑、看时间、看好戏、看手表、听口气、打鬼子、看地图、看究竟、打蛇、看事情、打眼色、看形势、看天空、打话、打诳语、看信、看皇上、看年纪、吃屎、看儿子、吃老虎、看刀、看女人、看情势、看父亲、看主人、看掌

从以上呈现的高频动宾短语看，文学语体倾向性特征较强的 30 个短语中一共出现了“打”、“跑”、“吃”、“听”、“看”五个动词的相关高频短语。其中，“打 N”有 6 个，“吃 N”有 2 个，“跑 N”有 1 个，“听 N”有 1 个，“看 N”有 20 个。所选文学语体语料主要采自国内外文学作品。文学语体的本质特征是言语的形象性，常常通过叙事的方式建构故事情节；语言表达上会强调借助想象、夸张的艺术手段对生活进行变形化处理，打破日常生活语言的惯性，获得一种审美效果。以上短语的语义及其运用的相关背景都具有较突出的文学语体特征。

例如“打马、看剑、看刀、看掌”反映的是古代武打小说中的相关情景，“看皇上、看主人、看儿子、看女人、看父亲”跟古代和现代小说中日常生活的话题有关，“看天色、看时间、看手表、看地图、看天空”等也都是描绘日常生活方面的动作行为，“听口气、看好戏、看究竟、打眼色、看形势、打话、打诳语”等主要跟人际交往与交流中情景话题联系紧密。

第二，科技语体倾向性特征较强的动宾短语及其语体特征分析。

科技语体倾向性特征较强的前 30 个高频动宾短语按照频次由高到低排序分别为：

听证、看图、打孔、写教材、写对象、看录像、看本质、写话、吃料、看市场、写教案、看房、写议论文、写规则、吃国家、打白条、写景物、打市场、打品牌、看新闻、拉存款、吃小鱼、看历史、穿纱、打歼灭战、看苗、看楼、看车、吃甜食、吃财政

科技语体特征较强的30个短语中一共出现了“听”、“写”、“吃”、“打”、“拉”、“穿”、“看”七个动词的高频动宾短语，仅“跑N”没有出现。其中，“打N”有5个，“吃N”有5个，“写N”有7个，“听N”有1个，“拉N”有1个，“穿N”有1个，“看N”有10个。本书所选用的科技语体语料采自国内学术期刊，文献资料一般具有准确性、客观性、简约性等特点，所涉及的范围包括人文社会科学和自然科学领域。从以上短语可以看出，“听证”在科技语体中频次最高，跟法律、法规等语体相关；“看图、写教材、写对象、看录像、写教案、写议论文、写景物”等短语反映出较强的教育类语体的特征，“打孔、吃料、穿纱、看苗”具有较为突出的工业和农业类语体的特点，“看市场、看房、吃国家、打白条、打市场、打品牌、拉存款、吃小鱼、看楼、看车、吃财政”等反映经济社会生活方面的内容，语体特征的倾向性也是比较突出的。

通过具有语体倾向性特征的短语考察及其语体特征的分析，可以清楚地看出语体不同，高频动宾短语的呈现也会表现出相关语体的倾向性特征。

三、8组高频动宾短语语体倾向性较强的动宾短语

第一，文学语体倾向性特征较强的相关短语。

听N：听风、听口气、听脚步、听号令、听动静、听下文、听语气

看N：看天色、看剑、看时间、看好戏、看手表、看地图、看究竟

吃N：吃屎、吃老虎、吃罪、吃干饭、吃中饭、吃狗肉、吃罚酒

写N：写剧本、写情书、写奏折、写奏章、写折子、写书信、写戏

拉N：拉老夫、拉缰绳、拉枪栓、拉壮丁、拉兄弟、拉杆子、拉炮

穿N：穿甲、穿盔甲、穿官服、穿铠甲、穿道袍、穿军服、穿门

跑 N：跑路、跑路线、跑人、跑火车、跑山路、跑神、跑商

打 N：打马、打鬼子、打蛇、打眼色、打话、打诳语、打笑脸

第二，科技语体倾向性特征较强的相关短语。

听 N：听证、听讲座、听意见、听句子、听磁带、听天气预报、听歌曲

看 N：看图、看录像、看本质、看市场、看房、看新闻、看历史

吃 N：吃料、吃国家、吃小鱼、吃甜食、吃财政、吃苹果、吃银行

写 N：写教材、写对象、写话、写教案、写议论文、写规则、写记叙文

拉 N：拉存款、拉客户、拉小车、拉大车、拉电、拉镜头、拉幕

穿 N：穿纱、穿工作服、穿高跟鞋、穿校服、穿井、穿堤、穿皮鞋

跑 N：跑水、跑料、跑浆、跑贷款、跑煤、跑企业、跑班

打 N：打孔、打白条、打市场、打品牌、打歼灭战、打擦边球、打乒乓球

四、高频动宾短语义项和宾语类型的呈现情况

第一，“听 N”短语。“听 1N[+受事]”的高频短语是出现频次最高的短语类型，该类型短语受语体因素的影响不大，文学语体中出现的倾向性更大；“听 1N[+处所]”的数量很少，仅在科技语体中出现一个用例，语体的倾向性特征不明显；“听 2N[+受事]”、“听 1N[+工具]”的语体倾向性不明显，相关短语在文学和科技语体中都有出现。语体因素对于高频动词“听”的义项呈现影响不大，但是对于宾语类型的出现具有一定影响。科技语体中出现的宾语类型比文学语体中的更为多样。

第二，“看 N”短语。“看 1”和“看 6”的语体倾向性不突出，但语体不同对于“看 1N[+受事]”短语的出现频次有一定影响，科技语体中出现的倾向性远比文学语体中的要高；文学语体中的义项数比科技语体中的多，但是在文学和科技语体的前 50 个高频动宾短语中都没有非受事宾语短语的用例，受事宾语是“看 N”最常见和使用频次最高的宾语类型。

第三，“吃 N”短语。“吃 1N[+受事]”和“吃 1N[+方式]”高频短语的出现受语体的影响最小；其中“吃 1N[+受事]”是最常见和使用频率最高的短语类型。这两类短语在文学语体中出现的倾向性更大。非受事宾语的出现受语体的影响比受事宾语大。吃 4 只在科技语体中出现，吃 5 只在文学语体中出现，语体因素对于这两个义项及其短语的出现有一定影响。高频杂类宾语只在文学语体中出现，高频处所宾语只在科技语体中出现。

第四，“写 N”短语。“写 1N[+杂类]”、“写 2N[+受事]”、“写 2N[+结果]”的高频短语的出现受语体的影响最小。非受事宾语所占比例明显比受事宾语所占比例高。结果宾语是“写 N”短语最常见的宾语类型，其在文学语体中出现

的倾向性更大。“写 1N”在文学语体中出现的宾语类别比在科技语体中的多样。“写 2N”在文学和科技语体中的宾语类型都是受事和结果，语体因素对于该义项带宾短语的宾语类型影响不大。非受事宾语的出现受语体的影响比受事宾语的出现所受影响大。

第五，“拉 N”短语。语体因素对于拉 1、拉 2、拉 3、拉 4、拉 6 五个义项的出现影响不大。“拉 1N[+受事]”是使用频次最高的短语类型，文学语体中出现的倾向性比科技语体中的高。“拉 2N[+受事]”科技语体的倾向性更大，“拉 6N[+受事]”文学语体的倾向性更大。受事和目的两类宾语是“拉 N”高频短语中常见的宾语类型。

第六，“穿 N”短语。穿 2 和穿 4 的语体倾向性不突出，穿 2 和穿 4 是动词“穿”比较常见的义项。穿 1 只出现在了科技语体，而且数量很少，其高频动宾短语倾向于在科技语体中出现。受事和处所宾语应该是“穿 N”比较常见的宾语类型。“穿 4N[+受事]”短语的数量比例最高，该类短语的出现几乎不受语体的影响，是最常见短语类型。非受事宾语中出现了处所和工具宾语，其中“穿 2N[+处所]”所占比例最高，是“穿 N”中非受事宾语的主要宾语类型。“穿 1N[+处所]”和“穿 2N[+工具]”只出现在了科技语体中，科技语体特征的倾向性较强，可见语体因素对它们的出现有一定影响。

第七，“跑 N”短语。“跑 1、跑 3、跑 4”三个义项的语体倾向性不强。“跑 2N[+施事]”的文学语体的倾向性特征较强。该组短语的宾语类型多样性突出，语体因素对其出现影响不大，这五类宾语应该是“跑 N”比较常见的宾语类型。“跑 3N[+目的]”、“跑 4N[+施事]”的科技语体特征的倾向性较突出，语体因素对它们的出现有一定影响。

第八，“打 N”短语。该组短语的出现受语体因素的影响最小，语体因素对于“打 3、打 5、打 11、打 12、打 14、打 16、打 17、打 18、打 20、打 21”义项的出现影响不大。“打 21”最为常见，语体因素对其出现的影响最小，第二是“打 3”，第三常见的义项是“打 12”。“打 6N[+受事]”的文学语体特征较强，“打 19N[+结果]”的科技语体倾向性强。受事、结果、工具三类宾语是“打 N”短语中比较常见的宾语类型，其出现受语体的影响不大。施事和等同宾语只在文学语体中出现，方式宾语只在科技语体中出现，这三类宾语的出现受语体的影响较大。

总结以上高频动宾短语的义项和宾语类型呈现情况发现，多义动词不同义项所带的光杆宾语短语在不同语体中呈现出一定的特点和倾向性。语体因素对动宾短语的影响主要体现在多义动词义项和宾语类型的选择性方面；动词的某些义项和宾语的出现表现出较为突出的语体倾向性特征。“受事、结果、工具”三类宾语是“打 N”短语中比较常见的宾语类型，语体倾向性特征不强。施事和等同宾语文学语体的倾向性特征突出，方式宾语的科技语体倾向性特征突出。

五、语体因素对多义动词带宾结构形式的影响分析

本章就语体因素对高频动宾短语呈现进行影响分析的同时，选取动词“吃”和“打”带光杆宾语和复杂宾语的句类语气呈现进行了考察，考察发现：动词“吃”和“打”在科技语体和报刊语体中带光杆宾语短语的数量比在文学语体中的数量要多，在文学语体中带复杂宾语的短语数量最多。这一倾向性的特点比较符合这三类语体的特征。就文学和科技语体的特征来说，科技语体讲求客观、准确、简约，陈述语气是科技语体最常见的句类语气，而且科技术语都有严格规定的理性意义，在某一领域使用的术语，意义精确而单一，且具有高度的抽象性，因此使用最经济的语言表达，达到最准确的表达效果是科技语体的特点；而文学语言往往通过意近旨远的方式表达作家的情感体验和丰富复杂的想象，含而不露，耐人寻味，不尽之意于言外，因此文学语体中常常使用暗示、省略、借代、象征等多种方式引导读者深刻体味文学形象自身的美感，所以文学语体中修饰成分比较丰富，宾语成分就更为多样了。

第五章 汉语多义动词与泰语相关动词的个案比较研究

第一节 汉泰对比的相关问题

一、面向习得的汉泰对比

汉泰两种语言具有亲属关系，它们同属汉藏语系，在语言类型学中，有许多共同点。无论汉语还是泰语，动词谓语句都是基本的或最主要的句式。学界面向汉语习得的动词多义性与宾语类型对比研究成果不多见，目前还没有深入的专门性研究。汉语动词的多义性及其宾语的复杂性给母语非汉语学习者在学习汉语动宾搭配短语方面造成一些障碍。例如，高频动词“吃”往往是留学生最先习得的常用动词，学生对掌握“吃饭”、“吃东西”、“吃西餐”等这样的组合，理解和运用上都没有问题。但是，当遇到“吃食堂”、“吃筷子”、“吃刀叉”、“吃父母”、“吃小灶”、“一桌吃八个人”等说法时，他们还是会感到不能理解，有的短语似乎听到过，但对其意思仍然不理解，有的甚至以为是错句。我们在实际教学和跟留学生的日常交流中发现，他们习惯使用一些比较简单的常规搭配，对于一些非常规搭配理解力差，甚至有意识地规避使用。在留学生课堂提交的书面作业或作文中，我们也发现留学生很少主动使用非常规搭配的动宾短语，一些动词的动宾搭配使用的错误或偏误往往不易出现。如果不做专项调查，教师很难了解学生在动宾搭配习得方面的真实情况。

Eckman（1977：320）在对比分析的框架之内，将语言类型的标记性与母语和目标语的不同点结合在一起，提出了“标记差异假说”（the markness differential hypothesis）。他列出了“标记差异假说”的三条细则：一是目标语中和母语有差异，且相较于母语为有标的部分是学习难点；二是目标语中和母语有差异，并且较母语更为有标的部分，其所引起的困难，与该部分相对有标记性有关；三是目标语中和母语有差异，但相较于母语为无标的部分则不困难。根据 Eckman 的假设，可以预测目标语与语言共性一致的方面是比较容易习得的部分，而目标语与语言共性不一致的方面，同时也是目标语和母语不同的方面，则目标语标记性高的是学习的难点。一般来说，目标语为有标而母语相对应的形式为无标时，母语无标记形式的迁移便会发生。特别的是，当目标语规则不明确时，目标语学习者便会诉诸母语的形式。Kellerman（1983：117）则认为第一语言才是制约语言迁移的关键因素。当学习者认为母语和目标语之间的距离（即心理类型）小且母语结构在学习者心理上被视为无标（心理标记）时，迁移便会发生。本章的研究从以下三个方面来把握：

一是基于对比分析与“标记差异假说”理论，本章就汉泰动词之间的多义性及其带宾情况进行比较，找出两种语言之间存在的共性和差异，为习得研究的相关问题提供语言类型方面可能的解释或依据。

二是通过接受性理解测试、选词组句测试以及学生访谈等多种方法考察泰国留学生习得汉语高频动宾短语的情况。该部分研究主要解决以下两个方面的问题：第一，泰国学生汉语动宾结构的习得顺序与动词的多义性和动宾短语的多样性有无相关性？第二，泰国学生母语背景及其所处的汉语水平与汉语动宾结构的习得顺序有无相关性？

三是在汉泰动宾语义关系对比分析基础上，综合考虑影响泰国学生习得汉语动宾短语的语言、教学以及教材等因素，从教学的角度提出有针对性的教学建议。

二、动词确定依据

本章重点考察被试对多义动词及其带宾短语的习得掌握情况。为了尽可能排除词汇本身难易因素带来的影响，我们选择常用的高频动作动词作为考察对象，同时考虑到动词多义性的程度情况，所选多义动词的义项数分布需要呈现一定的层级性。我们在 378 个多义动词中，选取高频甲级多义动作动词作为研究内容。选取同属动作动词作为考察内容，主要基于这样的考虑：从语义或使用的角度进行分类，动词可以分属不同范畴，不同范畴的动词在语义、句法以及使用范围上差异较大，影响汉泰动词的多义性或用法的因素比较多。由于与现实关联的紧密性，动作动词跟人类日常生活和行为动作的联系最紧密。这些动词的使用频率高，多义性突出，在用法或语义上的表现比较活跃又灵活，用法和意义相对复杂，因此常常成为外国学习者习得的难点问题之一，值得作进一步的研究。

我们考虑到留学生汉语水平情况，根据《现代汉语常用词表》与《汉语水平词汇与汉字等级大纲》选择 100 个汉语最常用的多义动词，从这 100 个多义动词中选取多义性不同的 8 个动作动词作为考察对象，这 8 个动作动词为：吃（184）、写（203）、听（256）、打（409）、跑（528）、穿（774）、拉（843）、看（1660）。所选的这 8 个多义动词都是单音节动词，频序号在 180～1700 以内，频序号数字越小，使用频率越高。频序号最小的是动词“吃”，频序号为 184，频序号最大的是动词“看”，频序号为1660。按照《汉语水平词汇与汉字等级大纲》的标准，这8个多义动词都属于甲级词汇，是要求留学生掌握的最基本、最常用的词语。

确定汉语考察的多义动词之后，我们以《汉泰词典》和《现代汉泰词典》为依据，找出与汉语这8个多义动词相对应的泰语词，它们分别是：吃（**กิน**）、写（**เขียน**）、听（**ฟัง**）、打（**ตี**）、跑（**วิ่ง**）、穿（**ใส่**）、拉（**ลาก**）、看（**ดู**）。

第二节　汉语多义动词与泰语相关动词的多义性比较

一、汉泰多义动词义项数的总体对比情况

汉泰多义动词义项数的统计对比情况如表5.1所示。

表5.1　汉泰多义动词义项数的统计对比　　单位：个

项目	义项数“少对多”			义项数相同		义项数“多对少”		
汉语动词	吃	写	穿	听	看	跑	拉[1]	打
义项数	5	2	4	2	6	5	6	23
泰语动词	**กิน**	**เขียน**	**ใส่**	**ฟัง**	**ดู**	**วิ่ง**	**ลาก**	**ตี**
义项数	6	4	8	2	6	3	1	5

通过表5.1对比，可以看出：

第一，汉语中8个动词的义项与泰语相关动词义项的情况对比。8个多义动词的汉语义项数与泰语义项数存在三种情况：一是汉语多义动词的义项数比泰语相应的多义动词的义项数少，有3个动词（吃、写、穿）；二是汉语多义动词的义项数跟泰语相应的多义动词的义项数相同，有2个动词（听、看）；三是汉语多义动词的义项数比泰语相应的多义动词的义项数多，有3个动词（跑、拉、打）。8个动词在汉语和泰语中义项数由高到低排序如下：

汉语：打>看/拉>吃/跑>穿>听/写。

泰语：穿>看/吃>打>写>跑>听>拉。

可以看出，8个动词在汉语和泰语中义项数最高和最低的动词均不同，而且排序相差较大。“看”和“听”两个动词在汉泰中义项数相同，义项数的排序情况比较接近。“吃”和“跑”两个动词在汉泰中义项数接近，排序情况也比较接近。义项数和排序差异较大的是动词“拉”、“穿”、“打”、“写”。

第二，总体上，汉语多义动词的多义性比泰语相关动词的多义性突出。汉语中8个多义动词的总义项数为53，动词平均义项数约为6.6；泰语中8个多义动词的总义项数为35，动词的平均义项数约为4.4。义项数“少对多”的多义动词

中，泰语“ใส่”比汉语“穿”的义项数多了4个，多义性较为突出，泰语“กิน”的义项数仅比汉语“吃”的义项数多了1个；义项数“多对少”的多义动词中，汉语“拉”和“打”的义项数远远高出泰语的相关动词，尤其是动词“打”。

二、汉泰多义动词义项数“少对多”的情况分析

1. 汉语“吃”与泰语“กิน”的语义对比

汉语动词“吃”有5个义项，分别为：

（1）把食物等放在嘴里经过咀嚼咽下去（包括吸、喝）；

（2）依靠别人或某种事物来生活；

（3）消灭（多用于军事、棋戏）；

（4）吸取（多为液体）；

（5）受，挨。

泰语“กิน”有6个义项，分别为：

（1）吃，食，服；

（2）用……吃；

（3）（打牌、赌博）吃掉；

（4）贪污，中饱；

（5）管辖，统治，治理；

（6）费，占。

通过对比可以得出以下结论：

（1）汉泰义项的对应情况。“吃”有5个义项，“กิน”有6个义项，“กิน”的义项数要比“吃”多一个；从汉泰义项对应情况来看，有2个义项语义大致是相对应的，分别为：吃1对กิน1、吃3对กิน3。汉语“吃4”、“吃5”在泰语“กิน”的相关义项中找不到对应项。泰语“กิน2”、“กิน4”、“กิน5”、“กิน6”在汉语“吃”的相关义项中也找不到相对应的义项。

（2）相同点。“吃1”和“กิน1”的本义都是表示“把食物等放在嘴里经过咀嚼咽下去”，例如，กินข้าว（吃饭）、กินขนม（吃甜点）、กินก๋วยเตี๋ยว（吃面条）、กินขนมปัง（吃面包）等等。但是，汉语“吃1”的宾语一般只能是固定食物，搭配液体宾语一般要用动词“喝”，而泰语“กิน1”在搭配固体食物或液体食物方面对宾语性质没有十分严格的要求，最常见的“喝水”就是“กินน้ำ”。可见，泰语“กิน1”的名词宾语范围大于汉语“吃1”的名词宾语范围。

（3）不同点。

一是汉语有，但泰语没有的义项情况。“吃2”表示“依靠别人或某种事物来生活”的意思，泰语没有与之对应的义项，表示该意思时只能用表“依靠”义

的“พึ่ง”，例如，泰语的“吃父母”要说成“พึ่งพ่อแม่”；“吃 4”表示“吸取（多为液体）”义时，泰语也没有对应义项，而要用表示“吸”的动词“ดูด”，例如，泰语“吸油”要说成“ดูดน้ำมัน”；“吃 5”表示“受，挨”义时，泰语用表“忍受”的动词“อด”，例如，泰语的“吃苦”要说成“อดทน”。

二是汉语没有，但泰语有的义项情况。กิน2 表示“用……吃”的意思，如汉语“用叉或勺吃饭”可以说成“กินช้อนซ่อม”，“用筷子吃饭”说成“กินตะเกียบ”；“กิน4”表示“贪污，中饱”的意思，汉语“贪污钱”，泰语直接使用动词“กิน”说成“กินเหล็ก”，汉语“吃”没有这个义项；“กิน5”表示“管辖，统治，治理”的意思，如汉语“管理国家”，泰语用“กิน”说成“กินเมือง”；泰语“กิน6”表示“费，占”的意思，例如，汉语句子“这台机器占地很少”，泰语说成“เครื่องจักรเครื่องนี้กินที่น้อยมาก”，其中动词“占”就用“กิน”表示。

2. 汉语“写”和泰语“เขียน”的语义对比

汉语动词“写”有 2 个义项，分别为：

（1）用笔在纸上或其他东西上做字；

（2）写作，描写。

泰语“เขียน”有 4 个义项，分别为：

（1）写，书写，缮写；

（2）写作；

（3）绘画；

（4）著作，撰写。

通过对比可以得出以下结论：

（1）汉泰义项的对应情况。“写”有 2 个义项，“เขียน”有 4 个义项，“เขียน”的义项数比“写”多 2 个；从“写”与“เขียน”义项对应情况来看，有 3 个义项语义大致是相对应的，分别为：写 1 对 เขียน1、写 2 对 เขียน2、写 2 对 เขียน4。“เขียน3”在汉语里面没有与之相对应的意思。

（2）相同点。汉语“写 1”与泰语“เขียน1”两个义项都有用笔在纸上或其他东西上做字的意思，例如，汉语说“写字”，泰语同样说成“เขียนหนังสือ”，汉泰动词和宾语的语序相同；“写 2”与“เขียน2”都有写作的意思，例如，汉语说“写小说”，泰语同样的语序说成“เขียนนวนิยาย”，又如，汉语说“写新闻稿”，泰语同样的语序说成“เขียนข่าว”；“写 2”与“เขียน4”都有撰写的意思。

（3）不同点。“เขียน3”有表示绘画的意思，例如，เขียนภาพ（写画儿），汉语里面没有与之相对应的意思。

3. 汉语“穿”与泰语“ใส่”的语义对比

汉语动词“穿”有 4 个义项，分别为：

（1）破，透；
（2）通过（孔、隙、空地等）；
（3）用绳线等通过物体把物品连贯起来；
（4）把衣服鞋袜等物套在身体上。
泰语“ใส่”有 8 个义项，分别为：
（1）穿，戴；
（2）盛，装；
（3）放，加，施；
（4）洒，喷；
（5）关，禁；
（6）上（锁）；
（7）揍，击；
（8）冲着，劈头。
通过对比可以得出以下结论：

（1）汉泰义项的对应情况。汉语“穿”有 4 个义项，泰语“ใส่”有 8 个义项，“ใส่”比“穿”多了 4 个义项。义项之间的对应情况是：汉语“穿”只有一个义项与泰语“ใส่”相对应，即穿 4 对 ใส่1。“穿”的其他义项在泰语“ใส่”中找不到相对应的义项。“ใส่1”以外的其他泰语义项也在汉语“穿”里找不到相对应的义项。

（2）相同点。汉语“穿 4”和泰语“ใส่1”都有“把衣服鞋袜等套在身体上”的意思，但是“ใส่”还表示“戴”这个意思，汉语“穿”没有该意思，可以说泰语“ใส่”的使用范围比汉语“穿”大。例如，汉语“穿衣服”，泰语说成“ใส่เสื้อ”（穿衣服），汉语“戴帽子”，泰语同样用动词“穿”构成短语“ใส่หมวก”（穿帽子）。

（3）不同点。汉语“穿 1”表示“破、透”的意思，泰语用另外的动词表示，如汉语“把纸穿个洞”，泰语说成“เจาะรูกระดา”；“穿 2”表示“通过（孔、隙、空地等）”义时，泰语也用其他动词表示，例如，汉语“穿线”，泰语说成“ร้อยสาย”；“穿 3”表示“用绳线等通过物体把物品连贯起来”时，泰语用动词“ร้อย”表示，例如，汉语“穿项链”，泰语说成“ร้อยสร้อย”；泰语除了义项 1 以外，其他义项还可以表示“盛，装”、“放，加，施”、“洒，喷”、“关，禁”、“上（锁）”、“揍，击”以及“冲着，劈头”等意思。

三、汉泰多义动词义项数“相同”的情况分析

1. 汉语“听”与泰语“ฟัง”的语义对比

汉语动词“听”有 2 个义项，分别为：

（1）用耳朵接受声音；

（2）听从（劝告）；接受（意见）。

泰语“**ฟัง**”也有2个义项，分别为：

（1）闻，听，聆听，倾听；

（2）听信。

通过对比可以得出以下结论：

（1）汉泰义项的对应情况。“听”有2个义项，“**ฟัง**”也有2个义项，“听”与“**ฟัง**”的义项数相同；从义项对应情况来看，“听”的2个义项分别与“**ฟัง**”的2个义项相对应，其中，听1=**ฟัง**1，听2= **ฟัง**2。

（2）相同点。“听2”与“**ฟัง**2”都有表示“听从、相信、接受”的意思，例如，汉语“听话”，泰语说成“**ฟังคำสั่งสอน**”（听话）；“听1”与“**ฟัง**1”都有“用耳朵接受声音”的意思，例如，汉语可以说“听歌”，泰语同样可以说成“**ฟังเพลง**”，动宾语序完全一样。但是当汉语说“听音乐会”时，泰语却要说成“**ดูคอนเสริต์**”，这里的动词“听”，泰语是用动词“**ดู**”（看）来表示的。

2. 汉语“看”与泰语“ดู”的语义对比

汉语动词“看”有6个义项可以带名词性宾语（看4只带小句宾语①），分别为：

（1）使视线接触人或物；

（2）观察；

（3）看望；

（4）认为；

（5）诊治；

（6）决定于；

（7）留神，注意。

泰语“**ดู**”也有6个义项，分别为：

（1）看，视，瞧，望，观；

（2）参观，视察；

（3）守，看守，看管；

（4）查看，检查；

（5）算（命），卜算；

（6）看起来，感觉。

---

① “看4”表示“认为”，一般只带小句宾语，如“你看他还会来吗？”本书只对带名词性宾语的多义动词进行考察，因此将“看”与“ดู”归为义项数相同的情况。

通过对比可以得出以下结论：

（1）汉泰义项的对应情况。“看”与“ดู”都有6个义项，二者义项数相等。“看”有2个义项可以与“ดู”的4个义项相对应，分别是：“看1”大致对应“ดู1”，“看2”分别可以对应“ดู2”、“ดู4”、“ดู5”、“ดู6”。“看3”可以在“ดู4”中找到大致对应的意思。“看5”、“看6”和“看7”没有相对应的泰语义项。“ดู3”在汉语里没有相对应的义项。

（2）相同点。汉语“看1”和泰语“ดู1”的本义或基本义表达大致相同，“看2”与“ดู2”、“ดู4”、“ดู5”、“ดู6”四个义项的意思和范围大致相同，但是相关义项之间不是完全一一对应关系。例如，汉语“看2”表示“观察”的语义，但是也有引申义可以表示“算命、算卦”，泰语“看手相”可以说成“ดูลายมือ”。

（3）不同点。“看3”表示“看望”的意思，如“看病人”，泰语中如果要表达相应的意思，要用动词“เยี่ยม”来表达，说成“เยี่ยมคนไข้”；“看5”表示“诊治”义，可以说“看眼睛”，泰语中要用动词“รักษา”（治疗）来表示，说成“รักษาตา”；“看6”表示“决定于”的意思，“ดู”没有该义项；“看7”表示“留神，注意”的意思，泰语中的“ดู”也没有对应的义项。汉语“（注意）看玻璃”或“（留意）看车”用泰语表述时，要用泰语的相关动词“ระวัง”来代替汉语的“看”，说成“ระวังกระจก ระวังรถ”。

四、汉泰多义动词义项数“多对少”的情况分析

1. 汉语“跑”与泰语“วิ่ง”的语义对比

汉语动词“跑”有5个义项，分别为：

（1）两只脚或四条腿迅速前进；

（2）逃走；

（3）为某种事物而奔走；

（4）物体离开了应该在的位置；

（5）液体因挥发而损耗。

泰语“วิ่ง”有3个义项，分别为：

（1）跑，跑步，奔跑，奔驰；

（2）（车马）行驶；

（3）（血液）流通。

通过对比可以得出以下结论：

（1）汉泰义项的对应情况。“跑”有5个义项，“วิ่ง”有3个义项，“跑”比“วิ่ง”多2个义项；“跑”与“วิ่ง”对应义项只有一个：跑1对วิ่ง1。“跑2”、

“跑 3”、“跑 4”、“跑 5”四个义项在泰语里没有对应的义项。“วิ่ง2”、“วิ่ง3”两个义项在汉语中也没有对应的义项。

（2）相同点。“跑 1”和“วิ่ง1”都可以表示“跑或跑步”的行为动作。

（3）不同点。“跑 2”表示“逃走”义时，泰语用“วิ่งหนี”表示；“跑 3”表示“为某种事物而奔走”义时，泰语“วิ่ง”没有该义项，需要通过其他语法手段来构成，泰语没有“跑买卖”这样的短语构成；“跑 4”表示“物体离开了应该在的位置”时，泰语“วิ่ง”也没有该义项，“水跑外边”的说法，在泰语中只能表达成“น้ำไหลไปข้างนอกแล้ว”（水流外边去了）；“跑 5”表示“液体因挥发而损耗”义时，泰语也用其他词语表示，如“跑了点儿香水了”，泰语说成“น้ำหอมระเหยแล้ว”（香水挥发了）。

另外，“วิ่ง2、วิ่ง3”表示的义项义，汉语“跑”没有对应义项。

2. 汉语“拉”与泰语“ลาก”的语义对比

汉语动词“拉”有 6 个义项，分别为：

（1）用力使朝自己所在的方向或跟着自己移动；

（2）用车载运；

（3）牵引乐器的某一部分使乐器发出声音；

（4）拖长，使延长；

（5）牵累，拉扯；

（6）拉拢，联络。

泰语“ลาก”只有 1 个义项，表示“拉，拽，拖，牵引”的意思。

通过对比可以得出以下结论：

（1）汉泰义项的对应情况。“拉”有 6 个义项，“ลาก”只有 1 个义项，“拉”比“ลาก”多 5 个义项；“拉 1”和“拉 4”可以对应“ลาก”，“拉 2”、“拉 3”、“拉 5”、“拉 6”在泰语“ลาก”里没有对应义项。

（2）相同点。“拉 1”和“ลาก”都有“用力使朝自己所在的方向或跟着自己移动”的意思，例如，汉语“拉木头”，泰语说成“ลากไม้”。“拉 4”的用例“拉音”用泰语说成“ลากเสียง”。

（3）不同点。“拉 2”说成“拉货”时，泰语用“นัง”表达，说成“นังสินค้า”；“拉 3”说成“拉小提琴”时，泰语要用“สี”来表示，说成“สีไวโอลีน”；“拉 5”表示“牵累，拉扯”义时，泰语应该用动词“ย้อนให”表示，例如，汉语句子“这事你不应该拉他（进来）”，泰语说成“เรื่องนี้เธอไม่ควรย้อนใหเขามาเกี่ยวข้อง”；“拉 6”表示“拉拢，联络”义时，泰语中要用动词“ดึง”表示，例如，泰语的“拉关系”要说成“ดึงความสัมพันธ์”。

3. 汉语“打”与泰语“ตี”的语义对比

汉语动词“打”有 23 个义项，是汉语多义性最突出的一个动词，分别为：①用手或器具撞击物体；②器皿、蛋类等因撞击而破碎；③殴打；④发生与人交涉的行为；⑤建造；⑥制造；⑦搅拌；⑧捆；⑨编织；⑩涂抹；⑪凿；⑫举，提；⑬放射；⑭付给或领取（证件）；⑮除去；⑯买；⑰捉（禽兽等）；⑱用割、砍等动作来收集；⑲定出，计算；⑳做，从事；㉑做（体育活动、游戏等）；㉒表示身体上某些动作；㉓采取某种方式。

泰语“ตี”有 5 个义项，分别为：

（1）打，鞭打，抽打，殴打，打战，敲打，打击，攻击；

（2）压制；

（3）估价，规定；

（4）抛弃，脱离；

（5）站。

通过对比可以得出以下结论：

（1）汉泰义项的对应情况。“打”有 23 个义项，“ตี”有 5 个义项。“打”比“ตี”多了 18 个义项；动词“打 1、打 3、打 6、打 7、打 10、打 21”共 6 个义项大致可以跟“ตี”的“ตี1”相对应。“打”其他的 17 个义项在泰语“ตี”的义项中找不到相对应的。“ตี”也有 4 个义项在汉语“打”的义项中找不到相对应的。

（2）相同点。“打 1”和“ตี1”是基本义，都可以表示“用手或器具撞击物体”，汉语“打鼓”，泰语说成“ตีกลอง”；“打 3、打 6、打 7、打 10、打 21”的相关义项都在“ตี1”中相关对应。例如，汉语“打人”、“打铁”、“打鸡蛋”、“打格子”，泰语分别说成“ตีคน”、“ตีเหล็ก”、“ตีไข่”、“ตีตาราง”。另外，“打 21”和“ตี1”两个义项都有“做（体育活动、游戏等）”的含义，但是实际运用有一定范围使用方面的差异。当表示所从事的体育活动是“打羽毛球”的时候，泰语中才用这个动词“ตี”；当表示除“打羽毛球”以外的其他体育活动或者游戏时要用动词“เล่น”表示，汉语“打”的使用范围明显比泰语“ตี”的使用范围大。例如，“打羽毛球”，泰语为“ตีแบดมินตัน”；“打乒乓球”，泰语为“เล่นปิงปอง”。

（3）不同点。汉语“打 2”在表示“器皿、蛋类等因撞击而破碎”时，泰语用动词“ทุบ”（捣）表示，例如，泰语“打玻璃”说成“ทุบกระจก”；“打 4”说成“打赌”时，泰语用动词“พนัน”表示“赌”，例如，泰语“打十块钱（赌）”说成“พนันกันหนึ่งบาท”；“打 5”表示“建造”时，泰语用“สร้าง”（建造）表示，如“打墙”说成“สร้างกำแพง”；“打 8”表示“捆”时，泰语用动词“ถัก”

（捆）表示，“打箱子”说成“**ถักเสื้อไหมพรม**”；“打 9”表示“编织”义时，泰语用“**ทำ**”表示，泰语“打花样”说成“**ทำเป็นรูปแบบต่างๆ**”；“打 11”表示“凿”义时，泰语用“**ขุด**”表示，泰语“打洞”说成“**ขุดหลุม**”；“打 12”表示“举，提”义时，泰语用“**กาง**”（举）表示，泰语“打伞”说成“**กางร่ม**”；“打 13”表示“放射”义，如“打电话”，泰语要用动词“**ต่อ**”（联系）表示，说成“**ต่อโทรศัพท์**”；“打 14”的用例“打介绍信”，泰语说成“**เขียนจดหมายแนะนำ**”；“打 15”的用例“打皮”，泰语说成“**ตัดหนังออก**”；“打 16”的用例“打酱油”，泰语要说成“**ซื้อน้ำมัน**”；“打 17”的用例“打鸟”，泰语要说成“**จับนก**”；“打 18”的用例“打柴”，泰语说成“**ผ่าฟืน**”（砍柴）；“打 19”的用例“打主意”，泰语说成“**มีความคิดเห็น**”；“打 20”的用例“打夜班”，泰语说成“**ทำงานกลางคืน**”；“打 22”的用例“打手势”，泰语说成“**ทำมือ**”；“打 23”的用例“打官腔”，泰语说成“**พูดภาษาเจ้านาย**”。

五、分析与总结

通过对汉语 8 个多义动作动词与泰语相对应的相关动词的语义进行比较分析，我们可以做以下总结：

第一，从汉泰多义性的对比关系来看，汉泰多义动词之间主要存在三种对应关系：“义项数少对多”、“义项数相同”以及“义项数多对少”；按照义项语义，汉泰多义动词的义项之间几乎不存在完全意义上的对应关系，语义之间的对应关系总体上比较复杂。

第二，从 8 个动作动词的义项总数看，总体上 8 个动作动词汉语里的义项总数比泰语里的义项总数多，汉语多义性更为突出。但是，多义性比较突出还是反映在个别动词上，主要体现在动词“拉”和“打”，尤其是“打”的义项数远远高出泰语相应动词的义项数，因而，整体上汉语的义项总数高出泰语 18 个。

第三，从汉泰多义动词常用义项①和非常用义项的对应情况来看，汉语中 8 个多义动词的常用义项基本对应泰语的常用义项，但是泰语多义动词常用义项的语义类别或者使用范围往往比汉语的大，如“听、看、跑、拉、打”。例如，汉语“听 1”表示“用耳朵接受声音”，泰语“**ฟัง1**”可以表示“闻，听，聆听，倾听”等多个意思；动词“看 1”表示“使视线接触人或物”，泰语“**ดู1**”可以表示“看，视，瞧，望，观”等多个意思；又如动词“跑”，汉语“跑 1”表示“两只脚或四条腿迅速前进”，相对应的泰语“**วิ่ง**”却可以表示“跑，跑步，奔跑，奔驰”等多个意思；动词“拉 1”表示“用力使朝自己所在的方向或跟着自己移

① “常用义项”，一般按照词典编撰的原则，义项 1 往往是该词的基本义或常用义。本书除义项 1 以外的义项，我们统一称之为非常用义项。

动”，泰语“ลาก”只有一个义项，却可以表示“拉，拽，拖，牵引”等多个意思；汉语“打 1”仅表示“用手或器具撞击物体”，但是泰语“ตี1”可以表示“打，鞭打，抽打，殴打，打战，敲打，打击，攻击”等多个意思。

第三节　汉语多义动词与泰语相关动词带宾情况比较

本章基于动词多义性来考察汉语和泰语之间的带宾情况，因此，我们按照汉语动词的义项数分类考察。8 个多义动作动词中，2 个义项的动词是“写”和“听”，4 个义项的动词是“穿”，5 个义项的动词是“吃”和“跑”，6 个义项的动词是“看”和“拉”，23 个义项的动词是“打”。

一、汉语动词“写”和“听”与泰语相关动词带宾考察

1. 汉语动词“写”与泰语相关动词带宾分析

汉语动词“写”有 2 个义项，2 个义项带宾情况如下。

写 1：结果+工具+方式+处所+杂类。

写 2：受事+结果。

跟汉语动词“写”相对应的是泰语动词“เขียน”，其 4 个义项带宾情况如下。

เขียน1：结果+工具+方式+处所。

เขียน2：结果。

เขียน3：结果。

เขียน4：结果。

从以上动词带名词性宾语情况来看，我们从以下两个方面进行分析：

（1）汉泰动词带宾能力比较。动词“写”的 2 个义项可以带 6 类宾语，动词所带宾语总数为 7 个。每个义项平均可以带 3 类宾语，每个义项平均带宾数量为 3.5 个。泰语“**เขียน**”的 4 个义项可以带 4 类宾语，动词所带宾语总数为 7 个。每个义项平均可以带 1 类宾语，每个义项平均带宾数量为 1.75 个。因此，汉语动词“写”总体带宾能力比泰语“**เขียน**”强。

（2）共性与差异比较。动词“写”和“**เขียน**”都可以带结果、工具、方式以及处所宾语，但动词“写”还可以带受事和杂类宾语，泰语“**เขียน**”没有此类用法。例如，“写”带受事宾语说“写人物”、“写风景”时，泰语只能用其他表“描写”的动词表示；“写”带杂类宾语说“写作业”时，泰语也会用其他动词表示。

2. 汉语动词“听”与泰语相关动词带宾分析

汉语动词“听”有 2 个义项，2 个义项带宾情况如下。

听 1：受事+工具+处所。

听 2：受事。

泰语“ฟัง”也有 2 个义项，2 个义项带宾情况如下。

ฟัง1：受事+工具。

ฟัง2：受事。

从以上动词带名词性宾语情况来看，我们做以下分析：

（1）汉泰动词带宾能力比较。动词“听”的 2 个义项可以带受事、工具、处所 3 类宾语，动词所带宾语总数为 4 个。每个义项平均可以带 1.5 类宾语，每个义项平均带宾数量为 2 个。泰语“ฟัง”的 2 个义项可以带受事和工具 2 类宾语，动词所带宾语总数为 3 个。每个义项平均可以带 1 类宾语，每个义项平均带宾数量为 1.5 个。可以说，汉语动词“听”总体带宾能力比泰语“ฟัง”强。

（2）共性与差异比较。动词“听”和“ฟัง”都可以带受事、工具宾语，“听”还可以带处所宾语，例如，“听”带处所宾语说“听音乐会”时，泰语“ฟัง”没有此类用法。

二、汉语动词“穿”与泰语相关动词带宾的考察

汉语动词“穿”有 4 个义项，4 个义项带宾情况如下。

穿 1：结果+处所。

穿 2：工具+处所。

穿 3：受事+结果+工具+处所。

穿 4：受事+处所。

泰语“ใส่”有 8 个义项，其带宾情况如下。

ใส่1：受事。

ใส่2：受事+处所。

ใส่3：受事+处所。

ใส่4：受事。

ใส่5：处所。

ใส่6：受事。

ใส่7：/[①]。

ใส่8：对象。

从以上动词带名词性宾语情况来看，我们从下面两个方面进行分析：

（1）汉泰动词带宾能力比较。动词“穿”的 4 个义项可以带受事、结果、工

① 义项“ใส่7”没有带名词性宾语的用法。文中类似情况均如此标记。

具、处所 4 类宾语，动词所带宾语总数为 10 个。每个义项平均可以带 1 类宾语，每个义项平均带宾数量为 2.5 个。泰语“ใส่”的 8 个义项有 7 个义项带名词性宾语，可以带受事、对象、处所 3 类宾语，宾语总数为 9 个。每个义项平均可带约 0.43 类宾语，每个义项平均带宾数量约为 1.29 个。可见，汉语动词“穿”总体带宾能力比泰语“ใส่”强。

（2）共性与差异的比较。

一是共性方面。动词“穿”和“ใส่”都可以带受事和处所宾语。但是，同样是带受事或处所宾语，由于汉语“穿”与泰语“ใส่”义项义差异大，所以构成的动宾短语语义差别也大。例如，“穿 3”带受事宾语可以说成“穿珠子”，但是泰语没有该义项，只有“穿衣服”的搭配；反过来，“ใส่3”带受事宾语可以说“ใส่ปุ๋ย”（穿肥），意思是“施肥”。“ใส่4”带受事宾语可以说“ใส่น้ำหอม”（穿香水），意思是“喷香水”；“ใส่6”还可以说“ใส่คกลอน”（穿锁），意思是“上锁”。同样的，“穿”有“通过（孔、隙、空地等）”的意思，因此其带处所宾语可以说“穿马路”、“穿身上”等，但泰语“ใส่”没有该义项。“ใส่2”带处所宾语可以说“ใส่รถ”（穿车），意思是“装车”；“ใส่3”带处所宾语可以说“ใส่นใจ”（穿心），意思是“牢记在心”；“ใส่5”带处所宾语可以说“ใส่กรง”（穿笼子），意思是“关进笼子”。

二是差异方面。动词“穿 1”可以带结果宾语说成“穿了个洞”，“穿 3”带结果宾语可以说成“穿项链”，但是泰语“ใส่”没有带结果宾语的用法；“穿 2”和“穿 3”带工具宾语分别可以说成“穿线”和“穿一条白线”，泰语动词“ใส่”没有这样的用法，泰语动词“ใส่”没有带工具宾语的能力；泰语“ใส่8”有表示“冲着”的意思，带对象宾语可以说成“ใส่ให้เขา”，意思是“冲着他笑”，汉语动词“穿”没有带对象宾语的用法。

三、汉语动词“吃”和“跑”与泰语相关动词带宾考察

1. 汉语动词“吃”与泰语相关动词带宾分析

汉语动词“吃”有 5 个义项，5 个义项带宾情况如下。

吃 1：受事+工具+方式+处所。

吃 2：杂类。

吃 3：受事。

吃 4：受事。

吃 5：受事。

相对应的泰语动词“กิน”有 6 个义项，其带宾情况如下。

กิน1：受事+方式+处所。

กิน2：工具。

กิน3：受事。

กิน4：受事。

กิน5：受事。

กิน6：/。

从以上动词各个义项带宾情况可以看出：

（1）汉泰动词带宾能力比较。汉语“吃”有5个义项，可带受事、工具、方式、处所、杂类共5类宾语，动词所带宾语总数为8个。每个义项平均可带1类宾语，每个义项平均带宾数量为1.6个。泰语“กิน”的6个义项中有5个义项带名词性宾语，可以带受事、工具、方式、处所共4类宾语，动词所带宾语数量为7个。每个义项平均可以带0.8类宾语，每个义项平均带宾数量为1.4个。总体上看，汉语“吃”的带宾能力比泰语“กิน”的带宾能力强。

（2）共性与差异比较。

一是共性方面。泰语和汉语一样，汉语“吃”和泰语“กิน”都有4个义项可以带受事宾语，有的义项语义相近，有的义项语义不同，但是带受事宾语的能力比较接近，而且在具体的语义表达上大致是一样的。例如，汉语可以说“吃苹果”，泰语说成“กินแอปเปิ้ล”，汉语说“吃了两个棋子”，泰语说成“กินหมากรุกแล้วสองตัว”。“吃1”带工具宾语可以说“吃大碗”，泰语“กิน2”也可带工具宾语说成“กินมื้อใหญ่”。“吃1”还可以带方式宾语说成“吃大锅”，泰语“กิน1”也可以带方式宾语说成“กินหม้อใหญ่”。泰语动词带工具和方式宾语语义关系跟汉语一样，但是动词和宾语的语序有所不同。“吃1”还可以带处所宾语说成“吃食堂”，泰语“กิน1”也可以带处所宾语说成“กินที่โรงอาหาร”，“吃”和“กิน”带处所宾语时，语义表达一样，但是形式上有所不同，泰语需要在“食堂”前面加一个表处所的介词，引出处所成分，动词不能直接带处所成分。

二是差异方面。汉语“吃”和泰语“กิน”带宾差异主要体现在带杂类宾语方面。“吃2”可以带杂类宾语说成“吃父母、吃国家、吃集体”等，泰语“กิน”没有带杂类宾语的用法。

2. 动词“跑”与泰语相关动词带宾分析

汉语“跑”有5个义项，带宾情况如下。

跑1：结果+方式+处所+致使+施事+等同。

跑2：处所+施事。

跑3：方式+处所+目的+施事。

跑 4：处所+施事。

跑 5：施事。

与“跑”对应的泰语“วิ่ง”有 3 个义项，带宾情况如下。

วิ่ง1：方式+施事。

วิ่ง2：施事。

วิ่ง3：/。

从以上动词各个义项带宾情况，我们可以看出：

（1）汉泰动词带宾能力比较。汉语“跑”有 5 个义项，可以带结果、方式、处所、致使、施事、等同、目的共 7 类宾语，动词所带宾语总数为 15 个。每个义项平均可以带 1.4 类宾语，每个义项平均带宾数量为 3 个。泰语“วิ่ง”有 2 个义项带名词性宾语，可以带方式和施事 2 类宾语，动词所带宾语总数为 3 个。从汉泰两个动词带宾类型数量和宾语总数的差异可以看出，汉语“跑”的带宾能力明显比泰语“วิ่ง”强。

（2）共性与差异比较。

一是共性方面。“跑 1”可以带方式宾语说成“跑圈”，“跑 3”可以带方式宾语说成“跑单帮”，泰语“วิ่ง1”可以带方式宾语，例如“วิ่งราว”，意思是“跑轨道”。“跑 1、跑 2、跑 3、跑 4、跑 5”都可以带施事宾语，如“操场上跑着三个人”、“跑了一只羊”、“跑水”、“跑香水”等，泰语“วิ่ง1”带施事宾语可以说成“วิ่งควาย”（跑水牛），意思是“水牛比赛”，“วิ่ง2”带施事宾语可以说“วิ่งม้า”（骑马走）。

二是差异方面。汉语“跑 1”带结果宾语，如“跑了第一名”；“跑 1、跑 2、跑 3、跑 4”都可以带处所宾语，分别可以说成“跑路”、“跑树林里”、“跑码头”、“水跑外边”；“跑 3”带目的宾语，如“跑买卖、跑贷款”等；“跑 1”带致使宾语可以说成“跑车”；“跑 1”带等同宾语可以说成“跑第一棒”等。以上这些汉语“跑”的相关义项带宾的用例情况，泰语动词“วิ่ง”都没有相关用法。

四、汉语动词“看”和“拉”与泰语相关动词带宾考察

1. 汉语动词“看”与泰语相关动词带宾分析

汉语动词“看”有 6 个义项带名词性宾语，每个义项带宾情况如下。

看 1：受事+工具+处所。

看 2：受事。

看 3：受事。

看 5：受事+处所+施事。

看 6：受事。

看 7：受事+处所。

与“看”相对应的“ดู”的带宾情况如下。

ดู1：受事+工具。

ดู2：受事。

ดู3：受事。

ดู4：受事。

ดู5：受事。

ดู6：/。

根据以上汉泰动词各个义项带宾情况，我们从两个方面进行分析：

（1）汉泰动词带宾能力比较。汉语“看”有 6 个义项带名词性宾语，各个义项总计可以带受事、处所、工具、施事共 4 类宾语，动词所带宾语总数是 11 个。每个义项平均带宾数量约为 1.8 个。泰语“ดู”的 6 个义项中有 5 个带名词性宾语，可以带受事和工具 2 类宾语，动词所带宾语总数为 6 个，每个义项平均带宾数量为 1.2 个。可见，汉语“看”带宾类型数量和宾语数量都比泰语“ดู”丰富，其带宾能力也比“ดู”强。

（2）共性与差异比较。

一是共性方面。动词“看”的 6 个义项都可以带受事宾语，所表达的语义关系较为丰富，相关义项带宾分别可以说成“看电影”、“看机会”、“看老乡”、“看心脏”、“能不能去要看天气”、“（注意）看玻璃”等，泰语“ดู”有 5 个义项带受事宾语，分别可以说成“ดูภาพยนตร์”（看电影）、“ดูจัตุรัสเทียนอันเหมิน”（看天安门）、“ดูบ้าน”（看家）、“ดูงาน”（看工作，意思是“检查工作”）、“ดูลายมือ”（看手相）。“看”和“ดู”都具有较强的带受事宾语的能力，而且汉泰义项之间的语义有交叉。“看 1”可以带工具宾语，例如“看放大镜”，泰语“ดู1”具有同样的语义，也可以说“ดูแว่นขยาย”（看放大镜）。

二是差异方面。“看 1、看 5、看 7”3 个义项都可以带处所宾语，分别可以说“看前面”、“看外科”、“看地上”；“看 5”表“诊治”义时可以带施事宾语，例如“看中医”。泰语“ดู”没有带处所、施事宾语的用法。

2. 汉语动词“拉”与泰语相关动词带宾分析

汉语动词“拉”有 6 个义项，6 个义项带宾情况如下。

拉 1：受事+处所。

拉 2：受事。

拉 3：受事+结果+方式。

拉 4：受事+结果。

拉 5：受事。

拉 6：受事+目的。

与动词“拉”相对应的泰语“ลาก”只有 1 个义项，其带宾情况如下。

ลาก：受事+结果。

从以上动词各个义项带宾情况可以看出：

（1）汉泰动词带宾能力比较。动词“拉”有 6 个义项，可以带受事、处所、结果、方式、目的共 5 类宾语，所带宾语总数为 11 个。每个义项平均带宾数量是 1.8 个。泰语“ลาก”可以带受事和结果 2 类宾语。可见，汉语“拉”不仅多义性比“ลาก”突出，而且在动词所带宾语类型的多样性方面也很突出。“拉”的带宾能力明显比“ลาก”强。

（2）共性与差异比较。

一是共性方面。动词“拉”的 6 个义项都可以带受事宾语，同样是受事宾语，但是各个义项具有完全不同的语义，6 个义项带受事宾语的相关用例如“拉门”、“拉菜”、“拉琵琶”、“拉橡皮筋”、“拉垫背”、“拉人”等。泰语只有一个意思，如“拉车”，用泰语说就是“ลากรถ”。可以说，泰语“ลาก”跟汉语“拉”都可以带受事宾语，动宾语序一样，但是由于“拉”的多义性突出，所表达的受事语义关系要比泰语“ลาก”丰富得多；“拉 3”带结果宾语的用例有“拉一首歌曲”，“拉 4”也可带结果宾语说成“拉长音”，泰语“ลาก”具有“拉 3”的语义，也可以说“ลากเสียง”（拉长声音）。可见，汉语“拉”带结果宾语的语义也比泰语“ลาก”丰富。

二是差异方面。“拉 3”带方式宾语可以说成“拉低音”；“拉 1”带处所宾语可以说成“拉两边”；“拉 6”带目的宾语可以说成“拉关系”。泰语“ลาก”没有以上三类宾语的用法。

五、汉语动词“打”与泰语相关动词带宾考察

汉语动词“打”有 23 个义项，“打 1”可以带受事、工具、处所三类宾语；“打 2”可以带受事、结果、处所三类宾语；“打 3”可以带受事、工具、处所、同源四类宾语；“打 4”可以带工具、杂类两类宾语；“打 5”可以带结果、工具、处所三类宾语；“打 6”和“打 7”都带受事和结果宾语；“打 8”带受事、结果、工具、方式四类宾语；“打 9”带结果、工具、方式三类宾语；“打 10”带结果、工具、处所三类宾语；“打 11”带受事、工具、处所三类宾语；“打 12”带受事、处所两类宾语；“打 13”带受事、结果、对象、工具、施事五类宾语；“打 14”带结果宾语；“打 15”带受事宾语；“打 16”带受事、处所两类宾语；“打 17”和“打 18”都带受事宾语；“打 19”带结果宾语；“打 20”带受事和时间两类

宾语；“打 21”带受事、结果、方式、等同四类宾语；“打 22”带结果宾语；“打 23”带受事宾语。

泰语“ตี”有 5 个义项，可以带受事、结果、处所、同源四类宾语。其中，“ตี1”可以带受事、处所、同源三类宾语，“ตี2”可以带结果宾语，“ตี3”可以带受事宾语，“ตี4”和“ตี5”没有带名词性宾语的用法。

从以上动词各个义项带宾情况可以看出：

（1）汉泰动词带宾能力比较。动词“打”有 23 个义项，可以带受事、处所、结果、对象、等同、工具、方式、施事、杂类、时间、同源宾语等共 11 类宾语。动词所带宾语数为 54 个。每个义项平均可带宾语数约为 2.35 个。泰语“ตี”一共有 5 个义项，但只有 3 个义项可以带名词性宾语，所带宾语有受事、结果、处所、同源 4 类，动词所带宾语总数为 5 个，每个义项平均带宾数量约为 1.67 个。汉语“打”和泰语“ตี”不仅义项数相差大，动词所带宾语类别差异也大。两个动词相比，汉语“打”的多义性和带宾能力都比“ตี”强。

（2）共性与差异比较。

一是共性方面。汉语“打”共有 16 个义项可以带受事宾语，所构成的动宾短语很多都是使用频率比较高的搭配，例如“打鼓、打鸡蛋、打箱子、打伞、打电话、打饭、打鱼、打官司、打官腔、打篮球、打牌、打短工”等。泰语“ตี1”和“ตี3”可以带受事宾语，“ตี1”可以表示“打，鞭打，抽打，殴打，打战，敲打，打击，攻击”等意思，所带宾语范围较广，例如，汉语“打铁”，泰语说成“ตีเหล็ก”；“ตี3”表示“估价，规定”，其带受事宾语用例如“ตีราคา”（打价格），意思是“估计价格”。

二是差异方面。汉语“打”和泰语“ตี”不仅义项数和所带宾语数相差大，而且义项之间的对应关系差异也大，动词“打 1、打 3、打 6、打 7、打 10、打 21”共 6 个义项大致可以跟“ตี”的“ตี1”相对，“打”其他的 17 个义项在泰语“ตี”的义项中找不到相对应的。泰语“ตี”也有 4 个义项在汉语“打”的义项中找不到相对应的义项。可见，汉语“打”跟泰语相关对应动词“ตี”在义项的对应关系上差异比较大。动词“打”可以带 11 类宾语，泰语“ตี”可以带受事、结果、处所、同源 4 类宾语。汉语“打”多义性非常突出，其所带宾语的类推性也比较强，体现出很强的带宾能力。

六、分析与总结

通过对 8 个多义动词在汉语和泰语中带宾情况的比较，我们可以做以下总结。

第一，汉语多义动词带宾类型比泰语相关动词带宾类型丰富。8 个多义动词在汉语和泰语中的带宾情况统计如表 5.2 所示。

表 5.2　汉语多义动词与泰语相关动词带宾数量与排序分析　　单位：个

宾语类型		受事	处所	结果	致使	对象	施事	工具	方式	目的	时间	等同	杂类	原因	同源	总计
宾语数量	汉	37	24	20	1	1	6	15	8	2	1	1	3	0	1	120
	泰	20	5	6	0	1	2	4	3	0	0	0	0	0	1	42

从表 5.2 可以看出，8 个动词带名词性宾语在汉语中一共出现了 13 类宾语，汉语动词实际带宾数量为 120 个，平均每个动词带宾数量为 15 个；8 个动词带名词性宾语在泰语中出现了 8 类宾语，相关动词带宾总数为 42 个，动词平均带宾数量约为 5.3 个。8 个动词在汉语中的带宾类型比在泰语中的多了 5 个，泰语中没有出现致使、目的、时间、等同、杂类宾语；汉语中动词带宾数量比在泰语中的多了 78 个。可以说，总体上 8 个多义动词在汉语中的带宾能力明显比在泰语中的带宾能力强。这一特点在前面每个动词带宾能力的分析上也有显著体现。

第二，随着动词多义性的增加，汉语和泰语中多义动词带宾能力总体上都是增强的。换句话说，多义性与带宾能力总体上呈正比。

8 个动词在汉语中的义项数和带宾类型数由高到低排序如下。

动词义项数：打＞看/拉＞吃/跑＞穿＞听/写。

动词所带宾语类型数：打＞跑＞写＞拉/吃＞看/穿＞听。

8 个动词在泰语中的义项数和带宾类型数排序如下。

动词义项数：穿＞看/吃＞打＞写＞跑＞听＞拉。

动词所带宾语类型数：写/吃/打＞穿＞看/跑/听/拉。

泰语中的“拉”、“听”、“跑”的义项数相对较少，带宾类型的数量相对也少。泰语“穿”有 7 个义项带名词性宾语，但是其带宾类型数量只有 3 个，泰语“看”有 5 个义项带名词性宾语，但其只能带 2 类宾语，可见泰语中动词的义项数与宾语类型数之间的关系并不完全呈正比，泰语动词的多义性总体上不如汉语动词的多义性突出，泰语动词的带宾能力总体上也没有汉语相关动词的带宾能力强。

第四节　基于汉泰语言对比的汉语多义动词带宾习得难点预测分析

关于第二语言习得的影响因素，学术界讨论比较多的是语言迁移。第二语言习得涉及三个因素：普遍因素、学习者第一语言特有的因素以及第二语言特有的因素。第二语言学习者习得方面的偏误不一定都由母语迁移导致，有的是由语言学习的普遍规律决定的，其中有目标语知识之间的语内因素干扰，也有学习者母语与目标语之间的语际迁移的影响。对比分析法在第二语言教学中运用的主要目的是通过学习者的母语与目标语之间的对比，找出二者之间的差异。

根据普遍因素的观点，参考 Eckman（1977：315）在对比分析的框架之内提出的"标记差异假设"相关理论，在前面汉泰多义动词义项和宾语类型对比的基础上，我们尝试对泰国学生习得汉语多义动词带宾的难点进行分析。鉴于影响第二语言习得的因素是多方面的，汉泰之间语法关系的对比也具有一定的复杂度，我们对于难点的预测只能从策略和方法上进行一些考察，具体从以下两个方面进行把握。

一、依据汉泰多义动词之间义项数的对比情况进行预测

我们按照汉语 8 个多义动词的义项数多少分为五个层级进行分析。8 个动词义项数由高到低排序如下：

打＞拉/看＞吃/跑＞穿＞听/写

第一层次是动词"打"，有 23 个义项，该动词义项数远远超出泰语动词"ตี"。而且汉泰两个多义动词之间的义项对应关系不太一致，"打"有 17 个义项在泰语"ตี"的义项中找不到相对应的。"ตี"仅有的 5 个义项，其中就有 4 个义项在汉语"打"的义项中找不到相对应的义项。因此，对泰国学生来说，"打"的习得难度相对最大。

第二层次是动词"拉"和"看"。两个动词都有 6 个义项。泰语的动词"拉"（ลาก）只有一个义项，"拉 1"和"拉 4"可以对应泰语 ลาก 中的意思。"看"与"ดู"都有 6 个义项，"看 1"和"看 2"跟泰语有对应义项。再综合考虑"拉"和"看"在日常生活中的使用频率，相对来说，"拉"比"看"习得要难。

第三层次是动词"吃"和"跑"。汉语动词"吃"有 5 个义项，泰语"กิน"有 6 个义项,汉泰之间有 2 个义项语义大致相对应。"吃 1"可以对应泰语的"กิน1"，"吃 3"可以对应"กิน3"。其他相关义项中汉泰之间找不到相对应的义项。"跑"有 5 个义项，"วิ่ง"有 3 个义项，只有"跑 1"大致可以对"วิ่ง1"，其他义项汉泰之间都没有对应关系。相比而言，"跑"比"吃"习得要难。

第四层次是动词"穿"。汉语"穿"有 4 个义项，泰语"ใส่"有 8 个义项，"ใส่"比"穿"多了 4 个义项；"穿 4"大致可以对应泰语"ใส่1"，其他义项汉泰之间都没有对应关系。而且，动词"穿"和泰语"ใส่"之间的语义相差较大。总体上，泰国学生习得"穿"的难度较大。

第五层次是动词"写"和"听"。两个动词义项数相对要少，而且汉泰之间的对应关系相对简单，动词各个义项的运用跟日常生活的结合更紧密，使用频率也高，泰国学生习得相对简单。

总体来看，8 个多义动词义项数比较多，跟泰语相关动词义项的对应情况也比较复杂。通过跟泰语的相关动词情况进行比较，我们认为：总体上汉语动词义

项跟学习者母语相关动词义项对应关系基本一致，习得相对容易。对应关系相同点少的，习得相对要难。经考察，汉泰的 8 个多义动词义项之间几乎不存在完全对应的关系，语义之间的对应关系总体上比较复杂。例如，“拉”和“打”的义项数明显比泰语相关动词的多，动词“听、看、跑、拉、打”的常用义项带宾跟泰语的相关动词带宾相同点较多，但是动词“穿”跟泰语的相关动词相比差异较大，习得难度相对要高。例如，汉语“听 1”表示“用耳朵接受声音”，泰语“ฟัง1”可以表示“闻，听，聆听，倾听”；动词“看 1”表示“使视线接触人或物”，泰语“ดู1”可以表示“看，视，瞧，望，观”等多个意思。但是泰语多义动词常用义项的语义类别或者使用范围往往比汉语的更宽泛。

二、依据汉泰多义动词带宾能力和宾语结构形式的对比情况预测

在依据动词义项多少和宾语类型预测难点的同时，根据汉语动词带宾的倾向性特点和规律，我们还应该考虑该多义动词带宾的能力大小和宾语结构形式的复杂程度情况。动词带宾能力大小主要通过宾语的类推性和扩展性来判定，总体上，宾语可以大量类推和无限扩展的，习得相对容易；学生掌握动词基本语义和搭配规则后，可以不受限制地进行替换、类推、扩展。宾语属于有限类推和有限扩展的，习得最难。学生很难把握宾语类推和扩展的相关限制条件，类推或扩展往往就容易出错，一时难以纠正就可能导致偏误。宾语属于不能类推和不能扩展的，习得难易度在容易和最难之间。可以依据该动词义项和宾语搭配使用的常用度情况，如果使用频率比较高，跟学习者日常生活结合紧密，即使该宾语语义关系较为复杂，形式标记性高，留学生也能够通过大量的语言接触和生活体验获得认知，例如“吃食堂”、“吃大碗”、“打前锋”、“打架”、“写毛笔”、“听音乐会”等高频短语，学生习得难度并不高。

8 个动词所带的受事、处所、施事、结果、对象、工具、方式、同源宾语在泰语中也有相关宾语类别，但泰语中动词所带的处所、结果以及工具等成分往往都带有一定的标记性，泰国学生对这些动词的非常用义带处所、工具、结果宾语的理解相对要难。汉语中 8 个动词所带的宾语类型比泰语中的多了 5 个，相对而言，泰语中没有致使、时间、目的、等同、杂类等宾语类别，对泰国学生来说，习得理解相对也比较难。综合各方面因素，我们认为 8 个多义动词带宾习得难度由高到低排序如下：

打 N>拉 N>穿 N>看 N>跑 N>吃 N>写 N>听 N

总体上，常用义项带典型受事宾语，而且动词义项和宾语类型跟学习者母语相关动词带宾情况有较一致的对应关系的，习得相对容易；非常用义项带非受事宾语，而且动词义项和宾语类型跟学习者母语相关动词带宾用法几乎没有对应关系的，习得最难。

第六章 泰国学生习得汉语动宾短语的个案调查研究

第一节 调 查 对 象

本书选取在云南师范大学就读的泰国留学生为调查对象。泰国留学生分布在不同语言学习班级，同一个班级的学生汉语水平也存在一定的差异。我们首先在不同水平班级进行测试试卷的调查，测试试卷收取后进行筛选，筛选时在考虑班级水平的基础上，综合考虑学习者汉语学习时间与分班测试时的基础汉语水平成绩，我们将试卷按照初级、中级、高级三个层级进行归类，然后进行数据的统计。鉴于华裔学习者在语言理解和认知方面具有的优势，一定程度上可能影响被试对于测试内容的真实理解与判断,我们将其中的 8 名华裔学生的测试试卷剔除不计，经过筛选最后确定的有效试卷分别为：初级 16 份，中级 20 份，高级 19 份，总计 55 份。最后，按照研究需要分类进行不同的数据统计与分析。

第二节 调 查 设 计

一、短语习得的理解偏误

影响留学生习得汉语动宾短语的因素是多方面的，但就词汇习得而言，留学生真实的汉语水平不仅在于掌握词汇数量的多少，更在于对那些所谓“已经学会”的词汇的习得深度，具体到汉语的动词，其习得深度不仅表现为对动词可否带宾语的掌握，更表现为对动词带不同类型宾语，如工具、方式、施事、等同、目的、杂类等非常规类宾语是否理解并能掌握运用。

理解偏误是一种内在的认知活动，与表达偏误关系紧密。理解上的偏误可以直接导致表达上的偏误，所以这两个方面是紧密相关的。赵春利（2005：73）认为：“理解偏误是一种内在的认知活动，对相关学科的发展依赖性较大，目前的研究在实验设备、被试的组织、背景限定等方面难度较大，研究手段、语料的搜集、分析等也有困难，因此目前主要是理论性地研究理解偏误的测试方法以及影响听力理解困难的因素，小规模实验性地调查分析阅读理解的偏误和误读情况。”

Richards 在提出的“词汇知识框架”（vocabulary knowledge framework）中指出构成词汇知识的七个方面：单词的频率预测和同义联想，使用的得体性，单词的句法行为或语法特征，单词的基本形式和派生形式，词间联想，概念意义，一词多义。可见，真正能够掌握或习得一个词的能力是多方面的。Nation 在 Richards 研究的基础上，进一步提出词汇知识习得形式要求，首先体现在四个层面——形式（form）、位置（position）、功能（function）和意义（meaning），再细分为发音（spoken form）、书写（written form）、句法特征（grammatical patterns）、搭配（collocations）、使用频率（frequency）、得体性（appropriateness）、概念意义（concept）和词间联想（associations）八个类型；其次，每个词汇知识点的习得在能力层面又分为“接受”（receptive）和“产出”（productive）两种能力（转引自肖贤彬和陈梅双，2008：73）。

尽管以上分类是针对英语提出的，但是其分类也可适用于汉语词汇知识习得研究，因此受到词汇研究者的较多响应。

在句子中，动词往往处在中心位置，其他成分都和它挂钩，动词的主要功能之一就是带宾语。动宾结构的语义类型不是由动词的常规特征决定的，也不由名词的特征决定，而是二者协同作用的结果（王纯清，2000：34）。在留学生的汉语学习中，动宾搭配属于词汇深度知识的一个重要内容。我们认为，动宾短语的习得可以分为接受性理解和产出性理解，接受性理解主要指留学生对搭配正误的识别能力，产出性理解主要指留学生正确运用词语搭配的能力。本书动宾搭配能力习得主要考查学生的接受性理解偏误情况。

二、调查内容设计

首先，接受性理解能力考查主要依据测试试卷，试卷内容包含了所考查的 8 个动词的各个义项带宾的相关短语。在测试试卷的设计方面，我们根据宾语是一个词还是一个短语，把宾语分为简单宾语[①]和复杂宾语。汉语中有的动词只能带简单宾语，有的只能带复杂宾语，有的既能带简单宾语又能带复杂宾语。为了统一测试标准，我们只对动词带简单宾语的短语进行考察。动词所带的动宾短语尽可能覆盖每一个义项。对于有的只能带复杂宾语的义项，我们选择简单常用的词语造句。前面我们按照常用、高频以及甲级词范围等要求选择了 8 个多义动作动词进行了汉泰语义和宾语类型的对比，习得调查仍然选择这 8 个动词进行考查。这 8 个动词为：吃、写、听、打、跑、穿、拉、看。我们把 8 个动作动词带不同类型宾语的简单宾语短语作为测试项目罗列出来，被试在“理解”、“不理解”

① 简单宾语由一个词充当，跟前面论及的光杆宾语是同一个意思。

两个选项中进行选择。“理解”表示被试对相应的测试内容持肯定态度，“不理解”表示被试对相应的测试内容持否定态度。

其次，学生专项选择性组句调查。该项调查在完成测试试卷调查后进行。我们在测试试卷上提供前面测试试卷所呈现的动宾短语，要求学生在规定时间内选择相关短语进行造句。对于每个动词带宾短语至少选择三个组句。通过该项测试我们至少可以掌握两个方面的情况：一是根据学生所选择的短语分布情况判断学生对短语的熟悉度情况；二是通过学生所组句子的准确度和通畅度来综合考查学生对于短语语义的理解情况。

最后，我们在初级、中级、高级三个层级分别选择 6 个学生进行访谈交流。该调查在完成前面两项测试的基础上进行，突出针对性和问题导向。选择测试试卷中反映出来的高偏误率动词及其短语进行面对面交流，了解掌握学生在接受理解测试和组句调查中对于短语运用的真实想法或策略，深层次挖掘偏误出现的原因。访谈注意消除学生的紧张感，营造轻松自然的气氛，让学生较为充分自由地表达想法。

通过以上三个角度的调查分析，我们可以较好地掌握泰国学生习得汉语多义动词带宾短语的倾向性特点和规律，为课堂教学策略和教材编写提供可参考的建议或方法。

第三节　基于测试试卷的习得调查分析

一、多义动词带不同类型宾语的习得考察总体情况

8 个多义动词带不同类型宾语总体理解统计如表 6.1 所示。

表 6.1　8 个多义动词带不同类型宾语总体理解统计表　　单位：%

词语	受事	工具	处所	结果	同源	杂类	方式	对象	施事	时间	等同	致使	原因	目的	总体理解率
写	71	69	92	90	—	100	54	—	—	—	—	—	—	—	79.3
听	97	91	89	—	—	—	—	—	—	—	—	—	—	—	92.3
穿	87	42	57	50	—	—	—	—	—	—	—	—	—	—	59
吃	78	94.6	82	—	—	63	83	—	—	—	—	—	—	—	80.1
跑	—	—	86	89	—	—	53	—	76	—	73	74	—	63	73.4
看	89	63	90	—	—	—	—	—	92	—	—	—	—	—	83.5
拉	76	—	82.7	84	—	—	69	—	—	—	—	—	—	48	71.9
打	74	48	65	69	86	73	43.2	83.3	66	58	51	—	—	—	65.1

从以上统计，我们做以下分析总结：

（1）8个多义动词带不同类型宾语总体理解率由高到低排序：

听N>看N>吃N>写N>跑N>拉N>打N>穿N

（2）动词不同，同一类型宾语习得情况不同。具体情况如下。

受事宾语：听N>看N>穿N>吃N>拉N>打N>写N

工具宾语：吃N>听N>写N>看N>打N>穿N

方式宾语：吃N>拉N>写N>跑N>打N

处所宾语：写N>看N>听N>跑N>拉N>吃N>打N>穿N

结果宾语：写N>跑N>拉N>打N>穿N

杂类宾语：写N>打N>吃N

施事宾语：看N>跑N>打N

等同宾语：跑N>打N

目的宾语：跑N>拉N

总体上看，不同动词带同一类宾语时，相关短语的习得理解率有差异。理解率较高的动词或者义项数相对要少，或者使用频率较高，如动词"听"有2个义项，动词"吃"、"看"、"写"的常用度较高，理解率也相对要高。义项数较多的动词"打、拉"排序相对靠后，理解率相对较低。动词"穿"的义项跟泰语中的语义相差较大，学生理解难度较大，理解率最低。动词的多义性直接影响到学生习得的准确率。例如，动词"打"义项数非常多，不管带什么类型的宾语，习得理解率都低，即使带熟悉度高的受事宾语，学生的理解率仍然较低，如带受事宾语的短语"打冰、打草、打官腔、打短工、打行李、打箱子、打铁"等，学生的理解率都比较低。一是因为"打"在泰语中的相关动词义项数少，语义相对简单，而且汉泰语义的对应关系不太一致；二是这些动宾短语在日常生活中一般在特殊语境下才能接触到，学生对它们的熟悉度相对要低，因此造成理解上的困难。

二、多义动词常用义项和非常用义项带宾习得考察

泰国留学生习得多义动词常用义项和非常用义项带宾情况统计如表6.2所示。

表6.2　泰国留学生习得多义动词常用义项和非常用义项带宾情况统计表　单位：%

统计项	写N	听N	穿N	吃N	跑N	看N	拉N	打N
常用义项理解率	79.5	92	49.1	96.4	83.3	89.5	85.4	82.1
非常用义项理解率	79	92	68.2	74.1	73	87	67.7	69

下面我们将两类理解率由高到低排序如下。

常用义项理解率：

吃 N>听 N>看 N>拉 N>跑 N>打 N>写 N>穿 N

非常用义项理解率：

听 N>看 N>写 N>吃 N>跑 N>打 N>穿 N>拉 N

从以上理解率高低排序看，我们可以发现三点倾向性特点：一是常用义项和非常用义项带宾短语的理解率只有动词“跑”和“打”的排序无变化，动词“听、看”的排序变化差异不大，仅一个动词位序的变化；二是动词“吃、拉、写”常用义项和非常用义项带宾短语理解率差异较大；三是进行常用义项带宾理解时，动词义项数的多少对于学生理解率影响不是太大，但是非常用义项带宾理解情况是动词义项数越多，学生理解率越低。换句话说，动词的多义性是否影响学生习得理解，需要区分常用义项和非常用义项。我们分别进行分析解释。

（1）动词常用义项带宾短语和非常用义项带宾短语理解率排序无变化或变化小的动词一般都是常用义项带宾类型多，语义关系复杂，而且汉泰义项对应差异比较大，常用义项习得难度较大，习得正确率较低。例如，动词“跑”的常用义项可以带六类宾语，语义类别比较复杂，非常用义项中的“跑树林、跑了兔子、跑买卖、跑电器、跑电、跑香水”等短语常用度不高，而且这些义项带宾在泰语“วิ่ง”中都没有对应项，学生理解起来比较困难。因此“跑”的常用义项和非常用义项的相关短语理解率差异不大，整体排序没有变化。在学生专项组句测试考查中，学生选择最多的短语是“跑第一名”，第二是“跑长跑”，第三是“跑教室外”，几乎没有学生选择“跑买卖”、“跑香水”、“跑电”。可见，学生掌握较好的短语义项跟泰语相关动词往往具有一定的对应关系。

（2）常用义项带宾短语和非常用义项带宾短语理解率排序变化较大的动词情况。动词“吃、拉、写”的常用义项带宾短语和非常用义项带宾短语理解率差异较大，这些动词的常用义项带宾短语往往属于高频短语，留学生接触到的机会比较多，留学生对非常用义项带宾短语的熟悉度不高，使用率较低，动词义项跟泰语相关动词几乎没有对应关系。例如，动词“吃”的常用义项可以带四类宾语，工具、方式、处所三类宾语的相关短语是学生比较难理解的，如“吃大碗、吃大锅饭、吃自助餐、吃食堂”，但是母语者对这些短语的使用率较高，这些短语属于高频动宾短语，留学生在平时学习或生活中容易接触到，因此，常用义项带宾的短语理解率相对比较高。但是非常用义项中的相关搭配，如“吃父母、吃工资、吃水、吃苦头”等理解率较低，也属于学生比较难掌握的引申义用法。泰语动词“กิน”中没有这些义项，如表示“吸”的泰语动词是“ดูด”，泰语“吸油”要说成“ดูดน้ำมัน”；泰语表示“吃 5”的“受，挨”义时要用动词“อด”，泰语的“吃苦”要说成“อดทน”。但是我们发现短语“吃油”的理解率高，通过对留学生的访谈了解到，学生将该短语理解为“吃 1”义，理解为“用嘴吃油”的意思，并不是表示“吸取”义的用法。

又如动词“拉”有 6 个义项，常用义项可以带受事和处所宾语，语义类别不太复杂，相关短语如“拉门、拉手”，跟留学生日常生活联系紧密，学生熟悉度较高，学生理解几乎没有问题，而且该义项跟泰语“ลาก”具有一定对应关系，母语正迁移也有助于学生习得。如动词“拉 1”和“拉 4”可以对应“ลาก”，但是动词“拉”的其他义项在泰语中没有对应关系，如“拉 2”、“拉 3”、“拉 5”、“拉 6”在泰语“ลาก”里没有对应义项。有的短语在日常生活中使用率不算高，如“拉 C 调、拉长音”，有的短语语义引申较为复杂，如“拉关系、拉买卖、拉垫背”，因此学生对非常用义项带宾的相关短语理解率较低，从而造成常用义和非常用义带宾运用掌握的差距。通过专项组句测试和访谈也验证了以上解释。

（3）针对不同义项数动词的常用义项和非常用义项理解习得情况。动词的多义性往往对学生非常用义项带宾短语的习得有影响。表 6.3 为区分义项数的动词带宾短语习得理解率统计。

表 6.3　不同义项数动词常用义项和非常用义项带宾短语理解习得情况　单位：%

统计项	2 个义项（写、听）	4 个义项（穿）	5 个义项（吃、跑）	6 个义项（看、拉）	23 个义项（打）
常用义项理解率	85.8	49.1	89.9	87.5	82.1
非常用义项理解率	85.5	68.2	73.6	77.5	69

注：表中“2 个义项”指具有 2 个义项的多义动词带宾短语，其他以此类推

从表 6.3 统计可以看出两个倾向性特点：

（1）在常用义项的动词带宾短语理解习得时，5 个义项的动词“吃、跑”带宾短语理解率最高，达到 89.9%，第二是 6 个义项的动词“看、拉”带宾短语习得，第三是 2 个义项的动词（写、听）带宾短语习得，理解率最低的是 4 个义项的动词“穿”带宾短语的习得。理解率由高到低排序为：

5 个义项>6 个义项>2 个义项>23 个义项>4 个义项

（2）在非常用义项的动词带宾短语理解习得时，2 个义项的动词带宾短语理解率最高，其次是 6 个义项的动词，理解率最低的是 4 个义项的动词“穿”。理解率由高到低排序为：

2 个义项>6 个义项>5 个义项>23 个义项>4 个义项

针对调查中发现的以上两个方面的倾向性特点，我们尝试通过汉泰动词多个义项及其带宾情况进行对比，同时考虑测试中学生实际掌握情况作出分析。

第一，在前面的汉泰对比中，我们知道所考察的 8 个多义动词的常用义项带宾情况跟泰语相关动词的常用义项带宾情况的一致性比较多，尽管没有语义完全

对应的情况，但是汉语和泰语动词常用义项方面或多或少都具有相同的语义，这主要跟这 8 个多义动词的特点有紧密关系。这 8 个多义动词的使用频率都比较高，都跟人类日常生活联系紧密。另外，作为动作动词，其反映的是人们日常生活必需的相关动作和行为方式,这些动作和行为方式往往在语义上不会有较大的差异。但是对于非常用义项来说，它们往往都是在常用义项基础上通过引申形成的抽象语义，这些语义关系的形成常常跟不同母语者在不同文化生活环境中长期形成的文化和价值观有密切关系，因此，非常用义项的语义差别较大。

第二，我们通过举例进行一些验证分析。例如，对于 2 个义项的动词中理解率较高的动词“写”来说，常用义项“写 1”与“เขียน1”都有“用笔在纸上或其他东西上做字”的意思，汉语说“写字”，泰语同样说成“เขียนหนังสือ”。同时，汉语“写 2”大致可以对应泰语“เขียน2”，都有写作的意思，“写 2”与“เขียน4”也都有撰写的意思，可见汉语“写”和泰语“เขียน”不仅常用义项可以对应，非常用义项也具有对应关系，泰国学生习得上母语的正迁移有助于其理解。

又如，对于常用义项理解率最低的动词“穿”来说，泰语“ใส่”有 8 个义项，比汉语“穿”多了 4 个义项，动词“穿”只有“穿 4”跟泰语“ใส่1”相对应，汉语“穿”的常用义项没有对应泰语“ใส่”的常用义项，一定程度上影响了学生对“穿”常用义项的掌握和运用，因此学生对“穿”的常用义项的理解率反而最低。但是“穿 4”跟“ใส่1”对应，而且其短语都是使用频率比较高的短语，如“穿衣服、穿大衣”等。由于“穿”的大部分义项在泰语“ใส่”中找不到相对应的，类似“穿线、穿洞、穿珠子、穿项链”等说法，学生平时很难接触到这些说法，汉泰语义相差又大，“穿 2”表示“通过（孔、隙、空地等）”义时，泰语也用其他动词表示，例如，汉语“穿线”，泰语说成“ร้อยสาย”，汉语“穿项链”，泰语说成“ร้อยสร้อย”。

因此，学生对于非常用义项带宾短语理解起来自然也就有困难了。

三、针对不同汉语水平学生的习得理解情况考察

本书选择调查对象时区分了初级、中级、高级三个层次进行考察，主要观测学生汉语水平能力对于习得理解的影响，同时找出不同汉语水平学生习得的难点问题，可以为教学策略的制定提供参考。表 6.4 为测试调查统计情况。

表 6.4 不同汉语水平学生习得理解率统计 单位：%

统计项	写	听	穿	吃	跑	看	拉	打	平均理解率
初级水平学生理解率	62.2	76.8	48.9	63	62.3	79.1	54.5	51.6	62.3
中级水平学生理解率	86.1	89.2	67.2	81	74	90.4	76.7	73.6	79.8
高级水平学生理解率	90.2	96.1	79.5	87.9	89.3	88.1	80.2	78.3	86.2

根据表 6.4 的统计数据，我们将三种汉语水平学生习得 8 个动词带宾短语理解率由高到低排序如下。

初级汉语水平学生的理解率排序：

看 N＞听 N＞吃 N＞跑 N＞写 N＞拉 N＞打 N＞穿 N

中级汉语水平学生的理解率排序：

看 N＞听 N＞写 N＞吃 N＞拉 N＞跑 N＞打 N＞穿 N

高级汉语水平学生的理解率排序：

听 N＞写 N＞跑 N＞看 N＞吃 N＞拉 N＞穿 N＞打 N

（1）总体上看，随着学生汉语水平提升，多义动词带宾短语的习得理解率有所提升，两者呈正相关关系。换句话说，学生汉语水平越高，习得理解率也越高。初级、中级、高级三个层次学生的平均理解率分别为 62.3%、79.8%、86.2%。总体上看，高级水平学生的理解率不到 90%，并没有达到较好的习得效果。高级水平学生词汇量有了较大提升，但更多还是停留在常用义项的掌握上，学生对于多义动词的多个义项带不同类型宾语的短语习得仍然存在诸多问题需要解决。

（2）从初级水平到高级水平的理解率变化可以看出，根据三个水平层级学生习得情况，不同水平层级的学生习得理解相关动词的比例排序情况变化不太突出。例如，在三个水平层级中，“听、看、写”都属于习得情况比较好的动词，尤其是动词“听”。三个水平层级中“穿、打、拉”习得理解率都在较低范围。可见，随着学生汉语水平提高，尽管习得理解率也在提升，但是难点问题在不同水平层级的表现情况仍然比较集中。

第四节　泰国学生汉语多义动词及其动宾短语教学建议

基于本章汉泰对比与学生习得个案调查，在结合前面几章相关研究成果的基础上，我们针对泰国学生汉语学习的特点，从以下几个方面提出相关教学建议或策略，供汉语教师课堂教学和教材编写参考使用。

一、基于汉泰对比的教学方法

基于汉泰多义动词和宾语类别之间的共性与差异特点，将对比分析法运用于实际教学中能有效预测教学重点和难点。Lado（1957：2）认为，在第二语言教学中，与学习者母语相似之处对学习者来说容易学习，而与学习者母语不同的地方对学习者来说则是难点所在，学习者母语是阻碍第二语言习得的最主要因素。王力先生曾经指出：“对外汉语教学，我认为最有效的方法是中外语言的比较教学。

要突出难点。所谓难点，就是中国人看来容易，外国人学起来困难的地方。”[①]张志公（1994：3）也提到：“对比研究是对外汉语教学极为需要的一种方法。”面向泰国学生的汉语教学中需要适时运用汉泰语言对比的教学方法。针对本书汉语动宾结构的教学，可以在以下几个方面运用汉泰对比的方法开展教学。

（1）针对汉语动词多义性突出的特点，加强汉泰多义动词的多义性的比较。本章考察的8个汉语多义动词在泰语中所对应的相关动词的多义性也比较突出，而且汉泰多个义项之间一一对应的情况几乎没有。一般存在汉语一个义项对应泰语两个或两个以上义项的情况，如动词“看2”分别可以对应“ดู2”、“ดู4”、“ดู5”、“ดู6”。也有汉语动词多个义项对应泰语一个义项的情况，如“拉1”和“拉4”可以对应“ลาก”；“打1、打3、打6、打7、打10、打21”共6个义项大致可以跟“ตี”的“ตี1”相对应。也有一个义项对应一个义项的情况，如“听1”对应“ฟัง1”，但是当汉语说“听音乐会”时，泰语却要说成“ดูคอนเสิร์ต”，这里的汉语动词“听”在泰语中是用动词“ดู”（看）来表示的，可见，动宾搭配使用的范围仍然有所不同。汉泰多义动词义项之间这三种对应关系不好笼统判断哪一类难度大，哪一类就简单。动词不同，义项对应关系不同，宾语类推性、扩展性以及宾语范围大小都会有差异，教学中需要教师能够运用语言类型学标记理论和难度等级理论作出具体分析。

（2）针对汉语宾语语义关系的多样性，加强汉泰之间的动宾结构对比。汉语动宾结构具有简单经济的特点，跟泰语动宾结构相同，这是泰国学生学习汉语动宾短语的有益因素。但也正是因为泰语动宾之间的语义关系没有汉语那么多样或丰富，一定程度上造成学生在学习理解非受事宾语的语义关系时感到困难。对比分析理论认为，“外语习得主要是一个从母语习惯向外语习惯转移的过程。当母语和外语的结构不同时，会出现有害转移；当母语和外语的某些结构相同时，会出现有益转移，外语教学的目的是促进有益转移，同时克服有害转移，并在此基础上帮助学生形成新的外语使用习惯”（许余龙，1992：315）。通过对比分析，我们可以预测和描述哪些语言结构类型会给学生带来困难或不会带来困难。就汉语和泰语来说，通过8个动词异同的比较，我们知道学生母语中没有汉语致使宾语、时间宾语、杂类宾语、目的宾语以及等同宾语等类型，这些宾语都属于代体宾语，对于母语者来说，这样的表达简单直接，但是对于泰国学生来说，有的语义关系复杂的短语不仅刚接触时理解会有困难，学习之后即使理解其意思了，实际运用中仍然采取回避的策略，这不利于其整体汉语水平的提高。

（3）运用汉泰对比教学法更重要的作用在于预测学生在学习过程中可能出现的困难，帮助教师有效把握教学的重点和难点。因此，教师如果将学生的本族语

① 转引自：郭振华《对外汉语教学中的几个问题》，《语言文字应用》，1998年第4期，第21页。

言与他们所学的外语加以比较，那么他就可以更好地了解学生真正的学习困难所在，并能更好地组织教学。鉴于汉语和泰语多义动词之间较为复杂的语义对应关系，我们在教学中更需要加强语言对比分析，利用汉泰多义动词语义的共同性促进学生学习汉语的正迁移，同时把握存在的差异性，并预测可能带来的负迁移，帮助学生克服有害转移。然而，一些实际调查研究发现，某些语言之间的不同之处并不一定造成负迁移，相同之处也并不一定产生正迁移，例如 Dulay 和 Burt 一起进行的相关研究（许余龙，1992：323）。尽管如此，我们还是认为，从事面向泰国学生的汉语教学，汉语教师只有认真将学生的母语与汉语进行具体比较，才能了解学生究竟错在了哪里，可能引发偏误的原因是什么。此外，汉泰两种语言之间存在的相同点一定程度上还可以诱发学生对汉语学习的认同感和亲近感，培养和调动他们学习汉语的积极性。

二、基于宾语结构形式差异特点的教学顺序

基于宾语结构形式差异特点的教学顺序，遵循先教多义动词带光杆宾语的用法，后教复杂宾语扩展形式的教学顺序。

我们在第三章专门探讨了多义动词带光杆名词宾语的相关问题。378 个多义动词中有 296 个动词可以带受事宾语，带受事宾语的动词比例达到了 78.3%。其中宾语可以为光杆形式的动词有 256 个，占带受事宾语动词总数的 86.5%。也就是说，大多数受事宾语形式既可以为光杆形式，也可以为复杂形式。宾语为光杆形式，也就是简单宾语。对于只能带非受事宾语的 82 个多义动词来说，宾语可以为光杆形式的动词有 75 个，所占比例为 91.5%，可以说，带非受事宾语的动词带光杆宾语的能力更强。吕文华（2002：86）认为汉语语法是可以分级的，语法结构的呈现要从基本结构到扩展结构，从基本式到衍生式；语义序是由浅入深、由实义到虚化义、由基本义到引申义或比喻义等。简单的宾语形式汉字少，意思简单，记忆起来也比较容易。因此，就多义动词带宾教学来说先教光杆宾语基本结构再教复杂宾语形式，不仅符合由简单到复杂的习得顺序，也更符合这些动词带宾的倾向性特点和规律。我们把动词带光杆宾语看作动宾结构的基本结构，汉语教学中先教动词带简单宾语的形式，后教动词带复杂宾语的形式，汉语教材的编写也应该体现这一习得顺序。

三、基于宾语语义角色典型性特点的教学策略

动宾搭配中多义动词带受事宾语是常规搭配（吕文华，2014：138）。基于宾语语义角色典型性特点的教学策略，先教典型的受事宾语，再教非受事宾语。根据本书第二章的考察，多义动词所带受事宾语的数量最多，第二是处所宾语，第

三是结果宾语，第四是对象宾语。典型受事宾语有 694 个，所占比例为 37.3%。大多数多义动词的多个义项都可以带受事宾语。受事宾语是最容易进入人们的认知范畴的。我们认为动词带宾这一句法结构也是一种原型范畴。从宾语数量和宾语使用频率等多个因素考虑，受事宾语都是应该最先需要熟悉掌握和学习运用的基本宾语类型，学习掌握了多义动词带受事宾语的用法，也就基本掌握了多义动词的用法。受事宾语类推性强，教师在简单受事宾语的基础上通过类推、替换等练习方式教学，在学生较好地理解并能较为自由地类推或替换后，通过设置情境，在学生可理解的输入环节内逐步增加宾语修饰成分，将简单结构扩展为复杂结构，从而让动宾结构表达更丰富的语义。针对带受事宾语的动词教学同样遵循先教基本结构——光杆宾语，再教扩展形式——复杂宾语的顺序。

除了受事宾语外，对于非受事宾语的教学顺序，我们认为需要根据具体动词情况来确定。首先还是考虑其宾语类推性和扩展性，类推性和扩展性强的宾语往往也都是使用频率高的，可以先教给学生。对于有的宾语的类推性和扩展性不强，但是在实际生活中运用比较广泛的非常规搭配，如“打官司”、“出风头”、“吃父母”、“拉关系”等，应该在中高级水平班级中作为教学内容教授；对于使用频率不高，但是跟一定的日常生活情境结合度较高的一些短语，如在体育比赛中的“打前锋、打中锋”，跟艺术有关的“拉 C 调、拉低音”等，我们需要根据教学对象的需求情况进行选择性教学。教材对于常用的、熟语化程度较高的非受事宾语短语也可以有所选择，选择时综合考虑短语的实用性和针对性。

四、基于多义动词带宾特点的语块教学方法

语块（language chunk）是“在语言运用中作为一个整体储存、提取和使用的语言单位，是一种连续或非连续的序列，由词或其他有意义的成分组成”（李慧，2013：55）。多义动词具有较强的带宾能力，动词跟所带的名词性宾语组构为语块。我们在考察义项数比较多或者带宾类型比较丰富的多义动词时发现，单音节动词占多数，在带四类及以上宾语的动词中，动作动词数量增多。这些多义动词不仅带宾能力强，多个义项带宾的短语使用频率也比较高。例如，“吃、跑、看、打”等动词构语能力都很强，它们的多个义项可以跟名词性宾语构成语块，动词的多义性和使用频率高的特点对其构语能力有影响。我们的研究还发现，多义动词带宾语的能力越强，或者义项的使用频率越高，该动词与名词性宾语组构语块的可能性就越大。常用义项所带名词性宾语类推能力强，非常用义项构成的动宾短语具有熟语化倾向。依据这一特点，我们在汉语教学中可以将“V+NP”结构作为语块来教学。与此同时，我们也发现，动词所带宾语类型不同，相关短语数量和使用频率也有差异。多义动词所带受事宾语都具有较强的类推性，应该作为

语块教学的首要选择。施事宾语特指性很强，不易与动词发生意义的结合，组构成凝固语块的概率很小，可以不作为语块的宾语类型。其他宾语类型的构语能力判定需要根据具体动词所带宾语类型进行分析，除了常规充当的受事宾语以外，宾语类型不同，NP 意义的特指性不同，动词与宾语的构语能力就会有差异。

以上关于多义动词与不同宾语类型构语能力的分析，为我们在教学中开展语块教学提供了参考。汉语教学和教材编写中可以关注具有强构语能力的动词，结合不同宾语类别开展语块教学，将会有助于提升学习者对汉语的语感，从而提高其学习和使用汉语的能力与水平。

五、基于不同汉语水平学生习得差异的贯通式教学方法

针对初级、中级、高级水平学生习得汉语动宾短语的理解性差异特点，多义动词带宾的相关教学内容应该贯通学习的不同阶段，以更好地提升学生的综合语言能力。我们在对泰国学生进行接受性理解能力的测试时发现，学生对于常用义项带宾的短语习得理解率比非常用义项带宾短语的习得理解率高，但是学生对多义动词多个义项所带的动宾短语习得理解率整体不高，究其原因，我们认为主要存在三个方面的影响因素：一是汉语动宾结构本身的语义关系多样，学生接受理解较为困难；二是教师教学方法重难点不突出，教学效果不显著；三是教材编写中没有关注非常用义项带宾的学习内容，教学内容的全面性不够。正如 Stenson（1983：256）指出的，除了语际偏误和语内偏误之外，还有由课堂环境引发的偏误。这类偏误包括教师引发的偏误、教材引发的偏误以及练习引发的偏误（James，1998：189）。

第二语言习得者在学习汉语时，尤其是在初级阶段，很容易受到母语的影响。初学者的目标语知识储备还不够，当接触汉语的时候，头脑中的第一反应就是依赖母语进行类推，类推策略不当就会导致偏误。汉泰动词多义性对应关系复杂，宾语类型分类不同，学生依赖母语类推只会带来更多的偏误，这类偏误属于过度使用引发的偏误。根据 Ellis（1994：717）的研究，过度使用是指学习者使用某个第二语言结构的频率超过母语者的一般使用趋势，从而造成过度使用的偏误形式出现。Brown（2000：224）进一步将其归纳为过度类化的语内偏误类型。随着学习内容的增多，如果仍然忽略语言之间的差异性，再把一种语言的规则没有策略地类推到另一种语言中去，还会造成语法规则的语际泛化，进而造成中介语偏误。因此，作为教师应该清楚学生母语的哪些内容会对汉语学习带来干扰，尽量去了解不同国家不同语言的留学生母语中基本词汇的用法和语法特点，了解学生母语和汉语语法间的差异。随着学习进程的发展，学生学习的难点问题会有所不同，已经习得的知识和规则同样会对新知识的学习产生干扰。因此，教师在讲解的过程中应该注意遵循循序渐进的原则，并且用心观察和记录学生学习过程中所

犯的错误，在积累的基础上不断梳理分析，掌握学生容易出现的问题，并能及时纠正学生的错误，尽量降低母语负迁移带来的负面效应。

我们在调查中还发现，中高级水平的泰国学生即使在口语表达中也比较倾向于用一些结构简单的短语来规避使用复杂的超常搭配短语，在书面语写作中使用丰富多样的动宾短语表达的情况就更少，甚至没有相关用例。测试调查数据显示高级汉语水平学生对于多义动词带宾的各类短语习得理解率也不到90%，可见，汉语水平能力的提升对于减少或消除习得中存在的问题并不是十分有效。实际的汉语教学中，教师往往在初级阶段的教学中比较关注语法项目讲解与操练，到了中高级阶段对相关语法知识学习的系统性和延续性关注不够，比较、操练以及巩固性学习不够，一定程度上造成了学生综合语言能力的提升缓慢或成效不显著的问题。我们建议关注多义动词带宾的系统性和延续性教学研究，在学生不同汉语水平阶段的教学中有针对性和选择性地开展相关教学及教学法研究。

六、基于高频动宾短语熟语化倾向的教学重点

我们在考察中发现，带不同类型宾语的多义动词所带宾语的高频短语中或多或少都具有熟语化的倾向，尤其对于单音节动词构成的动宾短语，不仅数量多，使用频次也很高。汉语教学中应该将具有熟语化倾向的短语作为重点内容先教先学，这样可以有效提升学生的语言表达能力。除了一些常规熟悉的用例如“结婚、离婚、打杂、唱歌、缩水”外，还有不少熟语化倾向突出的用例，如“多嘴、多心”、“犯法、法规”、“订婚、订票”、“追债、追款”、“还款、还钱”、“赛诗、赛船”，以及“破冰、成佛、请客、听歌、玩火、得票、抢眼、压题、揭短、审题”等。此外，还有一些在常用义基础上，通过隐喻或转喻形成的引申义所构成的动宾短语，其熟语化倾向也比较突出。例如用“盛东西的器皿”来代替“器皿中的内容”的动作，有“吃大碗”、“吃食堂”、“吃饭馆”等表达；用“来源”代替“本体”，有“吃父母”、“吃国家”、“吃工资”等表达。根据认知语言学的观点，“语义结构是概念结构的语言形式”“语义结构是我们赋予语言表达的意义，或者说是和某语言表达相联系的意义”（李福印，2008：78）。概念整合是一个普遍的认知过程。张云秋和王馥芳（2003：48-49）认为“概念整合的层级性高低制约着动宾结构的熟语化程度”，“动宾结构中概念之间的整合层级性越高，结构的熟语化程度也就越高”，动宾结构的不同语义关系体现了概念整合的认知过程。除了使用频率较高的常规动宾搭配，我们在考察语料时还发现了其他具有熟语性的动宾短语，这些短语的使用频次不高，因此没有出现在之前所考察的高频动宾短语中，在此列举如下：

闯红灯、扣帽子、吃闭门羹、打屁股、穿小鞋、戴高帽、碰钉子、背黑锅、

走后门、挖墙脚、开绿灯、拍马屁、钻牛角尖、敲竹杠、踢皮球、捅娄子、坐冷板凳、栽跟头、抓辫子、挑大梁、喝小杯、吃墨、喝墨水、打棍子、唱反调、喝西北风。

可以看出，以上动宾结构中动词和宾语概念意义的整合层级比较高。我们在对以上动词带宾的考察中发现，动宾之间概念意义的整体性强，熟语化程度高的动宾结构往往具有不可类推性。一个动词带宾的熟语化的短语一般就有一个或两个，数量不多。有的使用频率很高，有的使用频率并不高。对此，张云秋和王馥芳（2003：46）的研究也指出，熟语化程度高的动宾结构往往具有不可类推性。

我们在语料考察中也发现，这些熟语化的动宾短语倾向于出现在文学、微博语体中，报刊、科技文献中很少出现。以往的汉语教学和教材编写中对这些熟语化倾向的短语重视不够。初级汉语教材中几乎没有这些短语的内容安排，在中高级的教材中，也只是出现了个别或少量用语。因为教材没有相关内容的编排，教师教学自然就带有一定的随意性，教学中较为系统、延续地教授这些熟语化短语几乎就不太可能。这些问题的存在也是导致学生对具有熟语化倾向的动宾短语习得效果不尽理想的重要因素之一。今后应该对此引起关注重视并不断改进完善，以期更全面地提升学生的语言交际能力和水平。

本书在对多义动词的多义性对动宾短语的多样性的影响进行研究时，首先立足于从汉语本体静态角度进行考察分析，在此基础上运用语料库做了大量的动态语料统计与分析，试图从句法、语义角度验证可能存在的影响关系与因素，我们选取了多义动词带光杆宾语、句类语气、语体以及留学生习得等多个角度进行考察，但是研究考察的角度和验证的方式方法不够多样，深入的分析也还不够。本书考察的 378 个汉语多义动词数量多，不同动词之间义项数和带宾情况差异大，动词的很多义项还受到古汉语、方言甚至外语的影响，规律提炼的难度比较大，这在一定程度上造成我们在考察研究时更多关注了语言事实的描写，深入地分析与挖掘其内在的影响因素方面做得还不够；在有关留学生习得多义动词带宾结构的研究方面，我们采取了个案研究的方式，选取泰国学生作为习得考察对象，没有针对多种母语背景的学习者开展研究，一定程度上不利于课题从语言类型学的角度开展对比研究，这也是本书研究不够深入的表现之一。

今后，我们将继续关注动词与宾语的相关研究，不断关注、吸取学界有关的研究成果，同时虚心求教于各方，不断加强自身研究能力和水平的提升，继续关注并不断深化汉语多义动词的多义性与动宾短语的多样性之间的相关问题研究。

参考文献

陈昌来. 2002. 现代汉语动词的句法语义属性研究. 上海: 学林出版社: 4-9.
陈平. 1994. 试论汉语中三种句子成分与语义成分的配位原则. 中国语文, (3): 161-168.
储泽祥. 1996. 动宾短语和“服从原则”. 世界汉语教学(北京), (3): 43-49.
戴磊. 1988. 论语体的分类. 修辞学习, (1): 5-6.
冯胜利. 2005. 汉语韵律语法研究. 北京: 北京大学出版社: 105-116.
桂诗春. 2004. 以概率为基础的语言研究. 外语教学与研究(外国语文双月刊), (1): 3-9.
郭继懋. 1998. 谈动宾语义关系分类的性质问题. 南开学报(哲学社会科学版), (6): 73-80.
郭振华. 1998. 对外汉语教学中的几个问题. 语言文字应用, (4): 20-23.
胡裕树. 1981. 现代汉语(增订本). 上海: 上海教育出版社: 219-220.
黄伯荣, 廖序东. 2002. 现代汉语(增订三版)下册. 北京: 高等教育出版社: 83-84, 307-316.
兰宾汉, 邢向东. 2006. 现代汉语. 北京: 中华书局: 238-239.
李福印. 2008. 认知语言学概论. 北京: 北京大学出版社: 78-79.
李慧. 2013. 单音节动作动词的构语力及其制约因素探析. 语言教学与研究, (6): 55-63.
李临定. 1983. 宾语使用情况考察. 语文研究, (2): 31-38.
李苏. 1987. 语体和语体学简介. 修辞学习, (4): 34-36.
刘大为. 1994. 语体是言语行为的类型. 修辞学习, (3): 1-3.
刘丹青. 2002. 汉语类指成分的语义属性和句法属性. 中国语文, (5): 411-422.
吕叔湘, 等. 1999. 语法研究入门. 北京: 商务印书馆: 435-436.
吕文华. 2002. 对外汉语教材语法项目排序的原则及策略. 世界汉语教学, (4): 86-95, 4.
吕文华. 2014. 对外汉语教学语法讲义. 北京: 北京大学出版社: 136-139.
马庆株. 2005. 汉语动词和动词性结构. 北京: 北京大学出版社: 87-93.
孟琮, 郑怀德, 孟庆海, 等. 1999. 汉语动词用法词典. 北京: 商务印书馆.
沈家煊. 1995. “有界”与“无界”. 中国语文, (5): 367-380.
沈家煊. 1999. 不对称和标记论. 南昌: 江西教育出版社: 32-219.
陶红印. 1999. 试论语体分类的语法学意义. 当代语言学, (3): 15-24, 61.
王纯清. 2000. 汉语动宾结构的理解因素. 世界汉语教学, (3): 34-43.
王德春. 1980. 论语体. 语言教学与研究, (2): 67-79.
王红旗. 2004. 功能语法指称分类之我见. 世界汉语教学, (2): 16-24, 2.
王维成. 1987. 超语言因素和语体分类. 修辞学习, (1): 5-8.
王占华. 2000. “吃食堂”的认知考察. 语言教学与研究, (2): 58-64.
魏红. 2009. 面向汉语习得的常用动词带宾情况研究. 北京: 人民出版社: 36-43.
文秋芳. 2003a. 频率作用与二语习得——《第二语言习得研究》2002 年 6 月特刊评述. 外语教学与研究, (2): 151-154.

文秋芳. 2003b. 微变化研究法与二语习得研究. 现代外语(季刊), (3): 312-317.

吴礼权. 2017. 现代汉语修辞学. 上海: 复旦大学出版社: 387-390.

肖贤彬, 陈梅双. 2008. 留学生汉语动宾搭配能力的习得. 汉语学报, (1): 73-78.

邢福义. 1991. 汉语里宾语代入现象之观察. 世界汉语教学, (2): 76-84.

徐枢. 1985. 宾语和补语. 哈尔滨: 黑龙江人民出版社: 37-42.

许余龙. 1992. 对比语言学概论. 上海: 上海外语教育出版社: 315-323.

张伯江. 2007. 语体差异和语法规律. 修辞学习, (2): 1-9.

张弓. 1964. 现代汉语同义词的几个问题. 河北大学学报(哲学社会科学版), (1): 47-71.

张国宪. 1989. 单双音节动作动词充当句法成分功能差异考察. 淮北师范大学学报(哲学社会科学版), (3): 116-123.

张国宪. 1990. 单双音节动作动词搭配功能差异研究. 上海师范大学学报(哲学社会科学版), (1): 141-146.

张国宪. 1997. "V双+N双"短语的理解因素. 中国语文, (3): 176-186.

张岚. 2012. 母语为英语者对中文光杆名词的习得分析. 世界汉语教学, (2): 233-242.

张云秋. 2003. 典型受事宾语句的句法——语义特征及认知分析. 首都师范大学学报(社会科学版), (1): 74-80.

张云秋. 2005. 动词对受事宾语典型性强弱的制约. 汉语学习, (3): 11-16.

张云秋, 王馥芳. 2003. 概念整合的层级性与动宾结构的熟语化. 世界汉语教学, (3): 46-51.

张志公. 1994. 关于对外汉语教学的几个问题. 汉语学习, (4): 2-4.

赵春利. 2005. 对外汉语偏误分析二十年研究回顾. 云南师范大学学报(对外汉语教学与研究版), (2): 70-75.

赵元任. 1979. 汉语口语语法. 北京: 商务印书馆: 157-158.

Brown, H. D. 2000. Principles of Language Learning and Teaching. 4th edition. White Plains, NY: Longman: 224-228.

Eckman, F. 1977. Markedness and the contrastive analysis hypothesis. Language Learning, 27: 315-330.

Ellis, R. 1994. The Study of Second Language Acquisition. Oxford, New York: Oxford University Press: 717-720.

James, C. 1998. Errors in Language Learning and Use: Exploring Error Analysis. London: Longman: 189-192.

Kellerman, E. 1983. Now you see it, now you don't. In S. Gass & L. Selinker (Eds.), Language Transfer in Language Learning. Rowley, MA: Newbury House: 117-120.

Lado, R. 1957. Linguistics Across Cultures. Ann Arbor, MI: University of Michigan Press: 2-4.

Stenson, B. 1983. Induced errors. In B. W. Robinett & J. Schachter (Eds.), Second Language Learning: Contrastive Analysis, Error Analysis, and Related Aspects. Ann Arbor, MI: University of Michigan Press: 256-271.

Teng, X., Ogawa Y. & Yamada, J. 2010. Japanese learners' characteristic errors of the Chinese numeral classifier sequence yi ge: Learning and / or unlearning? Journal of the Chinese Language Teachers Association, 45 (1): 89-101.

后　记

《汉语动词的多义性与动宾短语的多样性研究》一书即将出版，本书是在我主持的国家社科基金项目成果基础上改编的，也是继我的博士论文的主要成果——于2009年出版的《面向汉语习得的常用动词带宾情况研究》之后再次聚焦动词与宾语的研究成果。我最初研究的选题得益于导师储泽祥教授的启发：基于汉语动词带宾的语义关系丰富多样的事实，动词的多义性对动宾短语的多样性影响情况如何？语体或语气因素影响下，动词的多义性及其动宾短语的呈现分布上又有何规律？项目完成过程中的难点问题的解决也得益于储老师的点拨。衷心感谢储老师自我学术研究起步以来一直给予我的鼓励、支持和悉心指导，感谢储老师在百忙之中为本书作序，特此感谢！

我在项目申报及完成过程中也得到了朱军师兄的帮助，学习借鉴了其有关语体语法方面的研究成果，感谢师兄的帮助！我的硕士生杨梦丹、张曦文和解慧茹参与了《汉语动词用法词典》多义动词词条信息整理和语料库语料搜集的统计工作，其中梦丹和慧茹在我指导下撰写完成了跟动词宾语相关的硕士论文，我和学生亦师亦友的相处过程中，留下很多美好回忆，在此也要谢谢你们！

我的国家社科基金项目2017年顺利结项之后，迟迟未整理书稿出版。今年2月疫情暴发以来，学校未能如期开学，尽管我在家上网课和办公经历了全新的体验和挑战，但同时也让我有了整段集中的时间用于整理完善书稿。本书如期在今年出版，要特别感谢科学出版社朱丽娜和张宁两位老师给予的支持与帮助，感谢乔艳茹编辑审稿时提出的专业、细致的修改意见，帮助我核准了数据，进一步完善了书稿。

云南师范大学传媒学院一流学科建设项目为本书出版提供了主要经费支持。衷心祝愿云南师范大学学科建设不断结出硕果，传媒学院取得长足的发展！

魏　红

2020年10月